THE POLITICS OF POWER AND MONEY

晚清官場金錢陷阱

IN THE LATE QING

張永久

著

晚清官場金錢陷阱

第四章　貪官是個不倒翁

第五章　庸官誤國

第六章　爾等論命莫論文

第七章　大廈將傾

出場人物：珍妃、文廷式、吳健彰、聶緝槼。

第一章

烏紗帽兒滿天飛

晚清改革失敗，清王朝的迅速崩潰，分析起來原因有很多種。其中最根本性的一個原因是財政制度腐敗，官員貪腐成風，全社會熱衷於賣官鬻爵。

賣官鬻爵的叫法有若干種，譬如：捐納、開納、貲選、捐輸、捐例等等。它通常是由政府拿出一定數量的烏紗帽（一般為閒職或副職），開出價格，向全社會公開出售，並允許成為一種常規制度。說白了，就是把官帽子當作一種商品，無論張三李四王二麻子，只要肯出錢，就能夠買到。

捐納制度最早出現在秦漢時期。據史書載，秦漢兩代，每逢軍興、河工或者說遇到了饑荒年成，政府便賣掉一批官帽子以增加財政收入。

清朝捐納制度始於順治朝，完善於康熙、雍正、乾隆三朝，冗濫於咸豐、同治兩朝，終結於宣統朝。它與科舉、蔭襲、保舉同為清朝選拔官員的三個重要途徑，存在了兩百多年，對於清代尤其是晚清的社會政治、經濟、文化均產生了廣泛而深刻的影響。

如今人們提起賣官鬻爵，往往免不了有咬牙切齒之恨。似乎整個社會風氣變得不可收拾，全都是由捐納制度引起的。在這裡需要說明的是，賣官鬻爵作為一種選官制度，其出現和存在自有它特定的客觀原因，不能簡單化看待。

——先說個故事吧。

晚清名臣胡林翼年輕時是個風流人物，民間流傳著關於他放浪形骸的種種野史軼事。說的是小胡結婚了，娶的是兩江總督陶澍的寶貝女兒，按理說花花腸子該收起了，可是小胡卻並不。那一年，青年胡林翼陪送岳母前往南京，目睹了秦淮河畔的六朝金粉、紙醉金迷，忍不住遊興大發，竟然在釣魚巷等幾處的歌榭燈船中流連忘返起來。世界上沒有不透風的牆，這事被陶澍的幕客偵探到了，繪聲繪色向總督大人作了彙報。陶澍皺起眉頭，沉吟片刻，說道：「潤芝（胡林翼的號）之才，他日為國勤勞，將十倍於我。以後他就沒有時間行樂了，此時放縱，以補償將來之辛勞也。」

這麼一個風流情種，如果不是得益於捐納制度，胡林翼在仕途上的淹蹇沉滯，真不知要拖延到哪一年才有出頭之日。

據梅英傑所撰《胡林翼年譜》記載，道光二十七年（一八四七），胡林翼在陝西賑災期間主動捐納銀兩，一下子從一個待補缺的七品內閣中書擢升為四品知府，他將要去的省分是貴州省。

貴州素稱地瘠民貧，服官者視為畏途。胡林翼捐納了一萬五千兩銀子，理應分到江南、山東等富庶之地，但是他卻自行選定了貴州。在當時人看來，不免大感意外。關於那次選擇，《胡林翼年譜》中是這樣敘述的：「遍謁先塋，誓不取官中一錢自肥，以貽前人羞。」

也就是說，胡林翼要借貴州之貧瘠窮困來磨練他的意志。正是由於他的這種抱負，到貴州省之後不久，他的聲譽就蒸蒸日上，成為晚清的一代名臣。

換句話說，正是飽受詬病的捐納制度，給胡林翼的人生提供了一個廣闊的演出舞臺，這才有了他後來的種種精彩。

一枚銀幣有正反兩面。如果說胡林翼的故事是銀幣正面，那麼下面的故事講述的則是銀幣的反面。

懸崖上的龍椅

光緒十四年（一八八八），深鎖於神祕宮牆背後的大殿裡發生了兩件大事。

其一：六月十九日，鐵腕女強人慈禧太后發出懿旨，預告下一年光緒皇帝行將婚配及親裁大政。也就是說，她要放權了，讓十八歲的青年皇帝愛新覺羅·載湉登臨權力的最高峰。

其二：重修清漪園，並改名為頤和園。

這兩件大事環環相扣，互為關連。

提起慈禧重修頤和園之初衷，原本不過是老太太想有個休閒時分「溜圈兒」的闊綽地方。慈禧性喜享樂，曾經幾次動過念頭，想重修被英法聯軍焚毀的圓明園，終因花費實在太巨，且恭親王奕訢、醇親王奕譞以及李鴻章等一批王公大臣或明或暗的聯手反對，才不了了之。

現在好了，自己馬上要退出政壇，她要為自己好好修建一個雅致的後花園，看戲，划船，溜圈兒……樂在其中，頤養天年。新成立不久的海軍衙門總理是醇親王奕譞，不失時機地遞來了一個舒服的枕頭。奕譞上了一道奏摺：《奏請複昆明湖水操舊制折》。慈禧開心地在淡黃素紙上批了懿旨，明令要趕在甲午年（一八九四年）她六十大壽之前完工。

一切都在有條不紊、按部就班地進行。

按清制，清朝的皇帝基本上都在十五、六歲完成婚配。順治皇帝十五歲，康熙皇帝十四歲，乾隆皇帝十五歲，嘉慶皇帝十六歲，咸豐皇帝十六歲，同治皇帝十八歲。如今，光緒皇帝已經滿十八歲了，諸多大臣「代表」天下臣民或明或暗地催促，這樁婚事，無論如何也不能再拖延下去了。

光緒十四年（一八八八）十月初五，慈禧拍板定下了光緒的婚配大事。

光緒皇帝的婚配共有三位女性：一個皇后，兩個妃子。

皇后是慈禧親弟弟桂祥的女兒葉赫那拉氏，即隆裕皇后。這個皇后容貌醜陋，一張馬臉配上凸出的額頭，金魚泡眼睛，暴突的牙齒，瘦弱的身子骨微微還有點駝背，這讓光緒皇帝極度不滿。他明白這是慈禧太后的特意安排，好利用皇后的身分地位來監控自己，甚至進一步控制和操縱。

兩個妃子分別是瑾妃和珍妃。她們是一對姊妹花，是禮部左侍郎長敘的女兒。瑾妃相貌平平，性情孤僻，像一朵落寞的紫羅蘭；而珍妃卻端莊貌美，性格活潑開朗，像春天裡蓬勃開放的迎春花。民國書畫家白蕉在《珍妃之悲劇》一文中，生動描繪了瑾妃、珍妃入選宮廷時的場景：

慈禧為光緒挑選皇后嬪妃，在體和殿召集備選各大臣的千金女兒，依次排隊站立。備選者有五人，排在首位的是都統桂祥的女兒，依次是江西巡撫德馨的兩個女兒，以及禮部左侍郎長敘的兩個女兒。當時慈禧坐在最上頭，光緒站立在慈禧身邊，幾個公主和福晉站立在慈禧身後。體和殿裡設一小長桌，桌上放置鑲玉如意一柄，紅繡花荷包兩對，為選定之證物（按清例，選定後贈予皇后玉如意，贈予嬪妃紅繡花荷包）。慈禧笑吟吟對光緒說，皇帝，誰能中選，汝自己決定。說著便將玉如意和紅繡花荷包放到了光緒的手上。光緒推辭道：這等大事，當由皇爸爸作主，子臣不敢貿然。慈禧說，去吧，去吧。光緒這才猶猶豫豫地走到江西巡撫德馨的兩個女兒跟前，正準備授予玉如意，卻聽得慈禧低聲喝道：皇帝！光緒順著慈禧眼光授意的地方看過去，那裡站立的正是都統桂祥的女兒靜芬。光緒愕然，不得已，只好將玉如意授予了桂祥的女兒，慈禧的姪女靜芬。慈禧見光緒皇帝似有意於江西巡撫德馨之女，一旦選成嬪妃，將來勢必有奪寵之憂。於是自作主張，將一對紅繡花荷包授予了禮部左侍郎長敘的女兒瑾妃和珍妃。

因為強勢的慈禧太后，光緒的婚姻，從一開始就註定了是個悲劇。

愛新覺羅•載湉出生在北京宣武門太平湖畔的醇王府，是醇親王奕譞的第七子，生母是慈禧太后的同胞妹妹。這種特殊的家庭背景，使他在同治皇帝去世之後被指定為繼任皇帝，也使他從此走上了一條孤寂痛苦的不歸路。從四、五歲的時候起，光緒就離開自己的親身父母來到封閉的紫禁城，當上了一個搖搖欲墜帝國的皇帝。他高高端坐在九五之尊的龍椅上，卻不能享受一個普通人最基本的自由，無法決定自己的婚姻和生活。那時候他還太年輕，還不知道那把龍椅已經被推到了懸崖邊，前面就是深淵，步步驚心。

光緒從小被鎖在高牆深宮裡，孤僻敏感的性格配上一副體弱多病的身子骨，導致了他精神上的寂寞與痛苦。從小陪伴他身邊的都是一些太監，同他最親近的是老夫子帝師翁同和。婚配是光緒一生中的第一件大事。雖然皇后和瑾妃不如人意，但是珍妃的入宮還是猶如在一湖靜水中投下了一枚石子，絲絲漣漪蕩漾開來，激起了光緒皇帝對未來的憧憬和熱情。大婚後的頭幾年，光緒與珍妃共同度過了一生中最為輕鬆的一段時光。

珍妃出身在滿洲貴族之家。裘毓麟在《清代軼聞》一書中說，珍妃「寫得一手好字，能左右開弓寫字，還能作畫」。她性格開朗，志趣廣泛，對事物有自己的主見。珍妃入宮時年僅十三歲，比光緒小五歲。入宮之初，慈禧對那個可愛的小精靈並不多加限制，任由她在宮中的各個地方遊戲玩耍。珍妃也是個奇怪的女子，對遊戲玩耍一類的事並不太感興趣，倒是三天兩頭往慈寧宮中跑，伺候慈禧太后批答奏章。白蕉在《珍妃之悲劇》中這樣寫道：「每侍慈禧披覽章奏，從旁窺閱，即能得其概要，預料太后將如何批答」。

珍妃的人生痕跡，似乎是在刻意效仿慈禧的成功經驗。這一切，慈禧太后全都看在眼裡，放在心裡。那一刻，慈禧沒有發表任何意見，她微微笑著，像一個經驗豐富的老獵人，在靜靜等待獵物一步步走進自己設置的陷阱裡。

在年輕的光緒皇帝這邊，正是因為珍妃對朝政大事有自己的見解，並且她的見解往往與光緒的主見不謀而合，所以更加得到了夫君的欣賞。光緒寵愛珍妃，除了異性的愛戀溫馨之外，更有著思想溝通、意見融洽、精神愉悅的成分。所謂「心有靈犀」，人生難得一知己，這一點，在研究光緒與珍妃的愛情悲劇中，是不得不需要加倍注意的。

德齡公主在《瀛台泣血記》一書中，詳細講述了光緒與珍妃的愛情故事。按清例，皇帝召皇后、嬪妃入寢是有嚴格規矩的，可是光緒不以為然，「後來卻完全忘了顧忌，他幾乎每隔三、四天工夫，就要親自上珍妃宮裡去走一次。這和他每夜非召幸珍妃不可的事同樣都成了宮中的絕妙談助。」每天清晨，光緒從慈禧太后的宮裡請過早安以後，總是叮囑珍妃不要回到自己的宮裡去，光緒也放棄了安排的涼轎不坐，攜著珍妃一同步行，有說有笑地走回皇帝便宮。光緒常常向珍妃吐露心聲：「咱們這兒真是太寂寞了。每天從朝上回來，再也沒有一個可意的人能夠陪伴我的。」自從親政之後，光緒皇帝要披覽的奏章日益增多，有時候珍妃一連三、四天留在皇宮裡，幫助光緒處理政務。

對於光緒皇帝來說，珍妃是上天賜予他的最美妙的禮物。珍妃的到來，使得性格內向的光緒皇帝深受感染，光緒一天天變得快樂起來。他們在宮殿裡品評字畫，在御花園裡觀賞花木，在林蔭石徑上一邊散步一邊討論詩詞歌賦……他們的愛情小插曲，給沉悶冷寂的皇宮增添了一抹綠色的春意。

然而沒有料到的是，這一對身處在大變革前夜的可憐人，夜鶯般美妙的愛情小夜曲在殘酷粗暴的宮廷鬥爭面前將被撞擊得粉碎。即便他們的身分貴為皇帝和嬪妃，不僅不能倖免，反而悲劇成分更加慘烈。

講述珍妃的悲劇故事之前，先補充一段小插曲。

小插曲說的是清廷內務府人人皆知的一個公開的祕密：李光昭案。

清廷油水最肥的官職是什麼？不是管錢的戶部，不是管軍事物資的兵部武備司，也不是地方上的漕運、鹽運等官署，而是皇城裡的內務府。有京城民謠為證：「房新樹小畫不古，此人必是內務府。」哪天在皇城根下出現一戶人家，房子是新蓋的，院子裡的樹是新栽的，牆上的畫也是簇新的，那麼這戶人家必定有人在內務府裡當官。

內務府是清廷為伺候皇室而設立的一個專門機構，最高主管名稱是總管內務府大臣，直接隸屬於皇帝管轄。主要機構有「三司七院」，人員繁多，機構龐雜，貪污腐敗的情況十分嚴重。

有一則清代野史是這樣的：有一天，吝嗇小氣的道光皇帝在林蔭道上散步，不小心摔了一跤，綢緞褲子的膝蓋上破了個小洞。他讓小太監拿到內務府去縫補一下，過了幾天，小太監取回了補好的綢緞褲子。道光皇帝隨口問道：花費了多少錢？小太監回答：三千兩白銀。道光皇帝一驚，嚇得倒吸了一口冷氣。道光皇帝讓小太監去內務府問問，為什麼打一個補丁竟然比一件龍袍的價格還要高？小太監問過內務府之後來回話說，皇上身上穿的綢緞褲子是有細碎花紋的珍貴湖綢，好不容易剪了幾百匹綢緞，才找到了相匹配的圖案，所以貴了。道光皇帝聽了，也只能無可奈何地笑了笑。一個平常五兩銀子就能夠補好的補丁，內務府竟然喊價三千兩白銀。深究也沒有什麼用，內務府的人個個都是裡中好手，他們本事眾多，有一項特殊的本事是他人所沒有的，這項特殊的本事是專門糊弄皇帝。即使喊再高的價碼，他們也能夠說得清楚名目，應付得了任何審計。

請看另一則清代野史：光緒皇帝很喜歡吃雞蛋，可是，往往雞蛋送到了皇宮裡，他卻有點捨不得吃。有一次，光緒在毓慶宮裡讀書，忽然看見他的老師翁同和正在吃雞蛋，便說道：這雞蛋雖然好吃，可是太貴了。翁師傅，你能吃得起嗎？翁同和聽了噗哧一笑，小皇帝居然關心起民生大事了。等到與小光緒一陣對話之後，翁同和才明白，原來是內務府的官員欺騙了小光緒，他們報的雞蛋價格是三十兩銀子一個。而在皇宮外邊的民間，一個雞蛋只需要花費三四個銅板。

閒話少說，現在話題轉到李光昭案。

李光昭，廣東嘉應直隸州人，同治年間通過捐納得到了一頂候補知府的烏紗帽，這是個虛職，沒有什麼油水可撈。

同治皇帝執政後期，計畫重修圓明園，但是面臨諸多難題，除了金錢不足之外，還要粗大的木材也不易採集。工匠們拆除了船塢上的大舵改做正樑，又拆除了若干舊木船，將木料翻新使用。即便這樣，木料仍然不夠。需要重新修建的殿宇不下於三千餘間，而舊木料不及百一，不得不另外去謀劃採購之策。

同治皇帝下令，兩湖、兩廣、福建、浙江等各省，應火速採辦木料，迅即運往京城。此時正值太平天國之亂後期，南方各省飽經戰爭之禍，烽火連天，狼煙遍地，優等木材資源極度稀缺。南方的總督、巡撫們個個一籌莫展，想不出什麼好辦法。

就在這個時候，候補知府李光昭站出來了。他通過內務府向同治皇帝上了一道奏摺，文中稱：「候補知府李光昭將數十年商販各省購留香楠、樟、柏等巨木，價值數十萬金，砍伐運京，報效上用。」

在一堆枯燥的文件中看到這樣的奏章，同治皇帝喜出望外。當即將奏摺批轉給軍機處，給予李光昭一系列便利條件，請沿途地方各省官員悉心關照，各地稅收關卡免稅放行，等等。從此李光昭領到了「奉旨採辦」的一面大旗，披在身上作虎皮，開始了他到處招搖撞騙、投機倒把的生涯。

李光昭到底有沒有弄到上好木材的能力？這個問題一查便知。李光昭自告奮勇上奏要求採買木材之初，就曾有御史王家壁提出過質疑。王家壁稱，臣等查李光昭寄居漢鎮多年，從來沒有販運木材的歷史，其家道也並不殷實，且個人品行向來不端，身上有官司尚未了結。

但是內務府並沒有把王家壁的質疑當回事。一旦利益當前，那些人管不了那麼多，一門心思只顧往黑道上走。

李光昭身上的那樁官司，涉及到兩年前他同洋人做的一筆生意。李光昭認識不少洋人，兩年前，他把襄河出口處的一片無主人的荒地賣給了洋人。等到洋人買到荒地之後，才發現上了當，那片荒涼的不毛之地什麼都做不成。洋人向李光昭提出交涉，要求退回錢款。李光昭是個今日有錢今日花光的角色，那筆錢款早已花光了。他跟洋人商量，說可以築一道堤壩，讓那片低窪的荒地變成良田。洋人被李光昭忽悠得答應了。等到築堤壩開工之日，地方鄉紳站出來抗議，說那片荒地本來是襄水宣洩之區，如果築上一道堤壩，襄水大漲時沒有出路，必然四處氾濫。漢陽三鎮的老百姓，豈不是大受其害？

李光昭何嘗不明白這番道理？但是為了對洋人有所交待，只好仰起鼻孔大打官腔，非要堅持築堤壩不可。當時李光昭手下帶著一班人，差點同地方鄉紳動武。還是洋人勸架，才不曾打得頭破血流。官司告到巡撫、藩司那兒，由漢陽縣到漢陽府，無不貼出煌煌告示，嚴禁築堤，以保民生。

洋人天天纏著李光昭要求退款，李光昭硬著頭皮拖諉道：「我們大清國是有王法的。朝廷是講道理的。地方官吏包庇當地鄉紳，這不要緊，我到京城裡去告，就不信打不贏這場官司。」

李光昭這一去，恰如泥牛入海無消息，再也杳無音信。那個洋人等了半年多，也不見李光昭的人影，托人到京城裡去找，回來的人個個搖頭，說京城裡若干衙門都打聽過了，人家根本沒聽說過這個人。洋人只能自認倒楣，乘坐海輪飄洋過海回了國。

話說李光昭當年並沒有真的消失。他來到京城，沒有去官府裡走動，而是在帽兒胡同裡包租了一個四合院，本意是為了躲債，卻在吃喝玩樂中認識了京城裡不少的老少玩主。其中有個人物名叫寶麟，在內務府裡任官。通過寶麟穿針引線，一來二去，李光昭結識了內務府的不少官人。上奏摺請求採辦木材一事，就是李光昭與內務府官人內線串通一氣所想出的主意。

李光昭領到聖旨之後，膽子更是大了許多。他請京城裁縫做了面旗幟，上書「奉旨采運圓明園木植李」幾個大字，掛在出行的車頭或者船頭上，沿途威風凜凜的派頭，蓋過了巡撫、藩司的風頭。按照李光昭的計畫，原是想到湖北神農架去採購木材，那裡是千百年的原始森林，李光昭有所耳聞，心想在神農架總是能採購到優等木材的。誰知到了漢口一打聽，神農架的交通極為不便，木材如果現在砍伐，要三年才能運出山。這在時間上無論如何是來不及的。李光昭心思活絡，馬上把念頭轉到了別處。他想，與其這樣，不如到香港向洋商去買木材。

一到香港，李光昭就住進了這個自由港最大的得利客棧。包了兩間房，一間作臥室，一間當工作室。樓房門前貼出一條梅紅長箋，大書「欽派圓明園工程監督李寓」。外人不知道這個人有什麼來頭，當作一個大欽差，一個個恭恭敬敬地同他打招呼。李光昭呢，穿一套西服，戴一副大墨晶眼鏡，雇了一頂綠呢大轎，帶著三兩個小跟班出出進進，招搖過市。

放下了魚竿，投下了魚餌，就等著魚兒來咬鉤。第一個來咬鉤的英國洋商人是阿多富，此人年事已高，瘦弱的身子骨，卻顯得精神矍鑠。雙方說好價格，要付定金的時候，李光昭一聲冷笑，說是像這樣的生意，只有買主先拿錢來孝敬的，如何還要定金？大清皇帝要買木材，還怕少了貨款？等木材運到天津驗了貨，自然會照價打款，內務府的規矩一向如此。

阿多富在中國經商多年，是個中國通，對中國官場上的規矩懂得許多。李光昭說的道理，他心中自然是明白的。於是不再多說，在合同上簽了字。李光昭本以為從此天下無事，等英國洋商的木材運到了天津港，雪花般的白銀就會滾滾而來。然而好事多磨，合同簽字後沒有幾天，阿多富忽然一場中風，在香港的公司裡一命嗚呼了。

煮熟的鴨子又飛了，李光昭有點懊惱。第二個合作夥伴是法國木材商人勃威利。勃威利為人有點古板，堅持非要付一筆定金不可，哪怕定金不多，象徵性付一點，也是表明一個態度。合同簽定之日，雙方對合同內容逐條推敲，訂購洋人木材三船，共計三萬五千尺，貨款五萬四千二百五十元，三十天內運到天津港，驗收之後付清全部貨款。按照勃威利堅持的意見，李光昭付了十塊鷹洋，算是象徵性地表示了一下。

本來以為這件事已經大功告成，誰知一個月後，木材運到了天津港，卻在直隸總督李鴻章手上碰了壁。原來，三大船木材運到天津港之後，按例要報到天津海關，申請免稅放行。這事讓李鴻章知道了，非堅持要親自去看一看不可。

李光昭的倒楣，應該說是咎由自取。這個拿錢買來的候補知府，打著內務府欽差的旗號在外頭四處招搖撞騙，李鴻章早已有所耳聞。他堅持要親自過問，就是想同李光昭過不去。李鴻章帶來前來稽查的官員，個個都是木材業的內行，很快發現了這批木材生意的「漏洞」不少。首先是木材尺寸不符合標準，虛報浮誇風嚴重；另外，三大船洋木材共計三萬五千尺，李光昭也報價太高。稽查官吏們私下議論說，那人太貪，不到十萬兩銀子的貨，竟報價三十萬兩銀子。

李光昭案件的揭發披露，在清廷引起了一場軒然大波。圓明園的重修本來就受到不少非議，從工程動工之初到李光昭案爆光前，已經有御史沈淮、遊百川、文祥、李宗羲、楊浚等人不斷上奏要求停工。對於御史們的不同聲音，同治皇帝不好公開反駁，只能裝聾作啞，儘管如此，面子上已經很不受看。如今重臣李鴻章又上奏章提起這事，同治皇帝心裡窩了一肚子火。

恰恰在這個時候，天津港那邊又出了一件事，更是火上加油。船舶裝載的木材停泊在港口七、八天了，卻始終見不到李光昭的人影。法國商人勃威利急不可耐，向天津領事館提出了申訴。

申訴材料又轉到了李鴻章的桌案上，李鴻章匆匆翻閱幾頁之後勃然大怒。悄悄派出捕快，將李光昭拘捕起來，等候朝廷的發落。

李鴻章再將情況上奏給同治皇帝，奏章中提到了這件事情的嚴重性，事涉國際糾紛，牽扯到法國、美國等幾家外國領事館，千萬不可小視。

同治皇帝剛剛收到李鴻章的奏摺，還沒來得及細讀，另一位清廷大臣——翰林院編修李文田的奏摺又送上來了。同治皇帝把兩道奏章折開來一起看，李鴻章的奏摺中語氣還算柔和，李文田的奏摺還真是讓皇帝受不了。

李文田的奏摺中，先是從西北的一樁異事入手：有一道慧星，經歷十日不滅，人人驚為不祥之兆。彗星又被老百姓叫作掃帚星，按舊時民間迷信說法，掃帚星主凶，見則有天災或者戰亂。李文田在奏章中說：「聚斂之臣，不如盜臣。左右近習與夫內務府大小臣工，皆聚斂之臣而盜臣者。」又說：「皇上以天下為家，今欲削皇上之家，以肥自家，盜臣自以為計，於皇上何益？」

李文田的奏摺，明裡是指責「聚斂之臣」，實際上隱含有批評皇上之意。一通道理說下來，結論則是請皇上立即停止重修圓明園。

看完奏摺，皇帝感到十分震怒。事情還沒有完，到了第三天，由惇王奕誴領頭，醇王奕譞、貝勒奕劻、景壽等一行七、八個人來到了皇帝面前。惇王奕誴性情粗荒，書讀得也不好，但是他有一個常人所不具備的優點：敢在皇帝面前直言。奕誴帶來的幾個人都是皇親國戚，血管裡流著愛新覺羅的血液，在他們看來，所謂家國都是一回事，天下本來是愛新覺羅的天下，只要是一心為大清王朝好，說話措詞也用不著太婉轉。反過來想，話說得太輕飄了，皇上未必能聽得進去。

幾個人輪流發話，一句比一句重，同治皇帝聽得汗流浹背，額角上直冒冷汗。歸納幾個人話中的意思，一共說了六條：第一是要敬畏天命，西北已有掃帚星示警，不能不格外多加小心；第二是要遵從祖制，收縮內務府的權利；第三是善納諫章，多聽從御史們的意見；第四是重視庫銀，國庫萬萬不可空虛；第五遠離小人，第六懲治聚財之臣。「六條」的核心意思，是立刻停止重修圓明園。

同治皇帝被說得有幾分冒火了，指著惇王奕誴說道：「這也不對，那也不對，我這個位子讓你來坐好不好？」惇王奕誴見皇上動了怒，趕緊彎腰陪罪。皇帝也正好找了個臺階下，嘴裡一邊還嘀咕道：「我親政才一年半，莫非就這一年半，把國事搞得糟不可言？」

這一場風波差點鬧到了不可收拾的地步。最後還是以同治皇帝讓步，停止修建圓明園而罷休。涉及到李光昭案中的幾個人物，分別都作了處理。李光昭被判處監候斬；內務府得對這件事負責，內務府大臣崇倫、春佑等人庇護李光昭，欺蒙皇上，即行革職；負責圓明園工程的總管貴寶和文錫，也因為不稱職而被削職為民。

人生只有情難死

同治皇帝因為重修圓明園，惹起了朝野上下一場大風波。此事殷鑒不遠，到了光緒皇帝親政前後，又一次重新上演了。

這一次，是光緒皇帝發諭旨重修清漪園，並改名為頤和園。

前頭說過，修建頤和園本來是慈禧太后的意思，但是因為這個事發生在光緒皇帝親政前後，自然就與光緒皇帝脫不了干係。

這件事還是從珍妃說起。

以前的歷史書上，總是給予了珍妃過高的評價。人們毫不吝惜詞藻，用最美好的語句來刻劃她。追究其根源，與戊戌變法失敗、光緒皇帝被囚進瀛台、珍妃被投入那口幽深的胭脂井有關。也就是說，在珍妃的身上，人們寄予了太多的同情，把她點染成了理想的化身。不錯，珍妃年輕貌美，聰慧伶俐，她站在光緒一邊支持改革，又敢於和陰冷的鐵腕人物慈禧太后作對。儘管如此，身處在封建體制之內的珍妃，有著一些先天性的性格缺陷以及人性之弱點，比如珍妃貪污一事，就是她在金錢陷阱中掙紮時留下的人生污跡。

關於珍妃貪污，晚清和民國的諸多軼文筆記中均有記載。

隨手摘錄幾句。御史胡思敬在《國聞備乘》中這樣寫道：「魯伯陽進四萬金於珍妃，珍妃言於德宗，遂簡放上海道。江督劉坤一知其事，伯陽蒞任不一月，即劾罷之。是用人之權，君主不能專也。」

這裡糾正一點小錯誤：胡思敬筆記中所說魯伯陽「蒞任不一月，即劾罷之」，不實。魯伯陽實際上並沒有上任。

魯伯陽向珍妃行賄的故事放到後面再講。先說被光緒皇帝百般寵愛的珍妃，對朝政大事興趣十分濃厚。她前面有個最好的榜樣——慈禧太后。

比較糟糕的是，對於朝政大事，珍妃不僅興趣濃厚，而且還躬身其間，對政治進行暗箱操作。最明顯的兩個例子是，她向光緒皇帝推薦了兩個人：一個是堂兄志銳；另一個是老師文廷式。而後妃干政，這在清朝歷史中是不允許的。

文廷式，祖籍江西萍鄉，生於廣東潮州。此人自幼聰敏好學，十七歲師從番禺著名學者陳澧，於地理、史學尤為精通。光緒十六年（一八九〇），文廷式參加清廷殿試，考上一甲第二名進士，成為人人羨慕的榜眼，被授翰林院編修。兩年後，提升為光緒的四品侍讀學士，成為皇帝身邊的近臣。

文廷式在仕途上平步青雲，升擢得如此之快，其中就有珍妃的功勞。

珍妃進京入宮之前，與文廷式原來是認識的。珍妃有個表哥叫志銳，滿洲鑲紅旗人。志銳的父親裕泰，曾經當過湖廣總督。年輕時，文廷式與志銳是志同道合的好朋友。那時候，文廷式經常到志銳的家中去玩。志銳家與珍妃家只隔一兩道巷子，文廷式在志銳家經常見到瑾妃、珍妃。時間久了，雙方也混得熟了，文廷式教習瑾妃、珍妃寫字畫畫，成了瑾妃、珍妃的兄長兼恩師。

珍妃入宮後不久，極力向光緒推薦了文廷式。當時的文廷式，雖然已經考中進士，卻只獲得了翰林院編修的七品小官，珍妃為他打抱不平。為此，光緒皇帝特地舉辦了一場中斷了近二十年的翰詹大考①，在這次大考中，文廷式被光緒直接選拔為第一名，升任翰林院四品侍讀學士。此時年輕的光緒皇帝正在暗中籌畫一場戊戌變法，身邊亟需要人才。於是，多才多藝的文廷式很快成為光緒得力的左右膀，開始接近政治權力中心。

與重修頤和園同時進行的還有一件事：慈禧太后籌辦六十歲生日慶典。那場籌辦中的慶典活動規模極大，挪用的卻是北洋海軍的軍費，朝廷大臣們聞訊之後，人聲鼎沸，物議紛紛，文廷式第一個站出來，上奏提出停辦慈禧太后的生日大慶。這件事惹惱了慈禧太后，據說慈禧太后當時說了這麼一句話：「誰讓我一時不高興，我就要讓他一輩子不高興。」

甲午海戰失敗後，清廷割地賠款，極盡恥辱。文廷式也憂心如焚，向光緒皇帝提出了拒和、遷都、抗戰的建議。當李鴻章在日本簽訂《馬關條約》的消息傳到北京後，是文廷式率先將條約內容祕密透露給了康有為等人，在京參加會考的舉人們發起了震驚中外的「公車上書」事件。緊接著，北京成立強學會，變法維新如雷霆之勢洶湧而來。慈禧太后大為惱怒，為了斬斷光緒的這條「臂膀」，下令讓光緒對文廷式嚴譴。

光緒把這個消息偷偷對珍妃說了，珍妃十分悲痛，在光緒皇帝面前長跪不起，啼血求恩。光緒搖頭歎息，在鐵娘子慈禧的懿旨面前，他也無能為力。為了留住文廷式的性命，光緒下令讓文廷式停職離京，以避不測。光緒二十二年（一八九六）九月，文廷式以回鄉為母親掃墓為名，請假離京。這一去，他再也未能回到政治權力的中心。不久，御史楊崇伊（李鴻章的兒女親家）向清廷彈劾文廷式，稱文「常與松筠庵廣集同類，互相標榜，議論時政」，慈禧太后以「交通宮闈，擾亂朝綱」的罪名將文廷式革職，永不敘用。

戊戌變法失敗後，慈禧太后再度獨攬大權，光緒皇帝被囚禁在瀛台，珍妃也被禁閉在景祺閣後面的小院裡，不准她與光緒見面。光緒二十六年（一九〇〇），八國聯軍攻入北京，慈禧太后挾持光緒皇帝逃往西安，臨出京之前，命二總管將珍妃從景祺閣後面的小院裡拉出來，以「洋人入城，免受污辱」為由，將珍妃推入宮井中自盡。

文廷式得知珍妃的死訊後，心情十分沉痛，有詩一首《詠月》為證：

藏珠通內憶當年，
風露青冥忽上仟。
重詠景陽宮井句，

菱乾月蝕吊嬋娟。

文廷式是名譽京城的大才子，他的詩詞常常被人擊掌叫絕。最有名的一首名為《蝶戀花》，詞中寫道：

九十韶光如夢裡。
寸寸關河，寸寸銷魂地。
落日野田黃蝶起，古槐叢荻搖深翠。
惆悵玉簫催別意。
蕙些蘭騷，未是傷心事。
重疊淚痕緘錦字，人生只有情難死！

這首詞借寫離情，抒發了詞人在山河破碎時的深愁慘痛。眼看著大好河山被外族一寸一寸割據，詞人心如刀絞，在他眼裡，寸寸山河，成了寸寸銷魂地。委婉悲涼的詞句，蜿蜒到內心深處的某個角落後，才發出一聲聲沉重的歎息，讓聽者觀者為之動容。

野史中說文廷式與珍妃關係曖昧，這並不可信，至少還不曾發現相關的任何一條史料。文廷式是珍妃的老師，古時候的人沒有那麼開放，這種師生情絕不可能發生。而且珍妃入宮後貴為妃子，文廷式見她一面都不可能，何談戀情？不過，文廷式倒還真的是個情種，他與龔夫人的一段戀情，被世人廣為傳唱。

晚清有個人物名叫梁鼎芬，廣東番禺人，與文廷式是同鄉。梁鼎芬才情橫溢，為老師龔鎮湘所賞識，龔老師將其同族姪女許配給了梁鼎芬。光緒六年（一八八〇），梁鼎芬與龔氏夫人的婚禮，那一年梁鼎芬才二十三歲。也就是同一年，梁鼎芬還有一樁喜事：參加殿試考中二甲。「洞房花燭夜，金榜題名時」，人生之樂事巧遇到一起，他春風得意，躊躇滿志。

婚後不久，梁鼎芬衣錦還鄉，偕同龔氏夫人回到廣東。這之後，發生了一件意外事，改變了梁鼎芬的整個人生痕跡。光緒十一年（一八八五），李鴻章代表清廷簽下了喪權辱國的《中法條約》，梁鼎芬等一班士子義憤填膺。那一年梁鼎芬二十六歲，正是血氣方剛的年齡，他執筆上疏，彈劾李鴻章「六大罪狀」，當殺。一個二十六歲的毛頭小夥去挑戰晚清重臣，這樣的做法無異於雞蛋碰石頭。果然，慈禧太后大怒，梁鼎芬險些遭到重譴，幸得軍機大臣閻敬銘的護持，才得以躲過了一場災禍。但是到了第二年，梁鼎芬還得受到懲處，被追定了一個「誣謗大臣」的罪名，降五級調用。

梁鼎芬的仕途之路自此陷入低谷。罷官之後，梁鼎芬再次決定回鄉，先去謀求一份職業，解決人生的第一大事——吃飯問題。臨行前，京城裡一班熟悉的京官熱誠相邀到南河沿去看蓮花。梁鼎芬心情鬱悶，填詞一首《台城路》，「只是相思，淚痕苔滿徑」，藉著詠荷花抒發內心深處對友人留戀、對龔氏夫人的不舍之情。

按照梁鼎芬的打算，先回鄉去謀得一個職務，如果事情進展順利，在那邊立住了腳，明年初再把家眷接過去。梁鼎芬自幼父母雙亡，從小寄居在姑姑家長大，深知生活的艱辛。無論以後幹什麼，總得先有份穩定的生活保障，才是正理。

出京城之前，梁鼎芬把愛妻託付給情同手足的好朋友文廷式。

一場突如其來的婚變，就在這時候悄然發生了。

婚變的真實原因和具體的內幕細節，人們不得而知。這個愛情故事的結局是：龔氏夫人追隨文廷式，去了新戀人的祖籍江西萍鄉，並且生下了三個兒子。

這場震動晚清宦海的婚變雙方當事人，都是需要極大的勇氣的。在於文廷式，古訓中有一條：「朋友妻，不可欺」，對於朋友的妻子，正人君子要主動避嫌，與朋友妻子有染甚或占為己妻，將會是被人譴責的醜行；在於龔氏夫人，未能嚴格遵守婦人之道，同樣會被同時代人所不恥。這件事在當時，確實屬於驚世駭俗之舉，無論文廷式還是梁鼎芬的親友，都對此事諱莫如深，從不願意談及。

倒是梁鼎芬對婚變的態度，值得現代人玩味。勿庸諱言，得知龔氏夫人與文廷式的情事後，梁鼎芬必然經過了一個極為痛苦的階段。他留下的詩《夜坐有懷》可佐證：

壞牆斜月女蘿香，
散發無人坐受涼。

酒罷微醒更惆悵，
數聲長笛一庭霜。

但是，梁鼎芬是個性情孤直的人，他與文廷式的友情，後來竟終生不變。光緒十四年（一八八八），陽春三月，梁鼎芬來到湖南長沙，這是當年他迎娶龔氏夫人的傷心之地，正巧文廷式也在這裡。

在與長沙朋友飲聚的酒宴間，梁鼎芬與文廷式見面了。據文廷式日記載，「兩人一見異常驚喜，遂留宿鄉間，四更始寢」。接下來的日子，兩個人幾乎天天在一起。三月二十五日，這天郭嵩燾請客，也是梁鼎芬離開長沙回廣州的日子。文廷式連宴席上的酒都沒有喝完，便急於去為梁鼎芬送行。那一晚，兩人夜裡談到很晚，文廷式還寫了詩詞贈給梁鼎芬。

梁鼎芬與龔氏夫人的愛情之弦斷了，但是友情卻並沒有終結。他在武昌張之洞府下任知府時，曾經在武昌府署的花廳上刻了一副楹聯：「零落雨中花，春夢驚回棲鳳宅；綢繆天下計，壯懷消盡食魚齋。」無限深情的追憶，無限深情的思念，都蘊含在其中。晚清有筆記野史記載，文廷式去世之前，家境窘困，生活拮据，龔氏夫人還前去向梁鼎芬求貨，梁鼎芬「輒有所贈」。

①翰詹是清代對翰林和詹事的合稱。翰詹大考始於雍正十一年，每六年舉辦一次。慈禧太后執掌權柄之後曾一度中斷。年輕的光緒皇帝為了選拔文廷式等新型人才，恢復了翰詹科舉。

大歷史與小細節

齊白石的畫意趣盎然。有一幅農家草蟲的畫：一顆大白菜上趴著只蟈蟈。大白菜是恣情寫意，蟈蟈卻是工筆細描，分毫畢現，連蟲翅上的脈胳都清晰可見，一隻生動活潑的蟈蟈從畫中振翅欲飛。

大歷史的妙處，往往隱藏在不大被人注意的若干小細節裡。

光緒皇帝推行戊戌變法，失敗在於慈禧太后的阻撓和干涉。而慈禧太后對光緒的憤懣不滿，起初源自於皇宮家庭裡的細微小事。

據商行瀛《珍妃其人》一文，珍妃初入皇宮時只有十三歲，還頗得慈禧太后的喜愛。她天真活潑，聰明伶俐，除了穿戴旗裝禮服外，還經常扮作男裝在皇宮中走動。「烏黑的頭髮，後垂大辮子，戴上頭品頂戴，三眼花翎，身穿袍子馬褂，足登朝靴，腰繫絲帶，居然是一位美少年似的差官。」珍妃與光緒共玩共樂，恩恩愛愛，慈禧太后也沒有覺得什麼。

珍妃後來何以被禁閉？按商行瀛先生的說法，與清室宮中的制度有關。

按清朝制度，內廷經費與國家開支是分開的。內廷的經費領於內務府，皇后每年例銀一千兩，嬪妃以下逐步遞減，妃每年三百兩，嬪每年二百兩，按月支取。珍妃出生在貴族之家，從小出手闊綽，習慣了大手大腳，每個月的經費都不夠用。更重要的是進入清宮之後，眼看著周圍的環境都是這樣，賣官鬻爵成風，耳聞目睹，珍妃免不了受影響。賣官帽子，是珍妃所能想到的生財之道。

整個賣官的流程是這樣的：串通奏事處的太監，打聽到哪個位置有官缺，然後告訴志錡等人，出面去尋找想買烏紗帽的人。敲定之後，通過幾名貼身太監轉告給珍妃，再由珍妃在合適的時候向光緒皇帝進言。整個賣官流程的主謀是珍妃的親哥哥志錡，賣官收入所得，大部分被志錡拿去了。也就是說，珍妃既是為自己撈錢，又成了胞兄志錡的搖錢樹。

烏紗帽賣得多了，免不了會露出蛛絲馬跡。有一次，珍妃將四川鹽法道官職賣給了一個叫玉銘的木材商人。按照慣例，新官上任之前都要到皇宮前來跪拜，由皇帝親自召見，簡單問答幾句，一來體現皇帝的溫暖，二來表示皇帝十分體察政情。輪到召見這個玉銘的時候，光緒皇帝問他：原先在哪個衙門裡當差？木材商人驚恐莫狀，結結巴巴地答曰：小的原先在木廠。光緒皇帝十分詫異，叫人拿來了紙和筆，命玉銘將其履歷寫出來。玉銘提著筆，手直打顫，好半天寫不出一個字。這件事讓光緒大為光火。更糟糕的是，當時慈禧太后就坐在旁邊，眼看著這個情景不停地冷笑。

此事發生在光緒二十年（一八九四）四月，風聲所播，涉及宮闈。事後，慈禧太后嚴厲訓斥了光緒。光緒不得已發了一道諭旨，云：「朕奉太后懿旨，本朝家法嚴明，凡在宮闈，從不敢干預朝政。瑾妃、珍妃承侍掖庭，向稱淑慎，是以優加恩眷，洊陟崇封。乃近來習尚浮華，屢有乞請之事，皇帝深慮，漸不可長，據實面陳。若不量予儆戒，恐慌左右近付藉為夤緣蒙蔽之階，患有不可勝防者。瑾妃、珍妃降為貴人，以示薄懲而肅內政。」

光緒皇帝與珍妃在皇宮中形影相隨，感情深厚。可以想像得出，光緒在寫這道諭旨時心情之沉重。自此以後，珍妃交由皇后嚴加管束，幽禁於皇宮內西二長街百子門內的院子裡，人身失去了自由。

據說，在降瑾妃、珍妃為貴人的前一天，光緒皇帝給慈禧請安時，慈禧一直鐵青著臉不理他。光緒為瑾妃、珍妃求情，在地上跪了兩個多小時，慈禧太后鐵石心腸，絲毫不為所動。最後，慈禧太后惡狠狠地說：「瑾妃、珍妃的事，你不管，我來管。不能讓她們破壞家法，干預朝政。下去吧！」

根據清宮檔案記載，十月二十八日這一天，珍妃確實遭到了「褫衣廷杖」。皇宮裡堂堂的妃子，被扒掉衣服用木棍打，這在有清一代是極為罕見的。

參與珍妃賣官鬻爵一案的眾太監，一律都被處以極刑。據當時在宮中的太監信修明①在《老太監的回憶》一書中透露：

太后宮的掌案太監王俊如，其徒弟小太監宣五、聶八，皆在其內。因為太后留面子，將王俊如等三人發遣奉天，緩些時日，方以密旨命盛京將軍長順將王俊如就地正法。其餘奏事處總管太監郭小車子，奏事太監文瀾亭，以及光緒御前太監楊姓孿生兄弟，人稱對兒楊者，並無姓名可稽的內殿技勇太監，珍妃景仁宮的太監等，共同交內務府慎刑司立斃杖下，前後打死的太監六十餘人。

光緒二十年前後，京城社會每於聚談間，必談論珍妃賣官一案。這樁案子中，珍妃的親哥哥志錡為溝通宮內外要犯，在珍妃案敗露後，懼禍逃往上海。所得資財，存入北京前門泰昌綢緞號生息，後又自然轉成了股東。

清朝晚期，賣官鬻爵不僅成了公開的祕密，甚至已經合法化。朝廷裡明白告示的捐納制度，說白了就是賣官帽子。清宮裡頭只要有點權勢的，幾乎人人都在賣官。太監總管李蓮英賣官的生意做得尤其熱鬧，據說連慈禧太后也賣過官。珍妃生活在這樣的環境中，很難做到出污泥而不染。

珍妃團夥賣官鬻爵的窩案中，影響最大的一樁案子是魯伯陽案。

晚清御史胡思敬在《國聞備乘》中敘述了案件始末：「魯伯陽進四萬金於珍妃，珍妃言於德宗，遂簡放上海道。」一直筆論事，文字簡潔洗練，雖然只有短短的一二十個字，字裡行間卻掩藏著複雜的故事，像條迤邐的大河，波濤洶湧。

晚清吏部主事何德剛的《春明夢錄》一書中，對魯伯陽買官上海道一事有更加詳細的記錄：

凡放缺放差，必由軍機進單，御筆圈出。若單內無名，便不能放。有一日，上海道缺出，上要放魯伯陽，軍機大臣曰：魯伯陽單內無名，不知何許人，似不能放。上曰：汝再查之。次日，軍機上去，言複如前。上曰：魯伯陽係江蘇候補道，李鴻章曾經保過。軍機曰：既係江蘇候補道，須電詢兩江總督劉坤一再定。嗣劉複電到，謂確有其人。是日遂特簡焉。軍機出來，不免有一番議論，語便外揚，於是物議紛紜。有謂其用廿萬金運動者，有謂其目不識丁者，兩御史之參奏上矣。不得已乃令送部考驗。

魯伯陽何許人也？遍查魯伯陽的履歷，只知道他的祖籍是安徽，中年時參加淮軍，隸屬李鴻章的部下，在淮軍糧台處管過帳本。大概是在淮軍糧台處撈到了一些銀子，魯伯陽出錢疏通太監，要買個上海道台的烏紗帽。

當時是光緒十一年（一八八五），南方剛剛發生了中法戰爭，羸弱的清朝意識到了落後就要挨打的硬道理，正在大力發展海軍。有一次，珍妃心血來潮，想隨光緒皇帝出海去視察海軍戰艦演習，被他身邊的軍機大臣孫毓汶勸阻了。孫毓汶說：皇帝啊，海上風大浪急，可不像平時在花園裡觀賞風景，有危險呢！

光緒皇帝笑了笑說，這個朕知道。

說罷仍要出行，仍然被孫毓汶攔住了。孫毓汶搬出了慈禧做擋箭牌，說道：請皇上務必以社稷為重，派出大臣檢閱即可。如果皇上非要出海，那必須得奏請太后老佛爺的懿旨。

光緒一聽說要奏請懿旨，只好放棄了陪珍妃出海視察海軍的打算，待在皇宮裡，收拾起心情靜下來辦公。

正好禮親王世鐸前來奏事。世鐸從朝服袖筒內取出一份官員名單，對光緒皇帝稟道：江南上海道聶緝槼奏旨升任浙江巡撫，遺留的空缺需要擇員遞補。現從軍機處存留的名單中遴選二人，請皇上圈定。

光緒皇帝一聽，心中想起了珍妃前幾天遞給自己的那張紙條。於是對禮親王世鐸說道：既然江南上海道有缺，可即授予魯伯陽。

按照何德剛在《春明夢錄》中的講述，當時他正好在光緒皇帝的身邊，向來梗直的大臣何德剛直言道：這個魯伯陽，軍機處提供的名單中並沒有名字，不知道他是什麼人？光緒皇帝對魯伯陽的履歷也不清楚，支吾了幾句，沒說出個究竟。到了第二天上午，再議及到魯伯陽補缺一事，光緒皇帝說魯伯陽係江蘇候補道，李鴻章曾經保舉過。何德剛應答道，既然此人是江蘇候補道，那得拍封電報，問問兩江總督劉坤一，再作確定。等到劉坤一回電，承認確有魯伯陽其人，這件事情才總算是定下來了。

從何德剛的《春明夢錄》中，能夠看出晚清官場的部分真實情形。清廷有一整套完整的限制賣官的規章制度，即便光緒皇帝親自過問，賣官鬻爵之事也並非那麼輕而易舉能夠完成。

魯伯陽是晚清名將聶士成的親戚，早年確實出自淮軍，曾經在淮軍糧台討過生活，負責軍中發放糧餉，管理賬務之類的事項。可是這個人，和淮軍首領李鴻章的關係並不融洽，至於光緒皇帝說到的「李鴻章曾經保舉過」，純粹是道聽塗說的街談巷議，一點也靠不住。

據晚清劉體仁在《異辭錄》中記載：

魯伯陽久不得志，知左文襄與文忠不協，乃悉以淮軍糧台帳簿輦送於彼。文襄曰：「吾屬皆軍人，奚肯以此中傷同類。」

劉體仁是四川總督劉秉璋之子，大學士孫家鼎之婿，在京城生活十餘年，所敘均為當時清廷中上層官員的見聞，具有較高的史料價值，也頗可信。按照劉體仁的講述，魯伯陽人品相當可疑，既然為李鴻章所提攜，又處心積慮背後向左宗棠告陰狀，將有問題的帳本送至左宗棠的府中。幸虧左宗棠品行端正，儘管他與李鴻章之間有矛盾，卻不屑於背地裡做這種陰損勾當。可以預見到的是，有魯伯陽提供的帳本充當確鑿鐵證，一旦案發，李鴻章的下場將會十分悲慘。

這樁事情被李鴻章知道後，對魯伯陽自然不會客氣。後來，魯伯陽在官場上一直倍受冷落，始終得不到任何提升。不過按照官場厚黑學的遊戲規則，魯伯陽依然腆著臉，向李鴻章百般討好。《異辭錄》中記載，李鴻章升任直隸總督後，魯伯陽不辭辛勞，每天清晨都佇立在李鴻章上朝必經的箭道旁，點頭哈腰，搖首乞尾，久久恭迎，想乞討一個官職。李鴻章到底還是大度，給他安排了外省一個候補道的官職，讓魯伯陽一走了之。

魯伯陽通過珍妃要買上海道台的官帽子，已是十餘年以後的事情，其時魯伯陽年齡已經不小了。魯伯陽買官一案，牽涉到志銳、珍妃乃至光緒皇帝，而此時光緒皇帝與慈禧太后的矛盾已經加劇，慈禧要拿掉光緒，先得拿掉光緒身邊的親信。於是，多米諾骨牌迅即倒塌，志銳、珍妃、文廷式等人逐一被拿下，可憐剛剛買到了上海道台官帽子的魯伯陽，不僅沒能撈到什麼油水，反而倒了大黴。

《異辭錄》中記錄了魯伯陽後來的狼狽境況：「未幾，事發解職，落拓不能自活。雙足攣腫，複不能行。又如是者數年，適值文忠至京議和。上書，不答，翌日，伯陽以兩役掖之，行至文忠所。文忠怒罵，兩役驚懼走，遺伯陽於地，號啕乞恩。」

這一則官場異聞，被劉體仁記錄下來，成了人們飯後茶餘的談資。

①信修明，清末老太監。原名信連甲，最初頂替一個名叫張憲路的名姓進入司房，因此宮裡人稱他為「神仙張」，名頭十分響亮。辛亥革命後，信修明一直從事慈善事業，專門免費收養流落民間的小太監。他還將自己在宮中二十四年的所見所聞記錄下來，寫成《老太監的回憶》一書，若干材料真實可信。

垂涎欲滴的官場肥缺

在清代，上海道台的具體官銜應該是蘇松太道台，管轄蘇州府、松江府以及太倉州。上海道台是人們習慣的口頭用語。據梁元生《上海道台研究》一書仲介紹，清代的第一個上海道台是在一六四五年任命的，最後一個是在一九一〇年任命的。一九一一年清廷垮臺，上海道台也隨之被取消。

最初的二十年間，上海道台的主權職責是軍事監督。因為這一時期清廷初建，社會秩序混亂無序，到處充滿著叛亂分子和盜匪。明王朝的忠誠者在江南一帶十分活躍，任命上海道台的主要目的是社會治理。

到了康熙、乾隆年間，上海道台的職責範圍有所擴大。上海道台被賦予一項新的重要職責：管理江海關。這個重要的財政工作此前一直都直接屬中央內務府管轄，上海道台接管這一職責後，衙門也從太倉遷移到了上海。

一八四三年，上海被宣佈為通商口岸，開放對外貿易。上海道台受命去議定貿易規章，處理上海口岸的對外事務。之後，上海道台還開始負責管理江南製造局，以及後來的輪船招商局等新型企業和機構，成為若干近代化專案的監管者。

上海道台職能的沿革是一個持續擴大的過程。由於這一職位日益增強的重要性，在十九世紀後期，上海道台被普通看作是東南地區最重要的職位，官員們暗中稱它是「江南第一美差」。

正因為這個官職是美差，進入晚清，上海道台的官帽一直很搶手。《紐約時報》的記者對中國官場的觀察細緻入微，曾經在一篇報導中深入分析過清廷官員的做官謀財之道：

> 在大清國，政府官員僅僅靠俸祿無法應付日常生活。按照中國固有的習俗，他們總能在任上撈取到一些外快，或者在一定限度內搜刮民脂民膏。當然，如果超出這個限度的話，這樣的官在清國人的眼裡就算是為政不廉了。就拿這裡（上海）的道台來說吧，就其收入而言，他簡直就相當於一個苦力。道台一年俸祿不過二千兩白銀，根本不夠支撐衙門裡眾多師爺和衙役的開支，但他又不得不設置這些職位。因此，為了維持局面，他只有從他經手的各項資金中撈取一些油水。

至於撈取油水的方式，種種色色，千奇百怪。

下面讓我們轉換視角，跟隨一位上海道台的足跡，看一看晚清官場腐敗的真實情景。

這位上海道台名叫吳健彰（一七九一～一八六六），名天顯，號道普，小名阿爽，外國人稱其為爽官。吳健彰是廣東香山人，出身寒微，早年曾在澳門、廣州等地以販雞為業。大約在二十歲左右光景，吳健彰嘗試與廣州洋人做點小生意，將從鄉村販來的雞成批量賣給洋行，從中嘗到了甜頭，感到與洋人打交道大有作為。於是遂進入洋行充當僕役。

吳健彰是在社會底層中經歷過摔打的人，早年的販雞生涯，教會了他為人靈活乖巧，善於揣摸他人心意，加之生意人的勤快天性，吳健彰進入洋行之後，受到了洋商們的普遍喜愛。從在洋行裡充當僕役入門，到與洋商做小筆貿易，經過短短幾年的奮鬥，他便積蓄了一筆資金。道光十二年（一八三二），吳健彰在廣州寶順大街開設了自己的商行，取名「同順行」，正式躋身於廣州十三行的行商之列。那一年，吳健彰四十一歲，正值年富力強能辦事的年齡。

關於吳健彰的發家有個傳聞。說的是在洋行打工的吳健彰，當年負責經辦貨物出入。有一年冬天，港口到了兩船煙土和皮貨，洋行大班吩咐他將貨物分批祕密入庫，不要讓外人知道，以免受到地方官的敲詐。機靈的吳健彰先將煙土和皮貨存放到碼頭附近新租的一間空屋裡，準備伺機小批入庫，這一招，連洋行大班並不知情。也是老天助他，這一天夜裡，洋行倉庫突然失火，洋行大班驚慌失色，趕緊從床上爬起來，跑來查看。正好碰見吳健彰臉色蒼白佇立在風中，雙手扒牆，兩腿顫抖。洋行大班急切地問，貨物怎麼樣了？吳健彰並不直接回答，臉上顯出詭譎的神情。洋行大班是個急性子，匆匆跑回家，從抽屜中取出了一包煙土，當場服毒自盡。大班死後，洋行關閉，職工遣散。而據知道內情的人士透露，洋行大班前往查看之時，吳健彰正貼著牆根在小解，他患有尿道結石的頑疾，每逢小解便疼痛難忍，苦不堪言，身子顫抖是他犯病時的常態，卻被洋行大班被認為大禍降臨。其實，兩船貨物並沒有在火災中絲毫受到損毀，早已被吳健彰轉移到了別處。洋行大班自殺後，價值二百萬兩白銀的兩船貨物成了吳健彰的囊中物，飛來的橫財成了他的第一桶金，吳健彰憑藉這筆財產，成功開辦了同順行。

當然，這只是個傳聞，真實與否無從查證。

道光十九年（一八三九），林則徐奉命為欽差大臣，到廣東查禁鴉片。在那場聲勢浩大的禁煙浪潮中，吳健彰作為熟悉洋務的人選，進入到與外商談判禁止鴉片進口的人員行列。在中國，官商關係歷來都說不清道不明的，從商界進入官場，是許多商海精英的人生目標，吳健彰也是如此。那一年，他邁出了第一步。

之後不久，鴉片戰爭爆發，清政府失敗後簽訂了《中英南京條約》，除了向英國賠償白銀外，還同意開放廣州、廈門、福州、寧波、上海等五處為通商口岸。其中地處長江口的上海，位於江、浙富庶之區，是江南絲綢和茶葉等物資的主要產地，同時又是國內南北海運的中間站，更是被中外商人們看中而搶手。原來在廣州的外國洋行及其雇傭的買辦蜂擁而至，開辦洋行。從一八五三年起，上海開始壓倒廣州，成為全國最大的貿易港口。英、美、法三國相繼在黃浦江設立租界並不斷擴展，形成上海公共租界和上海法租界。

吳健彰也不失時機地來到上海，開始了富有冒險意味的人生之旅。

吳健彰到上海後，主要經營的是茶葉生意。他懂得洋商的心理和作派，又略通英文，與洋行裡的洋商們很契合，尤其與上海洋行開辦的怡和、旗昌、寶順三家大洋行關係密切。憑藉他的精明強幹，吳健彰逐漸積累起鉅資，並投資旗昌洋行，成為該洋行的七大股東之一。

這時候，吳健彰已是鳥槍換大炮，他經營茶葉貿易和典當行，成為上海灘響噹噹的大買辦，非昔日那個小小的雞販子可以比擬了。

有了錢就想買官。道光二十八年（一八四八），吳健彰以白銀五十萬兩，捐得上海道記名按察使①，兼任上海海關監督。

據《上海租界志》載，十九世紀四五十年代是租界發端的時期，一八四五年，英國首任駐上海領事巴富爾與上海道台宮慕久商定《土地章程》，規定以黃浦江以東、洋涇浜以北、李家廠以南為英商居留地，在近代中國設立了第一塊租界。一八四八年，首任法國駐上海領事敏體尼到達上海，與上海道台麟桂商定辟設法租界。同一年，上海道台還同意了美國傳教士文惠廉提出的在虹口建立美國租界的要求。

在那些設立租界的各種談判中，到處都可以見到吳健彰的身影。

花了錢買官，自然是要收回成本的。吳健彰成為上海道台後，最為關注的是與洋務有關的事項。因為他已經從和洋商打交道的過程中，嘗到了許多甜頭。要想賺大錢，必須得和洋商聯手，才能夠賺得盆缽滿盈。

但是在晚清時期，與洋人打交道到處都充滿了風險。

咸豐元年（一八五一），由上海外國商人集體簽名的一份帖子送到上海道台衙門，強烈要求委派外國人擔任海關港務長。到了這年的下半年，上海的外國領事們宣佈，美國人貝利斯已經走馬上任海關港務長的職位，在他的主持下，江海關公佈了一套管理船舶和船員的港口章程。在中國海關任用外國人的這一事件，在晚清政壇掀起了一場軒然大波。

事實上，自從鴉片戰爭後，中國已失去了關稅自主權。雖然海關行政名義上仍由清政府管理，但卻是有名無實。更加糟糕的是，正在中外爭奪海關領導權最激烈的時候，一九五三年九月，上海爆發了小刀會起義。起義軍佔領了上海城，外灘租界的江海關被搗毀，外國商人安全得不到保障。一九五四年夏天，英國領事阿禮國提出了由中外合作組成海關的方案，得到了所有外國領事們的支援。兩江總督怡良派上海道台吳健彰與英、美、法三國駐滬領事會談，達到協議：三國領事各提名一人，由清廷任命為稅務監督，與中國共同管理江海關的徵稅事宜。自此以後，外籍稅務司管理中國海關便形成了制度，從一八六一年起，英國人赫德擔任清廷總稅務司，一直管理中國海關近半個世紀。

這件事，使吳健彰後來成為倍受爭議的一個人物。

事件的來龍去脈十分複雜，在這裡予以梳理，簡述其梗概。

一八五三年九月七日（咸豐三年八月初五），是上海城原定舉行紀念孔子誕辰儀式的日子。每年這一天，全國各地都要舉行隆重的祭孔活動，成千上萬民眾身著傳統服裝雲集孔廟，依循古禮，伴以古樂，場面莊嚴肅穆，使在場的民眾沉浸在中國古老的歷史追憶之中。

然而就在這天黎明，老百姓們穿戴好了傳統服裝，準備去孔廟參加祭祀活動之時，忽然傳來消息：上海被起義的小刀會佔領了！聽到消息的人面面相覷，不知是真是假。他們懷著半信半疑的態度，繼續往孔廟湧去。到了孔廟，操場上空曠無人，只有幾杆事先佈置好的彩旗在秋風中飄揚，空寂中彩旗抖響的嘩嘩聲，給現場增添了緊張的氣氛。

——看來確實是出事了。

先是在該年八月，上海嘉定農民一千餘人在徐耀的帶領下舉行起義，起義軍一度佔領嘉定城，搗毀縣衙門，嘉定知縣馮翰匆忙逃跑，保住了一條性命。這次起義的成功，極大程度上鼓舞了上海市民，在小刀會首領劉麗川的帶領下，決定於九月七日舉行更大規模的起義，恰好這一天，正是祭祀孔子的日子。

起義市民像九月的野火迅猛地向四周燃燒，他們提著長茅菜刀朝縣衙門湧去。上海知縣袁祖德穿戴上了祭祀孔子的傳統服裝，坐上一乘綠呢小轎，正準備起程去孔廟，忽然看見黑鴉鴉的一群人朝這邊湧來，轉瞬之間，起義的市民一湧而上，將他團團圍住，捆綁起來，一個性急的起義軍揮起大刀，手起刀落，殺了袁知縣，為他們的這次起義祭旗。

起義軍的首領名叫劉麗川。當他趕到縣衙門口時，袁知縣已經被殺。從另一處傳來消息：上海道台吳健彰已被起義軍生擒，捆綁在道台衙門裡，等候處置。劉麗川招了招手，帶著幾十個起義軍士兵，匆匆朝道台衙門那邊奔去。

劉麗川被推到小刀會首領這個位置上有些偶然。他是上海這座城市裡的下層知識份子，平時喜歡在酒肆茶坊間逗留，結識了許多三教九流的人物，據說平時還抽鴉片，美國牧師羅孝全在一篇採訪手記中說過他見到劉麗川的印象：「我見他時，他正在吸鴉片煙如常。我入室後，他放下煙槍坐起來，身體瘦弱，面容蒼白，狀如童子，全無戰士威嚴勇猛之儀容。」

關於上海道台吳健彰，劉麗川不僅見過面，而且他們還是廣東老鄉。不過交情都是以前的事情了，現在這兩個人，分別代表不同的陣營，成了一對冤家死對頭。劉麗川看了看倦縮在衙門角落裡的吳健彰，還是做出了親熱之舉，親手將道台大人攙扶起來，又吩咐手下的人倒茶。

劉麗川心中撥打的如意算盤是，以吳健彰為人質，在外交上換取洋人的支持。

第二天，劉麗川派人請來了住在上海老北門外的美國公使馬沙裡和美國傳教士晏瑪太。兩個洋人一高一矮，他們聳著肩膀，一前一後走進了劉麗川佔據的道台府衙門那幢房子。

衣服上佩戴著紅布標誌的劉麗川，向兩位洋人簡略說了說此次起義的目的意義。他說，當今清朝廷腐敗暴虐，推翻這個黑暗的統治政權是歷史潮流，不可阻擋。停頓了一會，又說，小刀會與太平天國軍隊有聯繫，他們奉行太平王的命令，對洋人秋毫不犯，並且說，只要被捕的吳道台不再為清朝廷賣命，可以讓他擔任太平天國的官職，繼續管理上海這座城市。

兩個洋人碰在一起嘰哩咕嚕說了幾句，決定先將吳道台帶到上海租界。劉麗川考慮良久，點了點頭，答應了兩個洋人的要求。他叫手下文書開了一張路條，憑這張路條，兩個洋人才能順利將吳道台帶走。

關於吳健彰從小刀會手中逃出的情況，一八五三年九月十日的《北華捷報》曾經作了較詳細的記錄：

……道台脫去官服，喬裝商人──穿上便服、藍襪子，戴上闊邊黑眼鏡，手持雨傘，跟隨外國朋友從屋裡走出來──佇立在客堂上的廣東幫武士，建議由他們護送道台出城。這一建議未被採納，因為如果這樣辦，在中途或是到了城門口，勢將引起廣東幫與福建幫之間的爭執。於是選定身強而力壯者兩人充任侍從，其中一人身纏堅實的長布條，以備不虞之需。這一勇敢的小集團就此出發，穿近路向城牆走去。

洋人救出上海道台吳健彰，自然有他們的想法。

上海等五個口岸城市開放以後，最受優惠的英國人興奮異常，他們雄心勃勃地誇下海口：「一個新天地已經展現在工商業者面前了！」然而，開港以後頭幾年的情況並不如預期的那麼美妙，英國的紡織品向華輸出一八四四年曾達到一百五十七萬英磅，一八四九年減少到一百萬英磅，又過了五年，到一八五四年急劇下降到六十四萬英磅。面對對華貿易的蕭條，洋人們認真分析了其原因與對策，他們的結論是：首先需要降低輸入英國的中國茶葉的現行高額關稅來增加輸入，借此提高中國對英國產品的購買力，從而打開貿易蕭條的局面。

英國新任領事阿利國上任以後，決心扭轉這種不利局面。此人曾歷任廈門、福州、上海、廣州等各地領事，是典型的「中國通」，任職上海領事期間，還主持了創立稅務司的工作，被清朝地方官吏認為是「最為狡詐的人物」。

阿利國上任前後，正值太平天國運動爆發，太平軍佔領南京而引起的人心不安，商業的機會減少了許多，長途跋涉運送來的棉紡織品失去了銷路，相反，走私活動（尤其是利潤豐厚的鴉片走私）達到了高潮，合法貿易衰退，非法貿易增長，英國商人紛紛向他叫苦不迭，使得新上任的英領事阿利國很傷腦筋。

小刀會起義，活捉了道台吳健彰，給阿利國提供了一個機會。

在吳健彰未放出來之前，英國領事阿利國就夥同美國副領事金能亨公佈了關於船舶結關手續的《臨時規則》，其內容是：出入船舶及貨物的結關手續均由領事館辦理，關稅既可用現金繳納，也可用「遠期支票」，英國領事館還為此發出了長篇通告，其要點是，眼下上海地方政府已被推翻，海關行政也陷於停頓，外國租界內的財產安全令人擔憂。在這種情況下，英國已沒有遵守海關規章或繳納關稅的義務。

現在，上海道台吳健彰被美國人保釋出來了，阿利國腦子裡的想法是，一定要想辦法讓吳道台承認他們制定的《臨時規則》。

吳健彰被洋人保釋出來的祕密，清廷幾乎沒有人知道。

吳健彰也不願意讓其他人（尤其是官場上的同僚）知道這件事，他把這件事包裹得嚴嚴實實，不許走漏半點風聲。因為這關係到他頭上的烏紗帽——如果他被小刀會俘獲的消息讓朝廷知道了，肯定會查明真情，他花大價錢買來的上海道台這頂官帽子，將會保不住。

於是，在洋租界避難期間，吳健彰給朝廷打了個假報告，謊稱縣城失陷之際，恰值外出巡察，途中聞報，急返縣城，但是小刀會已經佔據上海，云云。這樣一來，他可以免去失職的懲處，保住了官帽子。

由於上海失陷，吳健彰的海關監督官印丟失了，於是他發出通告，將用「常州漕運使官印代替海關監督官印，仍按舊制辦理關稅徵收事宜」。

當天下午，英國領事館作出了反應，在一份「覆吳健彰照會」的信函中語氣強硬地提出：要「與閣下進一步談判徵收關稅事宜」。

吳道台起初的態度也很強硬，復函阿利國：要求繳納上海失陷之前英國十艘船隻所欠稅銀四萬五千兩。阿利國回信則認為，戰亂期間，英國商人沒有向中國政府繳納關稅的義務。

單靠幾次照會是不能解決問題的。吳健彰考慮到，關稅是一筆很大的收入，這筆經費對於從小刀會手中奪回失陷的上海有直接的關係，更重要的是，奪回關稅徵收權還關係到他本人的地位和名譽。因此在給英國領事的幾次照會中，吳健彰堅持要求對方繳納上海失陷之前英國十艘船隻所欠稅銀四萬五千兩，字裡行間無不流露出他的焦躁情緒，而且還帶有一定的威脅口吻。

而阿利國一口認定：上海之所以倖免於難，是「由於在英國軍艦大炮之掩護下」的緣故，況且「目前貴國海關既不存在，對於上海地方，貴國又失去了控制權力，而他國商人且可以乘機逃稅。情況既然如此，貴國皇帝根據何種平等法律或條約向英國商人追收是項稅款？」如果執意徵收關稅，「對於英國商業乃係一種敵對與侵略行為，如閣下果然採用挑釁行為，則我國政府必將報復之」。

吳健彰在信函中態度強硬，在實際操作中卻顯得靈活。他心裡清楚，朝廷最怕洋人，萬一得罪了洋人，朝廷也不會幫自己說話，甚至會斷送掉個人的政治前景。更何況，在與洋人打交道的種種活動中，他已多次嘗到了甜頭，洋人不僅不能得罪，暗中還應該搞好關係。

吳健彰思來想去，決定將蘇州河上的軍艦作為臨時海關之用，並將這一決定通知了英國領事。阿利國回答說，利用軍艦作為徵收關稅的臨時場所是否妥當，他個人不能作出決定，必須請示英國駐香港全權公使「裁決」。很快，英國駐香港全權公使的「裁決」結果出來了，認為在這戰亂時期「中國當局沒有徵收任何關稅的權利」。法國、美國等國家領事館也乘機表態，認為戰亂時期上海並不存在中國海關。

清朝政府經過與洋人幾輪談判，總算達成了能夠一致的意見：成立稅務司，但是稅務司必須有外國人參與。談判中，阿利國三番五次對清廷官員許諾說，如果中國當局願意聘用外國人在海關稅務司任職的話，他將全力協助清政府制止走私活動，使用英國武裝力量予以保衛。

經過幾番波折，吳健彰同洋人簽訂了《協定》。這份《協定》主要內容包括有以下方面：

一、為解決上海道台遇到的困難，中國海關將聘用外國人；

二、海關組織（稅務司）的全部開支費用，由上海道台從稅款中支付；

三、英、美、法三國領事館各選派一名稅務司員，由清廷正式任命；

四、稅務司員每人有一個投票權，道台有兩個投票權；

五、稅務司在海關設立辦公處所，允許隨意翻閱中國海關的冊藉公文等詳細記錄。

這麼一來，清廷稅務司完全被洋人把持了。雖說道台「有兩個投票權」，但洋人有三人，意味著有三個投票權，上海道台永遠屬於少數。

吳健彰是廣東十三行出身，和洋人有千絲萬縷的聯繫。他是個頭腦靈活的人，也想通了，如今的戰亂時期，自己何不也去撈一把？這個念頭一萌生，馬上就有昔日的老朋友找上門來。

來者是美國旗昌行一個叫詹姆士的中年商人，雖然話說得很隱晦，但是意思十分明白，要拉上海道台吳健彰下水，請吳健彰為他們在長江中下游的幾艘船隻走私行徑保駕護航。臨走之前，在桌案上留下了一張銀票，待詹姆士走後，吳道台拿起來一看，十萬兩，他倒吸了一口氣，輕輕拍了拍胸口。

實事求是的說，吳健彰通過買官手段獲取了上海道台的職位後，還是為近代上海的振興作出了重大貢獻的。一是太平天國興起時，江南一片凋零，許多地方精英攜家帶口紛紛逃難，不少人流落到了上海。這些地方精英帶來了成箱的金錢、字畫、古董等，卻無處棲身。吳健彰允許這些逃難的精英進入租界居住，讓中外資本在此間匯聚和流通，對近代上海的興起功莫大焉。二是允許外國人在租界內行使行政權，比如設置工務局，警察局，並掌管稅務等等，總之，按照西方人的一套辦法管理上海，修馬路，蓋洋樓，牽電燈，置機械……這是中國舊城市聞所未聞的一套管理方法，使得上海迅速變得繁榮了起來。

但是吳健彰的所有努力，在晚清時代都註定了會成為攻擊的目標。

小刀會起義被鎮壓後，吳健彰遭遇了秋後算帳。吏部侍郎程恭壽向朝廷上了一道奏摺，彈劾江蘇巡撫許乃釗，順帶也彈劾了許乃釗的得力部下吳健彰。關於吳健彰的不赦之罪有兩條：一是養賊，二是通夷。

養賊是指吳健彰與劉麗川有廣東老鄉關係。另外，劉麗川手下的兩個重要起義軍頭目李少卿、李仙雲，都是廣東商人，是小刀會起義的主要經費資助者，這兩個商人以前曾經與吳健彰合夥做過生意，不僅認識，而且關係親密。通夷是指吳健彰與洋人的密切來往。

咸豐五年（一八五五），清廷將吳健彰革職治罪，擬發往新疆。正在這時候，江南大營欽差大臣向榮向朝廷遞交了《請留吳健彰在營效力片》，請求朝廷留下吳健彰，讓吳負責雇募紅單船、夾板船，用以進攻太平天國軍營。新任的江蘇巡撫吉爾杭阿也向朝廷上奏摺，認為吳健彰並無養賊通夷之事，請求朝廷開恩。此外，兩廣總督葉名琛、浙江巡撫黃宗漢、兩江總督怡良等高層官員則寫信證明，吳健彰與洋人商行的往來應酬並沒有什麼大的問題，他是一個勤於為任的官員，並未將海關的銀兩運回廣東老家，請朝廷考慮放人。當時正值太平天國戰事吃緊，又有這麼多大官員出面保這名上海道台，朝廷權衡利弊，臨時改變了主意，批准吳健彰暫留上海，在向榮的軍營中效力贖罪。

關鍵時刻，吳健彰的萬貫家財救了他。清廷擬將其發配新疆的諭旨發佈後，吳健彰傾囊而出，向朝廷捐出了大筆金銀財寶和軍需用品，同時一擲千金，向吉爾杭阿、葉名琛、黃宗漢、怡良等省部級高官拼命行賄。擔任上海道台期間積攢下來的巨額財富成功地拯救了吳健彰，他不僅沒有被發配到新疆，成功地留在了上海，還在清廷政權中擔任了合適的職務：先是在向榮的軍營中效力，後來成了兩江總督怡良的顧問，協助處理對外事務，再後來又成了美國駐華全權委員伯駕的高級顧問。

到了咸豐八年（一八五八），吳健彰已經六十七歲了。年近古稀，人生經歷了一番大紅大紫之後，他似乎看透了官場中的險惡，主動向朝廷申請告老還鄉。

朝廷批准了吳健彰的申請。不久，吳健彰回鄉廣置田地，安享晚年。在他的老家廣東香山翠微村，有一條兩米多寬、長約三公里的石板路，就是吳健彰告老還鄉之後為家鄉老百姓修建的。據翠微村《吳氏族譜》記載，吳健彰回家鄉後重修族譜，廣置義田，捐地二二五畝

「恤孤寡」，聞訊河南遭受災荒後，捐出二萬二千兩白銀濟賑災民。在當地村民們的眼裡，吳健彰是個造福桑梓的大善人。

同治五年（一八六六），吳健彰在家鄉病逝，終年七十五歲。

①按察使，通稱臬台。掌管一省的司法、監察以及驛傳事務。吳健章的記名按察使是虛職，其主要職務是負責上海道。

兒孫從此不做官

歷任上海道台的官員中，有一位名叫聶緝槼，名頭也不一般。

聶緝槼（一八五五～一九一一），字仲芳，湖南衡山人。光緒二年（一八七六），聶緝槼與曾國藩最小的女兒曾紀芬結婚，成為曾家府第的麼女婿。聶緝槼光緒十六年（一八九〇）出任上海道台，在任上大有作為，後來升任浙江巡撫，是李鴻章在滬大辦洋務時的得力幹將。

在清代，聶氏家族是湖南衡山的一個望族。三代進士，兩代翰林，方圓數百里內名聲遠播。聶緝槼的父親名叫聶亦峰，年輕時在廣東新寧縣當縣官。這個縣有個村子名叫西村，只有兩大姓：余姓和李姓。余姓只有一萬人，李姓有兩萬多人，但是余姓人家富裕，出了不少舉人、貢生，李姓窮困，只知道耕田種地。每次兩大姓爭執扯皮，都是余姓人家占上風，打官司也是余勝李敗。

李姓人家中有個人名叫李鴻鈞，在省城開糖作坊賺了錢，花錢買了個武科舉人的頭一名的招牌。李氏家族從來沒有科舉上的榮光，這回弄了個武舉人的頭銜，被認為是為族爭光，於是大開祠堂，盛設儀仗，敲鑼打鼓，迎接武舉人李鴻鈞回鄉。不料，途經村中余姓的地皮時，遭致余姓人家的嫉恨，竟要將武舉人李鴻鈞拖出轎子，要稱一稱這位貴人有幾斤幾兩。余姓人家拉來一隻狗作為稱砣，將李鴻鈞高高掛在一個木架子上，大庭廣眾之下加以羞辱。

李姓人家本來準備迎候本宗族的榮光，卻遭遇了奇恥大辱，一時間群情激憤，拿起刀槍棍棒衝將過來，釀成了空前慘烈的一場大械鬥。據記載，余姓死者七百餘人，李姓死者一千二百多人，屍橫河岸，血腥遍地。

如此大的死傷數目，驚動了省城官府。余姓人家深諳有錢能使鬼推磨的道理，各家各戶集資了三十萬元，積極到省城官場去運動。兩江總督瑞麟手下有個門丁名叫諸天章，接受了這筆賄賂款後，反告武舉人李鴻鈞謀反，派出水師統領黃某和新寧縣官聶亦峰，率部隊前往圍剿李姓。眼看著一場更大的慘劇即將發生，聶亦峰竟然抗命不從。兩江總督瑞麟先後五次下達圍剿命令，都被小縣官聶亦峰擋回去了。聶亦峰寧願被罷官，也不願意親手去製造這起冤案。這個事件後來傳為曾府，曾國藩聽後大為動容，於是決定將他最心疼的小女兒曾紀芬許配聶家。

這樁婚事的青年男主角，就是後來成為上海道台的聶緝槼。

曾國藩去世後，其胞弟曾國荃對聶緝槼呵護有加，先後幾次向朝廷舉薦這位姪女婿。不久，聶緝槼升任江南機器廠總辦。聶緝槼果然不負期望，短短幾年的時間裡，就將一個虧空二十多萬兩銀子的企業救活，而且盈利頗豐。曾國荃本來就喜歡曾家這位女婿，又見他如此有能耐，更是平添了幾分偏愛。

光緒十六年（一八九〇），曾國荃再次向朝廷保薦聶緝槼出任上海道台。清廷有「親不保親」的明文規定，按說曾國荃保薦姪女婿聶緝槼是違規的。可是當慈禧太后知悉聶緝槼是個能人，短短幾年時間就將原先虧損的江南機器廠盤活了，不禁大為感歎。大清王朝能幹事的人才確實太少了，慈禧太后破了回例，批准了曾國荃的保薦。

聶緝槼在上海道台任上幹了四年，成績斐然。

之後，聶緝槼被李鴻章派往上海實業界，規劃修築浦灘馬路，參與改造官商合辦企業上海機器織佈局。聶緝槼與上海機器織佈局淵源深厚，創辦之初即得股票四五〇股，折合銀兩五．四萬，占總股本的十分之一。上海機器織佈局是由原上海道台龔照瑗創辦的，得到了李鴻章的幕後支持和關照。但是該企業自創辦後連年虧損，最後到了連工資也發不出來的地步，李鴻章為之很傷腦筋。

光緒十八年（一八九二），上海機器織佈局發生了一場大火災，更是把這家現代企業推入了絕境。李鴻章當機立斷，派遣聶緝槼去收拾殘局。在當時的官場，聶緝槼有著「才大心細，精明廉明，為守兼優，局量遠大」的上佳評語。在政官兩界的多年歷練中，尤其是在與洋人洋商、現代商業打交道的過程中，聶緝槼已經不再是一個傳統保守的中國官員，他身上具備了辦現代商業的各種有利條件。

聶緝槼將上海機器織佈局改名為華新紡織新局（若干年後，又由他的兒子聶雲台改名為恒豐紗廠），上海灘有名的這家現代企業，此後一直陪伴著聶家，隨其升降沉浮。

恒豐紗廠座落在黃浦江畔，離這家現代企業不遠的地方，是上海灘人人皆知的聶家花園。聶家後人回憶，「聶家花園永遠是一座美麗的迷宮。那裡有曲折的小徑，可跑汽車的大道，僅容一人通過的石板橋，金魚游來游去的荷花池，半藏在松林間的茅草亭，由暖氣養著玫瑰、茉莉、菊花、素心蘭的玻璃花房，小孩子隨時可以去取葡萄麵包的伙食房，放著炭熨斗和縫紉機的裁縫間……」在那座美麗的迷宮裡，住著聶家一二百口老小，全靠恒豐紗廠為衣食父母。聶家當家做主的是曾國藩的小女兒曾紀芬。她的記性相當好，記得大家族裡每個孩子的生日。每當哪個子孫要過生日了，她就會在傭人的攙扶下，上樓打開一個個箱子，挑選合適的生日禮物。

聶家花園的西北部，有聶家捐獻的一塊地皮，後來被上海租界的工部局在那裡蓋了一所學校，命名為緝槼中學，那幢漂亮的教學小洋樓至今還在，龔學平、周慕堯、包信寶……還有臺灣的李敖，都曾經在那裡念過書。

聶氏家族在上海灘的發跡，與聶緝槼有很大關係。

然而到了光緒三十一年（一九〇五）前後，聶緝槼卻遭遇到了一次來自於官場的大攔截。那次挫敗對聶緝槼的人生態度產生了巨大影響，從那以後，聶緝槼立下家訓：聶家子孫，以後再也不得做官。

事情發生在聶緝槼擔任浙江巡撫期間。成功改造上海機器織佈局之後，聶緝槼更是成了李鴻章手中炙手可熱的紅人。一八九三年，聶緝槼調任浙江按察使兼任杭州洋務總局督辦；一八九六年，任江蘇布政使；一八九九年，任江蘇巡撫；一九〇〇年，任湖北巡撫；一九〇二年，任安徽巡撫；一九〇三年，任浙江巡撫。

就在他擔任浙江巡撫的那一年，浙江銅元局出了個大紕漏。

浙江銅元局始建於光緒二十九年（一九〇三），地址在杭州城東，報國寺舊軍械局內。第一任總辦名叫劉更新，陝西人，為人冷酷苛刻，管理上也是出了名的兇狠暴戾。每次到銅元局裡上班，袍褂一脫，換了便衣，提著一條皮鞭，親自到機聲軋軋的廠子裡督工。做工的工人們聽說總辦來了，一個個鴉雀無聲，只認低下頭去工作。偶爾有人交頭接耳嘀咕的，或者手腳不大靈便的，被劉更新看見了，掄起皮鞭就是一下，輕者一道紫痕，重者皮開肉綻。

一個現代企業的管理，僅僅靠嚴酷是不夠的。事實上浙江銅元局在總辦劉更新的管理下，也確實存在著諸多漏洞，盈利能力也不算強。話說當時的浙江銅元局，其規模之大、造幣能力之強，在全國均列首位。所造銅幣不僅流通省內，而且大量傾銷外地。與此同時，各省為保護自己的利益，紛紛抵制外地銅元流入本地。這樣一來，清政府明文規定：「各省所鑄銅幣，應令先為本省發行，不得大宗販運出省。」如此規定對於像浙江這樣的省份來說，無疑是一個沉重的打擊。

由於銅元出省受阻，本省銅元充斥市場，氾濫成災，浙江銅元局遂將一個分廠關閉。儘管如此，仍然不能阻止難堪的困局。銅元製造越來越多，錢價大落，官民交困。在政商兩界的共同呼籲下，清廷不得不採取措施，限定銅元製造數額，歸併部分廠局。

正是在這樣的背景下，聶緝槼從安徽巡撫位置調任浙江巡撫。聶緝槼到浙江省後辦的第一件大事，就是到銅元局調查研究，想解決銅元局面臨的難題。

聶緝槼是辦商務的一把好手，他告訴總辦劉更新，已經在官場中疏通好了關係，清廷允許浙江銅元局新造銅元，同時已經在上海選定了成色上佳的兩萬斤黃銅，過幾天就能運到杭州，材料充足之後，就能加緊造幣。

對於浙江銅元局來說，這本來是一個天大的好消息。可是總辦劉更新並不這麼看，他聽到聶緝槼說要在上海採購黃銅，認為採購原材料本來是銅元局的事，聶巡撫以權謀私，剝奪了他這個總辦的權利，心裡很不高興。

劉更新暗地派人去打聽黃銅的價格，聽說上海比浙江的價格低，他才沒有大發作。但是心底裡仍然對聶緝槼心生疑竇，他要尋找一個機會，在關鍵時刻給聶巡撫致命一擊。

果然還真的讓劉更新逮住了一個機會。滬上黃銅運至杭州後，送往銅元局準備開鑄銅幣，劉更新故意挑選了品質稍次的一塊，偷偷藏於袖筒之內。到了撫院衙門參奏之日，劉更新便將那塊黃銅帶在身邊，當著諸多官員的面取出，當眾展覽，話裡含著譏諷的語氣說，聶巡撫對滬上感情深厚，連採購黃銅之類的事都要在上海辦理。誰不知道聶巡撫有個能幹的兒子叫聶雲台，在上海實業界是個呼風喚雨的人物，將來黃銅還會源源不斷地從上海運到杭州。不過呢，聶巡撫到上海採購黃銅我不反對，但是如果成色不足，都像這樣的濫貨，今後造出的銅幣品質我可不敢保證……

如此這般，傷人的話說了不少。風言風語傳到了聶緝槼的耳朵裡，心裡氣得不行。向上頭打報告，撤銷了劉更新的職務，改派了安徽人朱幼鴻來擔任銅元局的總辦。

劉更新經此打擊，心裡頭的憤懣情緒可想而知。銅元局是個肥缺，購置黃銅等原材料是謀取私利的好機會，如今這個肥缺被聶緝槼剝奪了，他的利益受損，自然要想去報復。劉更新的報復辦法是花錢出氣，他從積攢的家財中拿出了一大筆銀兩，到京城買通御史，狠狠參聶緝槼一本，替自己出口惡氣。

歷朝歷代的御史，都是朝廷中比較正直的言官，彈劾官吏，糾正貪風，御史從來都起到了相當重要的作用。不過也有窮昏了頭的少數御史，拿人錢財，替人消災，接受了人家的賄賂後，幫助彈劾官場上的政敵。劉更新花錢找到的御史槍手名叫姚舒密，山東巨野人，出道後曾在山西任過主考官，劉更新就是在那時候同姚御史搭上關係的。

朝廷接到御史姚舒密的彈劾材料後，將案件交給湖北總督張之洞查辦。

查辦的結果對聶緝槼十分不利，聶緝槼因此而丟掉了官帽子，前來接替劉更新銅元局總辦一職的朱幼鴻，也跟著一起倒楣被貶官。

聶緝槼學養深厚，又在官場中浸染多年，早已看透了政壇的世態炎涼。經此一番打擊後，他依然保持鎮靜，交卸了浙江巡撫的官職後，不願在如畫的江南再作停留，陪伴老母親回到湖南衡山老家，要為太夫人養老送終。

聶緝槼離開江南臨行前，把幾個兒女叫到跟前，留下了「聶家子孫不許做官」的一條家訓。

順便說一下聶緝槼之子聶雲台的故事。聶雲台是聶緝槼的第三個兒子，也是聶家子弟中最有出息的一位。少年時期，聶雲台隨父親住上海，跟著外國人學習英語、電氣、化學、工程等現代學科，後赴美國留學，腦子裝滿了新思想。原上海機器紡織局改組為恒豐紗廠後，由聶雲台任紗廠總經理，一九二〇年曾經擔任上海總商會會長。

父親聶緝槼病逝後，聶雲台成了聶家的掌舵人，也是聶家的精神支柱。他牢記父親的教誨，不允許任何一個聶家子孫從政做官。一九二六年，是聶雲台生命中的一個重要轉折關口。此前聶家企業已多年經營不善，讓聶雲台感到身心疲憊不堪。這一年，他得了一場大病，拖了好幾個月身體才慢慢康復。同樣是這一年，多年與他相依為命的妻子忽然撒手人寰，聶雲台萬念俱灰，遂感到人世萬法如夢幻泡影，虛無縹緲。於是將家族企業交給六弟聶其焜打理，自己轉而信奉佛教，皈依於如幻法師座下，閉門靜思，潛心學佛。

從實業界的舞臺中淡出，往日的商海風光轉眼間變成了廟宇鐘聲。聶雲台的晚年著有《保富法》一書，用佛學的觀點闡釋如何才能得到財富，如何才能保住財富。聶雲台在那本書中寫道：

發財不難，保財最難。我住在上海五十餘年，看見發財的人很多。發財以後，有不到五年十年就敗的，有二、三十年即敗的，有四、五十年敗完的。我記得與先父往來的多數有錢人，有的作官，有的從商，都是炫赫一時，現在多數已經凋零，家族沒落了。有的因為子孫嫖賭，不務正業，而揮霍一空。有的連子孫都無影無蹤了。大約算來，四、五十年前的有錢人，現在家務沒有全敗的，子孫能讀書、務正業、上進的，百家之中，實在難得一兩家了。

推心置腹的經驗之談，感人肺腑。

聶雲台深有感觸地說：「希望自己的子孫發達，這是人人同此心理，然而結果卻是多數適得其反。為什麼呢？因為都是不明白一個道理：『積善之家，必有餘慶；積不善之家，必有餘殃。』」

聶雲台還說：「財富之來，不知不覺而來。財富之去，不知不覺而去。雖然用盡了計謀，也實在是白費心機呀！這個道理，其中的因果相當複雜，也不容易瞭解。倘若誰能看透，有真切的瞭解，他必定是具有大智慧的人。」

只有看透了世界上的繁華與蒼涼，才能夠有如此透徹的人生感悟。

出場人物：王朗雲、駱秉璋、長奶夫人、丁寶楨。

第二章

危險的愉悅

官與商，原本是兩種不同的概念。它們是截然不同的兩種職業，兩個行當。但是在古今中外的各種社會形態中，官與商始終血脈相連，不離不棄。亙古綿延至今，從來都沒有割斷過。

官與商之間究竟有著怎樣的一種關係？這是個大題目，簡單幾句話難以說得清楚。人們常常說「官商勾結」、「權錢交易」，只是說了官人與商人水乳交融的那一面，實際上，官人與商人交往的過程中，往往還有相互抵牾、矛盾衝突甚至冰火不相容的另一面。

大多數時候，官商之間的勾結行動都是愉悅的。雙方各自通過對對方的控制和利用，得到自己想要的東西。商人追求的是源源不斷的利益，他們向官場死乞白賴，百般討好，都是為了掙得更多白花花的銀子。但是如果說官場中誰擋住了他們獲得利益的道路，誰就必須堅決搬掉。反過來也是這樣，官員追求的是財富，為了獲取更多的財富，官員需要不斷升高的地位。如果官員從商人那裡不能獲得財富，那些商人的名字將從官員的花名冊上刪掉。如果說獲得了財富之後有危險，官員們也會對這樣的商人百倍警惕。

官商之間的相處之道，主體在官員一方，商人往往處於弱勢。但是，處於強勢一方的官員也有軟肋。以晚清為例，晚清官員的收入一般都很低，地方督撫之類的二品官，帳面上的公開年收入也只有一五〇兩銀子，七品縣令則不到五十兩銀子。那時候的官員們個個都有一大幫幕僚、家眷和僕人，七七八八的開銷，靠那麼點養廉俸銀完全不夠用。

於是官員們自然要想盡辦法去撈錢。撈錢的途徑有多種，除了半公開的「冰敬」「炭敬」外，還得另辟管道，廣開財源。到了晚清，社會逐漸開放，各式各樣的企業如雨後春筍，在大地上應運而生，這就給官員們提供了寶貴的生財之道。商人們也不失時機，在官場中尋找自己的代理人。在那個時代，商人們不可能投資制度，只能投資個人。所以官與商的關係一損俱損，一榮俱榮。

晚清時期的紅頂商人胡雪岩對官商之間這種微妙的關係看得很透徹。胡雪岩以六字箴言一語道破了此中奧秘：離不開，靠不住。這種微妙的關係是一種危險的愉悅，官員和商人游走其間，各行其道，既興致勃勃，又膽戰心驚。

井鹽世家傳奇

曾經有一句話十分流行：四川人是天下的鹽。

當年《南方人物週刊》用這句話做引子，做了個四川人專題，特別紅火。鹽，是四川人的命根子，巴蜀先民因鹽而戰，誰有能力帶領他們奪得鹽，誰就能成為他們的首領。

鹽，是生活的沉澱物，是生命的結晶體。在四川，哪怕一個很不起眼的茶館裡，任何一個人同你擺龍門陣，言語中無不閃爍著如鹽般晶瑩透亮的樸素真理。

鹽，又是人類生活中最基本的元素。做天下的鹽，就是做社會棟梁。上個世紀三十年代，美國拍了部電影叫《天下之鹽》。這部電影還有個譯名，叫《社會中堅》。

一鹹抵三鮮，無鹽則無味。鹽，需要你慢慢去品味。當你品出了其中的鹹味，你就懂得了四川人。

提起四川鹽，不能不說自流井。自流井是四川自貢市的一個區，盛產井鹽。明、清以後，自流井已成為井鹽生產中心，是中國最大的井鹽產地。

提起自流井，不能不說四大家族。四大家族的姓氏是王、李、胡、顏，其江湖稱號分別是王三畏堂，李四友堂，胡慎怡堂，顏桂馨堂。有人曾經仿《紅樓夢》開篇那首令人印象深刻的《護官符》之寫法，為自流井四大家族畫像，編成了一首歌謠傳唱：

東海少了白玉床，龍王請來河東王。
阿房宮，三百里，住不下河西一家李。
莫愁胡，黃金為瓦玉為屋，
歡喜顏，翡翠珍珠撒滿田。

提起四大家族，不能不說王三畏堂。自流井四大家族中，王三畏堂居首，李四友堂次之。從清咸豐年間到民國，自流井民間流傳著一首兒歌：

河東王，河西李。
你不姓王不姓李，
老子就不怕你。

提起王三畏堂，不能不說王朗雲。在四川，老輩人都知道，王朗雲是個有故事的人。他的故事像天上的星星一般多，像水牛身上的牛毛一般多。

據王氏後人王群華女士編著的《王三畏堂家族史》一書記載：自流井王氏家族的祖先，最早是在太原府的王家大院。不知哪朝哪代遷至湖北麻城，到了明朝成化年間（一四六五～一四八七年），又從湖北麻城遷居四川江陽，在一個地名叫「仙騾井」的地方以煎鹽為業。

明末清初，四川戰亂，張獻忠屠川，屍骨成山，血流成河。有一個統計資料是這樣的：明崇禎初年，張獻忠屠川之前，四川全省人口約十八萬。到了張獻忠屠川之後再統計，人口只有不到一萬人。這個比例是駭人聽聞的，人口損失九十五%，也就是說一百人中只有五個人活了下來！

不過又有人口專家說了，不能光看這個統計資料的表相。事實上，有許多老百姓不堪忍受戰亂之苦，紛紛收拾行裝，離鄉背井，逃難去了貴州、雲南以及青藏高原。殺人場面是恐怖的，當老百姓們看到了無數個殺人的場面，他們心中的恐慌也是無法形容的。只剩下來一條路：逃！老百姓──尤其是青壯年紛紛逃離四川，他們將老弱病殘留在家中，攜帶還能走得動路的年幼子女，像受了極大驚嚇的一群群飛鳥，只有逃，才是唯一的一條生路。

非洲有一種植物叫沙漠玫瑰。沙漠裡沒有玫瑰，但是這個植物的名字叫做沙漠玫瑰。拿在手裡，是一蓬乾草，真正的枯萎、乾的、死掉的草。但是如果你把這蓬乾草放進水裡，到了第八天，它就會復活，蓬勃地綻放出一片新綠。中國老百姓也像是沙漠玫瑰，他們像是最有生命力的植物，隨便給一個地方，再給一口水，就能活。

戰爭結束後，部分流落異鄉的盲流懷著疑懼的心理試探性地回到了四川。當時的人口稀疏至極，有一份資料顯示：榮縣、富順、自貢一帶，僅有六百多人。這六百多人中，就有本故事中的主角——自流井王氏家族。張獻忠屠川時，王氏家族的人們逃難到了貴州遵義。他們現在還鄉，是要找回自己的根。

有一場規模宏大的移民浪潮叫「湖廣填四川」。張獻忠屠川結束後，清廷頒佈法令，號召湖北、湖南、江西、安徽、廣東、廣西、江蘇、浙江、福建等省的老百姓往四川移民。這些新進川的老百姓帶來了種子和種植技術，起初大都以農業為生。兩三百年來，南方各省遷徙入川的人口大約有三六〇萬，占當時四川總人口的六三%。

王三畏堂的興盛，與一個人關係密切。

這個人是王朗雲，生於嘉慶十八年（一八一三），歿於光緒十年（一八八四）。

王朗雲又名王余照。王余是複姓，王朗雲的曾祖父王端笏，幼小時父親病故，母親帶著王端笏改嫁到余家。當繼父老死後，王端笏由余姓還宗，複姓王余。王余照的這個名字由此而來。

王朗雲的祖父叫王余玉川，候選同知。父親王余楷，候選布政司理問。這兩個官銜都是虛職，應該是花銀子捐納買到的兩頂烏紗帽。那時候王家尚未發跡，大富大貴談不上，頂多也只能算做是較為殷實的耕讀之家。這樣的人家能積極主動地向官場靠攏，說明王氏家族先祖還是挺有遠見的，至少，在政治上不糊塗。

嘉慶年間，大約在一八七〇年前後，王朗雲的父親王余楷創建了王三畏堂。堂名「三畏」來源於孔子：「君子有三畏，畏天命，畏大人，畏聖人之言。」王余楷對「三畏」作了點小小的修改，將「畏大人」改成了「畏朝廷」。其中能看出王氏先祖的良苦用心，他們已經把官府看得與天一樣大。跟蹤王三畏堂的發家史，常常發現王家與官場有著千絲萬縷的聯繫，有先祖的遺訓在此，理解起來這也就不奇怪了。

王三畏堂的家業靠祖輩剛入川時插占而來的土地起家，世代以開鑿鹽井為業。在興盛時期，是一個富甲郡邑的望族。後來逐漸衰落，到清道光中葉的一八三〇～一八四〇年間，王朗雲的父輩家境越發困頓，居住在仙壩附近的河底壩。

王三畏堂自從在王朗雲手中發跡後，整個家族如日中天，事業蒸蒸日上。據《王三畏堂家族史》記載：

當其極盛時期，王朗雲在自貢鹽場擁有鹽井四十餘眼，火圈（天然氣井鍋口）七百餘口。開設鹽號遠及重慶、宜昌、沙市、洋溪、漢口等地。[①]田土鄉莊遍於富順、威遠、榮縣、宜賓數縣，年收租穀一萬七千餘石。因而王三畏堂有富甲全川之稱，實屬舉國罕見。王三畏堂的鼎盛時期，每天的收入是一挑銀子，重達八十公斤。

這個重量，一個農村的硬勞動力才挑得動。按照家族史的記載計算，王三畏堂每年的收入有白銀九十餘萬兩。道光年間，清廷的整個財政年收入只有四千萬兩左右，也就是說，王三畏堂每年的年收入，相當於整個國家財政收入的五十分之一。

這真是一個讓人瞠目結舌的數字！

讓我們從王朗雲的少年時代說起吧。

王朗雲少年時，家道中落，家境日漸困窘。到了道光十八年（一八三八），王朗雲二十五歲，由家裡主持給他娶親。按照四川人的規矩，有了媳婦，就是一家之主了。王朗雲確實也配得上一家之主，他做事精明幹練，遇事有主見、有擔當。家族昔日的榮耀激勵著他，家族未來的夢想召喚著他。為了光大王家舊業，這一年，在少主人王朗雲的倡議和主持下，王氏大家族分成了三房。王朗雲得到了部分宗祠田地，包括高山井、扇子壩諸地區。

分家後那個夜晚，天空中星光閃爍，像先祖們詢問的眼睛。一陣陣清涼的風吹來，他起床倚窗而立，面對祖傳的家業，他思緒翩躚，夜不能寐。

王朗雲不愧是個商業奇才，一八〇年前，他就想出了招商引資的妙招，來緩解家族事業中的資金壓力；他還採取了現代企業的管理模式，讓古老的鹽井實現了股份制。

具體做法是：引來陝西商人，開放扇子壩，雙方立下契約，共同開鑿鹽井。

據說，陝西鹽商來考察時，廢井中的鹵水本來濃度不夠，但是為了吸引陝商，王郎雲安排人把吸筒中的鹵水多加些鹽，增加濃度。陝西鹽商來了，提取鹵水一測試，自然蒙混過關簽了約。可是，王朗雲萬萬沒有想到，陝西鹽商買去的廢井，稍加打鑿，竟然在井底下發現了鹽岩層，用水從井口沖下去，再抽起來的鹽水濃度大大提高，陝西鹽商因此發了大財。為這件事，王朗雲悔青了腸子。後來他每逢要與人簽定契約，總是十分小心，異常謹慎。

在實際操作中，每開鑿一口鹽井，主方出井廠地基，客方出押金紋銀四百兩。利益分配呢，將一口鹽井的收益分成三十股，主方占十二股，客方占十八股。王朗雲企業的股份制很有趣也很合理，每個月三十天，把每天算作一股，主方占十二天，客方占十八天。也就是說，主方所占十二天中所產出的鹽，由主方所得，客方亦然。這份契約稱作「出山約」，有個說法叫「客來起高樓，客去主人收」，以十八年為期限，十八年屆滿之後，主方無條件收回井眼及廠房、設備等。

實際上這是一份租賃契約。王朗雲將家產土地租賃給陝西商人，借本通商。王朗雲通過訂立「出山約」，成功促成了扇子壩鹽井群的開發。這在中國商業史上也是值得濃墨重彩大書的一筆。

這一天，王朗雲在心中盤算著家底。有一口廢棄的天一井，打算請工匠們來清淘，掏出雜物，加深井深，他希望能夠老樹發新芽，讓那口廢棄多年的天一井煥發青春與活力，為家族振興出一份力。

可是，天一井清淘的工程緊鑼密鼓正進行到節骨眼上，銀根斷了，又是資金短缺讓王朗雲犯愁。

迫不得已，王朗雲約了陝西商人到古鎮上最繁榮熱鬧的八店街茶館裡碰面。八店街，顧名思義，街上有八家店鋪。八家店鋪全都是錢莊、票號。王朗雲在茶館裡坐定，一會兒，兩個身穿藍布長袍、外套馬褂的陝西商人進來了。他們是老熟人，彼此打過招呼後便轉入正題。

見王朗雲要錢要得急，陝西商人故意刁難，獅子大開口，想多要十幾畝王家的田地。王朗雲是個耿直人，心中最容不下的是奸商。他想，不訂契約了吧，清淘天一井的短缺資金沒法解決；訂契約吧，陝西商人貪得無厭，使他覺得像吞了只蒼蠅似的難受。

王朗雲猶豫不決，他拿不定主意，這個契約究竟是簽訂還是不簽訂？

王朗雲的內心十分矛盾，他托詞肚子裡內急，要去小解，出門左拐去找了一個茅廁，蹲了下來。蹲了半天，實在是沒有便意，他起身提了褲子，慢吞吞地走出了茅廁。一出來，迎面碰到了他家的師爺牟沖之。

牟師爺穿一襲藍布長衫，下巴上留著一撮山羊鬍子，一路跑得滿頭是汗。一見到主人王朗雲，牟師爺的眼睛笑得眯成了一條縫，「老爺老爺」地叫個不停。「大功告成，老爺，大喜事呀，天一井出鹵了！」牟師爺壓低了聲音，依然掩飾不住心頭的喜悅。

王朗雲一聽，興奮得直拍大腿，嘴裡罵道：「日他先人板板，陝西那幾個瓜娃子太歹毒，硬是想吞下老子家產的半壁江山！」

說完這話，王朗雲拉起牟師爺，就往天一井的方向跑。他把那兩個陝西商人晾在茶館裡，再也用不著去談什麼契約的事。

天一井從起推②之日起，就成了王家的一棵搖錢樹，月推鹵水兩三千擔。王朗雲每天都要準時到天一井巡視一番，去看天一井的壯觀景象。說起來也真是神奇，那口天一井自從起推出鹵水後，每天上午十一、二點鐘都要出現一次自噴現象，像現代城市廣場的噴泉。鹵水噴起一丈多高，吞雲噴霧，自成一景。在太陽光的映照下，鹵水的顏色變幻不定，像閃爍的珍珠，又像飛翔的鳥兒。王朗雲每每激動不已，他在心裡一次次念叨著：這些白花花的銀子啊！

按照《王三畏堂家族史》中的記載，每當鹵水自噴時，「需倒懸一竹木制的盆子，使鹵水從周圍流下而覓入桯桶③。其時鹵水暢銷，灶戶每日訂購鹵水一擔④，即可先收銀一百兩。因而獲利甚豐，經濟為之大裕，此為三王畏堂暴富的起點。」

在這之後，王朗雲又以天一井所獲利潤，作為清淘扇子壩其他廢鹽井的啟動資金，像冬天滾雪球一般，王家的事業越做越大。至咸豐年間，王三畏堂的鹽產量居自流井所有鹽場之首，占總產量的十分之一。方圓兩三百里內，提起王三畏堂和王朗雲，無人不知，無人不曉。

①在四川建成一口井鹽礦井，需要投資數萬乃至十餘萬銀元以上的資本。王朗雲擁有鹽井四十餘口，也就是說當時他的資產至少已經到四千萬兩銀元以上，這還不包括火圈七百餘口，以及王家在四川省內外開設的若干鹽號。

②起推，鹽業俗語，正式開始投產。

③桯桶，大木桶。

④鹵水一擔容量為二六〇碗。碗，係用竹筒一節，徑約三寸，高約三寸，磨薄其口，作為量鹵工具。每碗重約十二兩，鹹重者鹵水重量亦相應增加。量鹵入桶，釘一竹簽為記號，不能超過，也不能不足。

危機與商機

咸豐元年（一八五一），太平天國在廣西金田村起義，兩年後在南京定都，建立太平天國政權，勢力發展到長江中下游等十七個省。

戰爭來了。對於剛剛處在萌芽狀態之中的中國企業來說，戰爭的降臨無疑是一場巨大的災難。王朗雲想起了先祖們的故事。明末清初，張獻忠屠四川，王氏家族舉家西逃，好不容易躲過了那場禍患。痛苦的歷史莫非要重演？每當聽到東邊傳來清軍與太平軍作戰的種種傳聞，王朗雲胸中就會泛起一陣揪心的痛。

令人感到奇妙的是，這個世界充滿了無窮的魅力。魅力之一是：假如世人都認為這是一個災難，那麼機遇也就來了。當世人還在猜測、揣摩、議論紛紛時，就意味著未來的機遇即將成型。

事情果不其然，在清軍與太平軍打仗的那場災難中，王朗雲審時度勢，亂雲飛渡仍從容，終於帶領王三畏堂這艘大船闖過了驚濤駭浪，順利到達了彼岸。

從清代開始實行的引岸制度①，將全國劃分為若干區域，每一區域只准若干世襲鹽商專賣，不准跨區域自由買賣，否則以私鹽治罪。長期以來，湖北、湖南所需的鹽，都被淮商所把持，川鹽所占市場份額非常小。

客觀地說，川鹽與淮鹽相比較，具有多方面的競爭優勢。就連長期抑川鹽而揚淮鹽的兩江總督曾國藩，也不得不承認川鹽具有比淮鹽更多的優點。如果按照商品流通的自然規律，不加人為限制，即沒有引岸制度的存在，川鹽在湖北、湖南廣大地區的銷售形勢要比淮鹽好得多。

太平天國佔據南京之後，長江上的運輸路線被阻塞，淮鹽不能上運湘鄂。清廷發佈公告，允許川鹽銷往湖北、湖南，這是近代鹽業史上有名的「川鹽濟楚」。

川鹽濟楚給自流井的鹽業發展帶來了前所未有的契機，豐饒的資源，精湛的技術，高額的利潤，如今再加上有了廣闊的市場，使得自流井鹽業步入鼎盛時期，獨執四川井鹽之牛耳。

《四川鹽法志》引李榕《自流井記》云：

「井火至咸豐七八年而盛，至同治初年而大盛。極旺者，燒鍋七百餘口。水火油並出者，水油經二三年而涸，火二十餘年猶旺。有大火，有微火，合計燒鍋五千一百口有奇。」

查詢相關史料，同治至光緒初年，自流井鹽場已擁有鹽井七百餘口，煎鍋五五九〇口，年產食鹽近二十萬噸，占全川總產量的一半以上。連當時的四川總督崇實也在給皇帝的奏摺中稱：「四川鹽井近年獲利數倍，自流井尤為最旺。」

最初，當清軍和太平軍各自割據，封鎖了長江上的運輸線，淮鹽不能運抵湘楚，致使湖北、湖南兩省的食鹽價格暴漲。在湖北售鹽一斤，可以換一斤棉花運回四川。在如此暴利的刺激下，冒險家伺機而動，正如西方那句有名的諺語中所說：「一旦有百分之五十的利潤，就會鋌而走險；有百分之一百的利潤，就敢踐踏人間一切法律，有百分之三百的利潤，就敢冒上絞刑架的危險。」

在清廷尚未放開引岸制度，川鹽還不能行銷湖北、湖南之時，自流井有個鹽商劉昆池，冒著殺頭掉腦袋的危險，運鹽一載[②]，買通了封鎖防守長江浮橋的清兵，運往湖北武昌、沙市、宜昌等地銷售。售價竟高達一斤銀子一斤鹽，實屬駭人聽聞。

劉昆池販私鹽的傳奇故事不脛而走，自流井的鹽商們大受鼓舞，為巨額利潤所誘惑，一個個都蠢蠢欲動。王朗雲天生就是個膽子特別大的角，遇到了這樣的好機會，豈有不去拼將一把的理由？他吩咐牟師爺派人去準備好了船隻，裝載了川鹽要去賭一把命運。家裡的人都為他擔憂，王朗雲爽朗一笑，大聲說：吉人自有天相，老天爺會保佑我王家平安無事的！即將開船的頭一天，王家祠堂裡殺豬宰羊，還特意抓來了一隻大公雞，用鮮紅的雞血來嚇鬼驅邪。上得船來，船頭上插著一面旗幟，上繡一個鬥大的「王」字，據王家後人解釋，這個王字一是代表家族姓氏；二是取大王之義，天下人均須臣服。

說來也巧，正當王朗雲即將運鹽前往湖北銷售之時，從京城裡傳來了消息，清廷網開一面，川鹽鬆動引岸制度，發佈了川鹽濟楚的佈告。聽到這個消息，王朗雲仰天一聲長嘯：真乃天助我也！

就這樣，王郎雲帶著一船川鹽順江而下，一路上真是順風順水，運到了湖北宜昌、沙市。此刻湖北食鹽極度緊張，王朗雲運來的這船川鹽，猶如「鵝毛大雪送白炭」，市場行情相當搶手，船隻剛剛靠近碼頭，還沒等來得及清倉出貨，早已經被聞風而動的當地商人們哄搶了個精光。

出產的鹽銷路好，王家的家運自然就好。王朗雲乘勢而上，開設了廣生同鹽號作為運鹽總機構，分別於鄧井關、瀘州、重慶、宜昌、沙市、洋溪等地設分支機搆，專運由自產之鹵製成的自產之鹽濟楚。

據老輩人回憶，當年自流井釜溪河兩岸，沿途擺滿了各種櫓船。櫓船在當地又被稱作「歪腦殼船」、「歪屁股船」，這種船造型奇特，船頭、船尾均逆向歪扭，清代文人劉慎知《富榮場景詩》第八首對櫓船有生動描述：「櫓船歪腦殼，五支為一單。行止如雁行，恰運一載船。」

釜溪河櫓船是中國乃至全世界內河航運史上最獨特的一種船型。它的歪頭歪尾設計是有講究的。釜溪河比較狹窄，水流湍急，如果上下行的船隻迎頭相逢，往往容易堵塞河道。為了防止卡船，釜溪河的行船規則是「一律靠左」，即便兩船相遇，歪船用手或用槳一撥，就各自歸道，保證河道暢通。櫓船之所以能在複雜的水域環境中自由穿梭，除了一頭一尾的獨特彎曲造型外，關鍵還在於櫓的巧妙設計。這些都不需細說了。

王三畏堂的櫓船在釜溪河上名頭很響亮，每只船的船頭上，都插了一面繡著金色的「王」字，在太陽光的照射下，閃爍著金光，像一尾尾活潑的魚兒在河道上遊動。其他人的船隻見到了王三畏堂的船，一般都會先靠岸稍事停歇，等王家的歪腦殼船駛過去了再開船。

王朗雲做生意有他獨特的一套辦法。有這麼一則掌故，能看出王朗雲經商確有高人一等之處。

川鹽濟楚之初，王三畏堂的鹽船運至湖北沙市，遇到了一點小麻煩。原來，由於泥沙每年淤積，沙市的河床高過了街市，只得靠修築堤壩來保住街市。堤壩係泥土築成，如果所有船隻全都不分清紅皂白隨便靠岸，勢必會對堤壩造成傷害。一旦撞壞堤壩，後果將不可設想。因此，當王三畏堂的鹽船抵達沙市碼頭時，立即遭到了沙市商幫和市民們的抵制，強令不許攏岸。

處理這件事的是牟師爺，他援引以往類似事情的處置辦法，少不了給官府送銀子。可是第二天，送去的銀子又被原封不動地還了回來。官府那邊帶來了話，說這銀子不敢收，長江堤壩事關全城老百姓的性命，萬一出了紕漏，恐怕連腦袋都保不住了，還要銀子有什麼用？牟師爺一籌莫展，只好等老爺王朗雲親自來出面解決。

王朗雲的解決辦法說起來其實也挺簡單。他先是下令將鹽船停泊在江心，用小木劃子將鹽一包包運送到岸，很快銷掉了這船鹽。接下來，從長遠處著眼，王朗雲出錢雇人運來了十幾船石頭，在泊船之處築起了一道石堤，成為一個遠近聞名的鹽碼頭。後來，宜昌、沙市等長江沿線城市開埠後，英國人的輪船駛入長江中上游，駛至沙市無法停靠，見了這個用石頭築成的碼頭，如獲至寶。洋人的輪船停靠於此，久而久之，當地人把這個地方叫作「洋碼頭」。洋碼頭的名字一直沿用至今，已被沙市列為歷史文物保護單位。

川鹽濟楚，更是使得王三畏堂迅速發達了起來。據《王三畏堂家族史》記載：「光緒末年，按自貢地區每年徵收鹽稅一七〇多萬兩銀計算，王三畏堂上繳朝廷的稅金竟高達二十餘萬兩銀子，約占自貢地區每年徵收鹽稅收入的一一・八%，占全川鹽稅收入的四・八%。運鹽總額僅楚鹽一項，即占楚鹽全部載額的一二%。」

危機這個詞，在英文裡是「CRISIS」，意思是當一個人、一個企業、一個集團遭遇到了危險和困境。然而中文裡的「危機」並非只有危險，還有從「危險」中看到的「機會」。也就是說，危機包含有「危險」和「機會」兩個層面的意思。放到經濟領域來說，無論遇到什麼樣的危機，總有垮掉的企業，也有在危機中瞄準機會乘勢而起的企業。這種企業的領導人不僅是智者，而且需要過人的膽識和勇氣，才能將危機轉化成為商機。

而本故事中的主角王朗雲，正好是這樣的一個人。

①引岸制度是歷朝官府對商人引鹽行銷的專賣制度。引岸，也稱引地、銷地。
②一載，也稱一儎。每載為九引，每引一百擔，每擔一二〇斤，每載一〇八〇〇〇斤，折合五十四噸。

鮮血染紅的紅頂子

經商做生意，尤其需要講技巧的是與官場合作。春秋戰國時期的呂不韋之所以能引起世人的極大興趣，並不是因為他生意做得如何好，而是他與秦始皇嬴政的關係。在波譎雲詭的歷史悲喜劇中，一個富可敵國的商人，為了圖謀政治地位，不惜把懷有自己兒子的心愛女人貢獻給落魄的人質，並傾盡全部資產來扶助這位秦國公子，然後又用不可告人的方式剷除他，最終實現了兒子作皇帝、老子作宰相的人生夢想。這著棋走得深不可測，世人歎為觀止。這個故事意味深長的結論是，金錢的魅力永遠也敵不過權力的魔力。

在王三畏堂發跡的整個過程中，王家與官場的首次合作是修建大安寨。

大安寨，千年鹽都的一顆明珠，鑲嵌在川南的大地之上，熠熠發光。它集軍備民居於一體，成為鹽場最具代表性的一座寨堡。在不到一平方公里的地面上，聚集了上萬人丁，房舍府第、茶樓酒肆、樓臺亭閣、糧倉銀庫、祠堂廟宇達千餘間，幾乎無一插針之地。官場大老、商界大亨、名紳名流、社會賢達等，均以出入大安寨為榮耀。一時間，商賈雲集，名震川渝。

王朗雲為什麼修建大安寨？修建大安寨，他從中得到了什麼好處？要回答這些疑問，說來話長。還是讓我來從頭說起。

咸豐九年（一八五九），雲南昭通破產農民李永和、藍朝鼎回應太平天國起義，在家鄉牛皮寨聚眾扯旗造反，率義軍六、七百人由滇入川，連克筠連、高縣、慶符諸縣，他們以「殺富濟貧、除暴安良」為旗號，對一些吃不飽飯、穿不暖衣的窮苦百姓很有誘惑力，短短一兩個月時間內，起義隊伍迅速發展到數千人。

李、藍起義軍入川後，很快攻佔了川南數縣。同年冬，又攻佔了犍為、樂山鹽場一帶。起義軍的行動嚴重威脅了富順、榮縣等產鹽區。對於清廷來說，財政是他們的命脈，而鹽稅又是命脈中的命脈，不可能讓起義軍輕易得手。同在這年冬天，清廷急調湘軍六千餘人入川，又命川、陝、甘、鄂等各省清軍數萬人援川，大批部隊正朝這一帶趕來。

在戰爭這架巨大的絞肉機面前，人的生命還不如一隻螻蟻，這也是人類的災難和悲哀。千百年來，無休止的起義，無窮盡的鎮壓，籠罩在中國大地上的永遠是硝煙瀰漫，永遠是狼煙遍地。戰爭這個魔鬼肆無忌憚地吞噬著普通老百姓的生命，在戰爭面前，他們除了躲避，別無他路。

在咸豐九年突然而至的這場戰爭面前，王朗雲和自流井的那些鹽商們，起初也是選擇了逃跑和躲避。

他們躲避到了一個名叫三多寨的地方。

這個三多寨，是自流井大鹽商李振亨、顏昌英、王克家等人耗銀七萬多兩修建的。寨名取為三多，意寓福、祿、壽三多。寨子裡修建房屋數萬間，挖掘水塘，人畜共用；建造糧倉，廣儲糧草。

那一年，攜家帶口逃難躲進三多寨的有一千多戶人家。值得一提的是，這一千多戶人家並非庸常之輩，普通人家只能流落窮鄉僻壤，他們不可能進入風景如畫的三多寨。能進三多寨的，都是自流井的頭面人物，他們跺跺腳，地皮就會發抖。其中不乏像王朗雲這樣的鹽商富豪，也有不少的官宦人家。

逃難至此的這一千多戶人家中，有個特殊的人物——富順知縣胡汝開。

胡汝開，廣東順德人，此人善於帶兵打仗，曾獲得過清廷的嘉獎。

李永和、藍朝鼎的起義軍從滇入川後，自流井鹽商聞風而驚，不安於枕，每天到縣府衙門來請願的人川流不息，商人們的目標只有一個：請知縣大人派兵對鹽廠進行防衛。知縣胡汝開，也深感肩上的責任重大，地方官守土有責，這事不敢怠慢，無奈本縣城裡士兵太少，胡汝開只得求救於重慶府清軍統領朱大令、張大同部，前來自流井守護鹽廠。

沒料到，他請來的不是守護神，而是瘟神。張大同與李永和、藍朝鼎的關係密切，他部下的許多士兵，也與起義軍有著千絲萬縷的聯繫，是袍哥組織中的兄弟夥。這次帶兵來援助自流井，張大同心中打的如意算盤是，見風使舵，順勢多撈點油水。隊伍開到了自流井之後，張大同按兵不動。不久，李永和、藍朝鼎的起義軍經宜賓、樂山一路殺了過來，逐步推進到了天池寺清水塘。天池寺離自流井只有十來里路程，起義軍在那裡安營紮寨，並且祕密派人來聯繫張大同，商定了裡應外合、共同起事的計畫。

咸豐十年（一八六〇），正月初一，張大同的部隊挑頭鬧事，以索餉為藉口，宣佈解除守護鹽廠的職責，全部集中在陝西廟營地待命。三天后，起義軍從土地坡殺過來，張大同部佯裝迎戰，士兵們朝天空中放了幾槍，馬上便掉轉了槍口，夾雜在起義軍中殺向自流井街市，攔路口，搜行人，搶商號，燒井房……

本來是因為守護士兵不夠才去求援的，如今援兵反成了亂兵，知縣胡汝開如何抵擋得住？經此一亂，自流井大受其害。《自貢鹽業史大事記》上是這樣寫的：「一月，李永和、藍朝鼎率義軍佔領自流井。方圓數十裡內的失業鹽工、破產農民、小商小販，紛紛加入起義軍。」

簡單一行字，卻有太多內容。這裡不去多談，單說知縣胡汝開，差點沒有被起義軍活捉，慌亂中他帶著家眷逃出了城，縣官落難，成了落水的鳳凰。

此時知縣胡汝開也逃難來到了三多寨。他對三多寨讚不絕口，在一次邀約自流井鹽商王朗雲、陳獻彰、黃懷獻等人遊覽了寨堡中的幾個風景點後，胡汝開提出了他的想法：如今戰亂頻仍，起義軍燒殺擄掠，民不聊生，想請幾個鹽商合計合計，再修築一座寨子，安頓逃難的災民。

對於胡汝開這只落水的鳳凰，王朗雲並沒有另眼相看。不僅不另眼相看，反而比以前更加殷勤巴結。王朗雲是個聰明人，他明白一個道理：生意人如果想賺大錢，必須討好官員。商人愛盤算，計謀多，他們無論做什麼事，都像是在經營生意，察言觀色也好，曲意奉承也罷，目的無非都是要和官員保持良好的關係，關係就是資本，關係能夠幫助商人獲取更大的利益。

在胡汝開的提議下，由王朗雲牽頭，聯合自流井鹽商陳獻彰、黃懷獻等修築大安寨。這是有史可稽的王朗雲與官府的第一次公開合作。

大安寨建成後不久，李永和、藍朝鼎率領的起義軍前來進攻。王朗雲一面派人將糧食、財物、金銀等迅速轉移到寨中，一面準備武器彈藥，召募兵丁萬餘人，堅守龍頭上的這座城恒。起義軍圍攻了一個多月，沒能攻下，撤退而去。此後，起義軍又曾多次對大安寨發起進攻，每次都以失敗而告終。起義軍首領氣憤至極，當眾發誓：不拔掉大安寨這顆「釘子」，誓不為人！

在保衛大安寨的幾次戰役中，有許多可歌可泣的故事，令人難忘，讓人扼腕歎息。有幾個故事，很能說明王朗雲性格中的某些元素，比如決裂，果敢，剛毅，敢作敢當等等。

咸豐十一年（一八六一）六月，李永和派遣部將周紹湧率大軍萬餘人又來圍攻大安寨。周紹湧外號周跛子，性情冷酷，為人兇殘，他的一條跛腿，就是打架時被人活活打殘的。守衛大安寨的兵丁奮力抵抗，戰場上戰死數百人，王氏家族中，也有五名族人戰死，其中包括王朗雲的侄子王余坨。

親眼看見倒在血泊中的一具具屍體，耳邊傳來一聲聲慘叫，大安寨的空氣中瀰漫著恐懼與不安。一時間人心惶惶，有人提議打開寨門，放寨子裡的難民們一條生路。王朗雲聽了怒不可遏，大聲訓斥道：「那不是開門迎敵嗎？有老子在，龜兒子們休想進得了寨子！」

周跛子派宜賓秀才李一卿前來勸降，寨子裡的人好不容易看到了一條生路，紛紛勸說王朗雲答應李秀才的條件，也好讓全寨的人能夠活下來。王朗雲朝天哈哈一笑，力排眾議，令家丁將李秀才捆綁起來，拖到一塊油菜地裡去殺了頭。此後不久，周跛子部下的大力士焦老五前來投降，王朗雲先是懷疑焦老五詐降，確定不是詐降後又擔心此人不好控制，執意要將焦老五殺掉。於是詐稱初見面時應先上綁，等到上綁之後，立命左右推出斬之。

古人云：兩軍交戰，不殺來使。又云：兩軍交戰，不殺降將。兩條古訓王朗雲全都違背了，可見道德約束力在他身上起不到什麼作用。王朗雲就是這樣的一個人，為了達到目的，可以不擇手段。這樣的人在中國這塊土地上很多，他們信奉「無毒不丈夫」的做人原則，在他們眼裡，人類社會的生存法則就是弱肉強食，適者生存。這樣的人一旦太多，不按這種法則生存的人就沒有立錐之地。王朗雲太明白這一點了，因此他是這個世界的強者。

那次為時一個多月的戰役，守護大安寨的兵丁傷亡一千餘人，周跛子的起義軍傷亡五、六百人。王朗雲一戰成名，他的名頭在方圓數百里的範圍內更加響亮了。以前人們只知道他會經商，現在人們還知道他能打仗。據《王三畏堂家族史》記載：

「四川總督駱秉章奏聞清廷，奉諭：王余照賞頂戴花翎，並追贈王餘坨世襲一等雲騎尉，以賞其效忠清室之功。陝西巡撫蔣某也因此對王朗雲大為賞識，擬奏調他到陝領軍，後因蔣死作罷。」

因為這一戰，王朗雲差點改變了他的人生軌跡，去陝西領兵打仗。幸虧賞識他的陝西巡撫蔣某死了，要不然，中國歷史中就會多一員戰將，少一位富商。

王朗雲被清廷賞頂戴花翎，鮮血染紅的紅頂子，王朗雲將它懸掛在王家宅府中最醒目的地方，作為王氏家族以及他本人的無尚榮耀。做生意需要有後臺，而官府就是生意人最大的後臺。那個紅頂子像個斗笠，無簷，喇叭式，硬梆梆的一個殼，上面弄些紅紅的纓，再有一個馬尾巴式的辮子垂下來，看上去並不怎麼美。但是對於立志做大生意的王朗雲來說，頂戴花翎是他的一個護身符。有了這個護身符，他將會更加飛黃騰達，青雲直上。

有錢能使鬼推磨

同治二年（一八六三），陝西巡撫劉蓉奏請籌辦川省鹽厘，向井灶抽收厘金。劉蓉當過曾國藩的幕僚，親眼見識過曾國藩一手抓軍務，一手抓財務的高超手腕，眼看清廷銀根吃緊，他為清廷的銀庫擔憂。劉蓉在奏摺中稱：

「川省鹽筴之利，井灶實居其源，而商販特承其流。川省鹽出於井，井資於灶，雖有官鹽餘鹽[1]之分，而井灶則乘鹽之或滯或銷以低昂其價格。故有虧本之商人，從無歇業之灶戶。」

清廷接到劉蓉的這份奏摺後十分重視。此時正值清軍與太平軍作戰後期，由於連年戰事不斷，清廷財政緊張，正為生財之道犯愁，恨不得能從飛過的大雁身上拔下幾根羽毛。

陝西巡撫劉蓉的奏摺正對味口，於是，清廷將這份奏摺轉批四川總督駱秉章，令其認真照辦，立即執行。

駱秉章（一七九三—一八六七），廣東花縣人，道光進士，與曾國藩、左宗棠、李鴻章等人並稱「晚清八大名臣」。作為晚清時期重要的封疆大吏，駱秉章無論是撫湘十載，還是督川七年，都盡忠職守，清正廉潔，在湖南、四川兩地享有盛名。朝廷轉來了劉蓉的奏摺，讓總督駱秉章大為傷腦筋。

在駱秉章看來，劉蓉啊劉蓉，你一個陝西巡撫，竟插手到四川來，這只手未免也伸得太長了！況且，川省鹽業已經納稅，如今再收一道稅，而且稅款直接上繳國庫，與地方政府沒有關係。對於這樣的上諭，駱秉章採取的辦法是冷處理，軟磨硬泡。

可是清廷連發上諭，嚴令執行，駱秉章見實在拖不下去了，只好在自流井蚊蟲嘴設立水厘局。宅院占地不大，位置卻極佳，靠山臨河，辦事方便。

水厘局開辦之初，井戶每推鹵水一擔，徵收厘金銅錢一、二文，按照這個規定，鹵水尚未成鹽已經繳納稅款，鹽灶尚未成鹽也已經繳納稅款。到時候產出鹽了，還要再繳納稅款。如此重複繳稅，對鹽商們的利益損害太大。

鹽商們聚集在一起開會商議。他們所能想到的辦法只有兩個字：抗稅。

當然不能硬抗，需要講究技巧和方式方法。青天白日之下，鹽商們如果暴力抗稅，無異於大逆不道的「響馬」，那是會惹來牢獄之災的。

那次牽頭鬧事的有兩個人：一個是王朗雲，另一個也是自流井鹽商富豪，人稱「顏老太爺」的顏曉凡。

王朗雲和顏曉凡二人，在自流井方圓百里範圍內名聲響亮，一般人不敢直呼其名，均以

「老爺」相稱。就連官府裡知州、知縣這樣的大人物，見面也得尊稱二人為「朗翁」、「曉翁」。有這樣兩個人牽頭，跟隨他們抗稅的人一個個膽子也就大了。

但是，王朗雲、顏曉凡畢竟是地方上有頭有臉的人物，他們決不能在此次事件中公開露面，甚至不能暴露出一絲一毫的蛛絲馬跡，免得沾上嫌疑。採取行動之前，王朗雲、顏曉凡各自離開了自流井鹽廠，王朗雲乘轎去了重慶，名義上是談一筆生意；顏曉凡安排轎班去了成都，拜會省府鹽道、知府等一干官員。

密議已定，即委派王三畏堂府上牟師爺承頭，帶領鹽工們去搗毀水厘局。

這天，數十名鹽工在牟師爺的帶領下，穿上黑衣，蒙著頭布，各人手持斧頭、鐵錘、扁擔、鋤頭、梭標、木棍等，迅雷不及掩耳地衝進了水厘局，先是挑滅了鋪簷上的燈籠，另一撥衝進屋子裡的人則砸櫃檯、掀桌椅、撕賬薄、燒契約……搗毀水厘局行動猶如夏天的一場暴風雨，來得快去得也快，剛才還是電閃雷鳴，烏雲密佈，一會兒又是雲消霧散，風平浪靜了。

但是那場來去匆匆的暴力抗稅行動卻留下了一個紕漏。在搗毀水厘局之後，眾鹽工皆已散去，唯獨顏大老爺某灶下的一個工人，平時嗜酒如命，這會兒闖進了水厘局，聞到宅院內儲存的老酒異香撲鼻，大呼過癮。他獨自一人偷偷闖進了宅院深處存放老酒的庫房裡，打開一尊酒罈，一連喝了十幾碗。酒還沒喝完，人早已酩酊大醉，仰面八叉睡在庫房裡，不省人事。

等到一群穿皂色衣服的衙役們匆匆趕來時，搗毀水厘局的鹽工們早已散去，宅院裡只留下一片狼藉，以及這個呼呼大睡的酒鬼。

把這個倒楣酒鬼帶到衙門裡一審，酒鬼一問三不知，審問了半天也問不出個名堂。一頓棍棒伺候之後，酒鬼支支吾吾，含混不清地道：「小的什麼也不知道，小的聽人家說，是王四大人、顏老太爺喊打的。有個領頭的給了碎銀子，我就跟著隊伍過來了。」

又有人報告，當場抓獲這個酒鬼時，他身旁有根扁擔，上頭刻著個「顏」字，是顏曉凡的灶名，看來果真和顏老太爺脫不了干係。

如此這般，衙門裡在查案，可是這個案子疑竇重重，像是一團亂麻，一時半會也理不出個頭緒。

再說牟師爺帶人砸了水厘局後，聽說有個鹽工喝醉後被抓獲，已經過縣衙拷問，現正在奏報上級，準備將那人押解到富順去繼續審訊。牟師爺年輕時當過訟師，對衙門裡的那一套熟悉精通，他與衙門裡那些當差的私人關係都不錯，平日裡最擅長的活路就是賄通官吏差役，為老爺王朗雲辦事。

現在，牟師爺要辦的最大的事是替王朗雲消災。牟師爺兜裡揣了一坨銀子，進衙門裡去賄賂了兩個差役，讓差役在半路上使絆子，放毒藥將那個倒楣的酒鬼滅口，死無對症，剩下的事由他再去想辦法解決。

收了賄銀的兩個差役都是精靈鬼，設置了一個圈套，讓自己的上司去鑽。他們在到達自流井衙門後，立即給富順知縣放消息，說人犯受刑太重，身體虛弱，躺在牢獄裡動彈不得。請知縣大人的示，是否寬緩幾日，待人犯身體恢復後再押解回富順？

富順知縣一聽心裡急了。這樁案子事關重大，已經驚動了省城裡的總督大人駱秉章，如果一味拖遝辦事，上頭追究下來可不得了。於是吩咐兩名差役，迅速將人犯押解來富順，路上不許耽擱。兩名差役問，那路上出了事怎麼辦？知縣答，只管押來，出了事我負責！

兩名差役等的就是知縣這句話。他們給人犯拷上木枷，木枷由兩塊木板組拼而成，中間留個圓孔，讓人犯的頭鑽進去，然後拷上上鎖。兩名差役押著人犯一路西行，走到一個叫沿灘的地方，天氣黑了下來。當天晚上，兩名差役給人犯灌了酒和黃麻，送他去了西天。

兩名差役回到富順縣衙，向知縣報差，說道：「當初說人犯身體虛弱，不適合趕長路，大人你硬是不聽。現在好了，一條人命報銷了，我們只怕也要丟飯碗了。」兩名差役說著說著便辭職走人，牟師爺那兒還有一筆好處費在等他們。晚清時期找工作不像現在這麼難，丟掉了富順衙門的鐵飯碗，還會有別的地方有銀飯碗、金飯碗。

倒楣的是富順知縣，省府催辦的頭號案子在他手上栽了，這事無論如何不好交差。過了幾天，省府的文件下來了，富順知縣丟官免職。

事情仍然沒有結束。雖說人犯死了，案子還懸在那裡，沒有結案。

牟師爺原先在縣衙門裡問案，認識一位姓牟的青年，常常代人上堂，既能言善辯，身板也硬朗，挺得過差役的笞刑。牟師爺在一家旅館裡找到了他，循循善誘，勸牟姓青年道：

「你上一次堂才得錢幾吊，我在自流井王家當師爺，不打官司也有工錢。如果代人上堂，另有賞錢。代人坐牢挨打，更是不消說，有大筆銀子補償。」

牟姓青年大喜過望，說道：「天底下有這等好事？」

牟師爺道：「你去問問，自流井王四大人，哪個不知？哪個不曉？家財萬貫不說，天下有錢的人家多的是，最關鍵的是王四大人捨得花錢。只要是為他做事的，個個都討了不少好。」

牟姓青年一拍大腿：「你莫不是沖殼子[②]撒？」

牟師爺道：「哪個糊弄你撒？千真萬確。」

牟姓青年道：「要得，我跟王四大人幹了！」

於是兩個人當場約定，過完了年，牟姓青年就來鹽廠。等到牟姓青年踏著新年的鞭炮聲來到自流井時，牟師爺心中暗喜，故意說道：「機會來了，就看你抓不抓得住。」

牟師爺把事情的大致情況對牟姓青年講了一遍，意思是要讓牟姓青年冒名頂替。見對方的神態有點猶豫，牟師爺道：「一邊是錢糧銀子，一邊是夾棍板子。挺過了夾棍板子，就能得到你想到的錢糧銀子。」

牟姓青年咬一咬牙，答應下來。

牟師爺教他如何錄口供，如何應對差役，並當場拍胸表示，等案子翻過來後，先付他五十兩銀子的安家費。以後若有了什麼事情，全都包在王四大人身上。

交待完畢之後，便將牟姓青年交給差役鎖押，送進了牢獄裡頭。

牟師爺為人還算仗義，既然讓牟姓青年冒名頂替了，就不想坑他。過堂之前，牟師爺專門讓人熬了一大碗人參湯，偷偷潛入牢房中，讓牟姓青年趕緊喝下，說這樣才能挺得過夾棍板子。受刑之後，牟師爺又來到牢房，帶來了特製的膏藥，為牟姓青年療傷。牟師爺還以銀子賄賂牢房中的差役，讓差役對牟姓青年多加關照。牟姓青年見牟師爺對自己這麼好，自然心甘情願去受罪——況且還有白花花的銀子犒勞補償。

富順原來的知縣被免職之後，上頭新派來了個縣官，名字叫陸璣，四川益州人。做官的空隙時間裡，縣官陸璣喜歡畫幾筆。他擅長傳統的山水畫，筆下有一種獨特的意境和氣韻，在官場中頗受追捧。許多官員同僚，都以能得到陸璣的山水畫為幸事。

大概是讓這種被人追捧的氣氛寵壞了，知縣陸璣將藝術家的清高和孤傲帶到了官場，實際上這對他的仕途不利。但是陸璣比較自負，他並不這麼認為。

實際情況正是如此。陸璣做官，官運一直不大順。直到遇上了川督駱秉章，命運才有改觀。因此，陸璣常在私底下念叨：駱大人是他的貴人。原來，在駱秉章入川主政之前，陸璣不知為什麼事得罪了上司，一直被晾在冷板凳上候補。眼看前程無望，陸璣心灰意冷，一度萌發了退意，想回老家福建去作個教書先生。

這一年，駱秉章以欽差大臣身分入川，率部圍堵西征的太平天國翼王石達開。在大渡河邊一舉擒獲石達開之後，清廷嘉獎，授駱秉章為四川總督。當初入川時駱秉章因軍務在身，軍情又急，故未帶隨身眷屬。任川督辦後，坐在總督府裡覺得無趣，常常喜歡出外微服私訪，穿大街走小巷，體察民俗民情，倒也不失為一種人生之樂。

有一次，駱秉章來到一處靜僻小巷。抬頭一看，這戶人家的宅院門前貼著幅春聯：「吃百姓之飯，穿百姓之衣，莫道百姓可欺，自己也是百姓；得一官不榮，失一官不辱，勿說一官無用，此地亦住一官。」

駱秉章將春聯看到最後，不由得「噗哧」一聲笑了出來。同時又心生好奇，這裡究竟住著一個什麼樣的人？貼出如此一幅春聯，看來這個人不尋常。再看春聯上的書，字體清幽婉麗，筆鋒卻遒勁有力，讓人讚歎。駱秉章向左右打聽：「這個宅院裡住的是誰？」

陸璣的機會於是也就來了。過了幾天，陸璣被招進總督府，先是做了一陣文案幕僚，等到富順知縣因事開缺，駱秉章便讓陸璣去補了這個空缺。

陸璣上任，接手水厘局慘遭搗毀的案子之後，看過卷宗，又作了一番調查，心裡頭大致上有了底。陸璣感到有把握的至少有三點：其一，這次打水厘局，是有組織的搗亂鬧事，後臺是王四大人、顏老太爺；其二，帶隊指揮者，是一個姓牟的師爺；其三，現場參與打砸搶者，是鹽商井灶上的鹽工，而且與顏姓脫不了干係。

有了這麼幾條，縣官陸璣就派人去傳喚差役去傳喚涉案的王朗雲。前頭說過，王朗雲是在自流井跺腳地皮子會發抖的人，平日裡知府、知縣見了他都要尊稱「朗翁」，縣官要約他說事，要麼是到王府移樽就教，要麼是縣官派人持名帖邀請他到縣衙花廳裡敘話。現在這位知縣陸璣，竟然坐在大堂上傳喚他，這使得王四大人感到十分屈辱。

儘管王朗雲曾被清廷賞賜頂戴花翎，在公堂之上審訊，不需要像其他人那樣跪下回答，即便是站著回答，王朗雲也覺得太失體面，內心裡憤懣至極。

縣官陸璣見王朗雲一付愛理不理的倨傲模樣，壓根沒把他這個縣官放在眼裡，心裡頭早已不高興了。忽地將驚堂木一拍，厲聲說道：「你一個捐納虛銜的士紳，有什麼了不起？竟然到公堂上來顯擺，太得意忘形了！」

王朗雲的身子紋絲不動，斜眼朝陸璣睥睨了一會，冷冷說道：「哪有像你這樣問案的？我要上告！」

陸璣哼了一聲，說道：「要告狀？你可知道官官相護？」

王朗雲針鋒相對，說道：「我只曉得錢可通神！」

陸璣說道：「我頗倒③一頂烏紗帽不要，也要辦你！」

王朗雲說道：「我頗倒一個扇子壩不要，也要告你！」

兩個人站在公堂之上，你一句我一句相頂撞，像是兩頭髮強的蠻牛。

王朗雲所說的「扇子壩」，指的是王三畏堂家產中的一大塊地盤，那裡是井灶集中之地，包括金豐、信元、金海、添福、燕源、湧海、地成、毓琛、三生、寶三、咸湧、大源、坤源等鹽井二十多座，開車林立，筧杆縱橫，是一塊瀉金流銀的風水寶地。王朗雲抖狠，拼將扇子壩不要，也要打官司，表明了他與縣官陸璣生死相搏的決心。可惜縣官陸璣並不知道有個扇子壩，事後對人笑著說：「他一個扇子把，價值幾何？竟然在公堂上說出來，真不怕人笑話。」

盛怒之下，知縣陸璣令差役將王朗雲捆綁起來，收入牢獄暫作關押。連連直拍驚堂木，口口聲聲說要將此案直接上報總督府，請總督大人嚴加懲辦。

王朗雲被關進了牢裡，這給了他一個反思自己人生的良機。古話說：「酒是斷腸毒藥，色是剮骨鋼刀，財是要命閻王，氣是惹事根苗。」又說：「酒色財氣四堵牆，人人都在內中藏。能到牆外走一走，不是神仙命亦長。」人生看透了也就那點事，除了生死之外，其他的東西正如同電視小品中所演唱的：天空飄來五個字——那都不是事。

可惜身陷囹圄的王朗雲並沒有看透，這成就了他的大富大貴，也釀成了他後來的大跌落、大悲哀。

恰逢這年發生了一場大災荒，順天、直隸、山西、河南、安徽、湖北、陝西及四川等省災情嚴重，夏秋兩季大部絕收，又遇蝗蟲禍害，一時間哀鴻遍野，餓殍塞途。

清朝的捐納制度有個特點：捐納由戶部主管，並不是任何時候都能捐納，只有在五種特殊的情況下，才允許富人拿銀子買官。一是軍需，要打仗了；二是河工，河堤決了口；三是營田開墾；四是海防；五是遇到了大災荒。

如今正是遇到了大災荒，清廷銀庫緊張，財政正值火燒眉毛之際，於是官府放出一批烏紗帽，賣錢了好去賑災。

這對於既有錢而且對官場又十分嚮往的那些人來說，機會來了。王朗雲在牢獄中聽到捐納賑災的消息，異常興奮。王三畏堂不缺錢，缺的是權勢，錢通神靈，缺權勢可以用銀子去買。

《王三畏堂家族史》寫道：「王朗雲傾資助賑費七萬兩白銀，奏聞清廷加按察使銜，賞二品頂戴及三代一品封典。」

七萬兩白銀價值多少？有人曾粗略估算過，晚清時的一兩銀子，價值如今的一五〇～二二〇元左右。如果按一兩銀子值二〇〇元計算，七萬兩白銀相當於一四〇〇萬元。史書上說，萬曆皇帝結婚，一場婚禮辦下來花了七萬兩銀子。這個王朗雲真是財大氣粗，一出手，就抵得上萬曆皇帝的一場婚禮。

王朗雲搏命式的賭注再次成功了，買來了官帽就是買來了權勢。朝旨既下，富順知縣陸璣也不得不服。二品頂戴的烏紗帽，比陸璣七品縣官的烏紗帽不知道高出了多少級。看來王朗雲說得對，錢能通神。錢何止能通神，它本身就是一個神物，沒有翅膀也能飛，沒有足也能跑，難怪寫《錢神論》的晉朝人魯褒在文章中發出驚歎：天有所短，錢有所長。在許多時候，天不如錢！

縣官陸璣要放王朗雲出獄，可是王朗雲卻偏偏不出獄。他在牢房裡放出話來：王四大人好抓不好放！王四大人如今是朝廷二品官，焉能從區區七品芝麻官的監獄裡走出去？

縣官陸璣無可奈何，人在屋簷下，不得不低頭。他只好令人從監獄裡搭了一架天橋，直接跨過獄牆，通往鬧市。並且在天橋上鋪了一層紅絨布，為王四大人壓驚祛邪。王朗雲出獄那天，縣官陸璣恭恭敬敬地站立在街頭迎候，他低著頭，心中默默念叨《錢神論》中的那幾句話：「死生無命，富貴在錢。何以明之，錢能轉禍為福，因敗為成，危者得安，死者得生。」

一陣涼風吹來，縣官陸璣感覺自己清醒了許多。

①餘鹽，鹽戶交納完稅金後所餘之鹽。
②沖殼子，四川方言：吹牛。
③傾倒，四川方言：拼將。

織一張官網保富貴

大鹽商王朗雲的個性脾氣，讀者通過前文所描述場景中也能夠看出：這個人喜歡使氣鬥狠，常常憑一時衝動，妄動無名之火，甚至於釀成大禍。但是世事奇妙，人生無常。就拿王朗雲來說，他有愛使氣鬥狠的一面，也有練達圓通的一面。尤其是王三畏堂發家後，深深懂得了「朝中有人好辦事」的道理，以銀子開道，到縣府、州府、省府及至京城大拉關係，廣交朋友，織成了一張官網。

下面這個故事，講的就是王朗雲練達圓通的一面。

這事說來話長，讓我們暫時撇開王朗雲，先從一個女人說起。

自流井附近有個地方叫葫蘆堡，葫蘆堡有一個姓朱的大戶人家，娶了個年輕貌美的媳婦。女子姓韓，貌美如花，被譽為富州第一美人。這女子最為世人所稱奇之處，是她的一對乳房又大又長，這種乳房民間稱為「茄子奶」，據說是餵養嬰兒的最佳奶子。那個年頭又不時興豐乳，因此，韓姓媳婦的這對奶子顯得更為珍稀。生下了孩子後，韓姓媳婦被人叫做

「長奶夫人」。

長奶夫人雖然生活在山高皇帝遠的地方，但是她志存高遠，心中懷有遠大的抱負。朱家有一遠支族侄，在清宮裡當太監，很會來事，被皇帝看中了，升成了太監小頭目。有一天，這個太監小頭目打探到了一個消息：道光皇帝旻寧得了第四個兒子奕詝（後來的咸豐皇帝），所聘奶娘的乳汁不夠吃，要增聘一個奶娘。太監想起了傳說中的長奶夫人，立即給家鄉親人寫信，備述情由，講清了增聘奶娘的條件，又詳細述說了在皇宮中做奶娘的種種好處。

長奶夫人見信後，稍作盤算，便毅然決定赴京城應徵。這是一個光耀門第，蔭澤子孫的大好機會，不能輕易放棄。據說，當時朱氏滿門老少長幼，無不為長奶夫人拍手叫好。朱家專門挑選了兩個精明幹練的丫環，陪伴長奶夫人進了京城。一入皇宮，經內務府首先對長奶夫人的五官相貌評判了品級，認為「良佳」，複又對其乳房作了極為繁瑣的檢驗，蒸、烤、曬、露都逐一過關合格了，才最後確定充任太子的奶娘。在接近太子前，又是無數道嚴格的規矩：淨身清腸，每天用宮中特製的香水沐浴三次，服食太醫院特殊配製的利便通腸膏丹丸散，等等。

機會來之不易，在職場中贏得勝券也不易。因此，長奶夫人對皇宮裡的機會尤其珍惜。她發揮自己奶子誘人的優勢，背著太子在地上玩耍時，可以將乳頭直接塞入後背上的太子口中。這個金點子還真的征服了太子，入宮後不久，太子已經離不開長奶夫人了，對她百依百順。

長奶夫人為人乖巧，很快受到宮中人們的賞識。長奶夫人也特別有心計，她利用自己特殊的優越條件，極力為朱家鑽營，不久，她的丈夫朱握便由長沙知府提升為刑部御史。長奶夫人還把自己的大兒子朱琥推薦進了翰林院，作了咸豐皇帝（當時還是太子）的啟蒙老師。

要說其家人朱握、朱琥能在官場上一帆風順，全部都是靠長奶夫人鑽營所得，也並非如此。富順這個地方，自古以來都有很深厚的文化底蘊。自古富順多才子，劉光弟、李宗吾、宋育仁等名流，就都出自這個地方。有一個統計資料：明朝中、後期的四川鄉試中，富順士子成績經常成為政、學兩界關注的焦點。明朝全縣共有一三四名進士，占四川進士總人數的十分之一，居全省之冠。比如在萬曆年間，富順考中進士五十名，這樣的高考成績，在全國縣一級實屬罕見。

有句話說：機遇總是為有準備的人提供的。朱家人正是這樣，他們平常都異常努力，時刻準備著讓朝廷挑選。長奶夫人在清宮中得勢，只不過是朱家人努力拼搏得到的又一個機遇而已。就拿長奶夫人的大兒子朱琥來說，此人的先天條件不夠好，身材矮小，平常人稱矮腳虎，在族中排行第九，故朝野皆稱他為「九大人」。九大人進宮作了咸豐皇帝的老師之後，硬是通過他自身的努力，贏得了皇帝的信任，成為皇帝離不開的左右手。——這麼顯貴的政治地位，不是僅僅通過開後門、走路子就能夠得手的。

閒話少說。話說太子奕詝長大後，再也用不著奶娘了，於是長奶夫人衣錦還鄉，回到了風水寶地葫蘆堡。等到太子即位，成為咸豐皇帝後，長奶夫人的政治地位比昔日更高了。咸豐元年（一八五一），朝廷賜封長奶夫人為「敦慈至嫻夫人」尊號，並頒佈諭旨：凡葫蘆堡朱氏門中子孫，皆享免科考而酌才入仕的優待。從此以後，葫蘆堡朱家更加興旺發達，除了有四人在京城裡當官外，在各地擔任知府、知縣的數不勝數。富順讀書的人多，欲求功名的人也多，不少想走捷徑的人爭相拜倒其門下，紛紛如過江之鯉。

王朗雲也想去巴結朱家，卻苦無門道。關在自家宅院裡沉思良久，終於讓他想到了一個辦法。

這一天，王朗雲乘坐一頂轎子出門，沿著河灘一路前行，在黃田壩狹窄的道路上正好與長奶夫人的轎子相逢。王朗雲令家丁將轎子橫在大街中心，故意不讓對方的轎子過去。家丁說：對面是惹不起的長奶夫人，四大人，我們還是避讓避讓吧。王朗雲聽了，大咧咧地說道：「我還以為是哪個，原來是他媽一個破屁股！」

這話傳到了長奶夫人的耳朵裡，長奶夫人勃然大怒，氣呼呼地說道：「王四，你記著，這事不給老娘弄歸逸①，小心脫不了爪爪！老娘要上朝廷告你，不把你五馬分屍，誓不甘休。」

這一來正中下懷。第二天，王朗雲以賠罪為由，備上厚禮，他自己乘轎，禮物分別由十六匹騾子和三十個腳夫運送，來到了葫蘆堡。一路上，送禮的隊伍有兩三裡路長，好不壯觀。隊伍抵達葫蘆堡時，黑漆描金的大門緊閉，拒絕入內。王朗雲翻身下馬，顧不得身上穿著考究的綢緞衣裳，也顧不得體面，一膝跪在葫蘆堡前的門檻上，他身後送禮隊伍中的各色人等，也都跟著跪了下來。黑鴉鴉一大片人群跪在葫蘆堡前，一直跪了兩個多鐘頭。

長奶夫人掙足了面子，這才下令開門放王朗雲進來。這王朗雲一見到長奶夫人，倒地就跪拜，腦袋在地上磕得咚咚響，嘴裡一邊嗎呀娘的叫個不停。長奶夫人的耳朵根子慢慢軟了，哪還記得什麼前恨呢。

從此，自流井王家與葫蘆堡朱家的關係進入了蜜月期，前嫌冰釋，其樂融融。通過長奶夫人穿針引線，王朗雲與京城的若干文、武官員搭上了關係。王朗雲還不惜花費重金，在京城太和門外開了家人參湯圓鋪，店鋪招牌上「人參湯圓鋪」幾個字，便是朱九大人的親筆手書。題款貫以「昆仲」字樣，透露出王四大人和朱九大人是一對結義兄弟。

湯圓鋪的生意十分紅火，因為王家的人參湯圓，每碗僅僅只是象徵性的收點錢。太和門是京官們上早朝的地方，每當逢九早朝，清晨四、五點鐘，天剛麻麻亮，湯圓鋪裡人來人往，一片繁忙的景象。走夜路來上朝的官員在王家店鋪裡坐下，吃一碗熱乎乎的人參湯圓，心中的舒暢自然是不言而喻的。凡是有以後用得著的官員，王家都會記下他們的姓名、籍貫、工作單位、家庭住址以及聯繫方式，吃完人參湯圓後再送上各種自流井特產，火邊子牛肉啦，冷吃兔啦，牛佛烘肘啦，精製龔扇啦，等等。久而久之，王朗雲在京城名聲鵲起，官員們個個都知道自流井有個大鹽商，為人慷慨大方，是個能做大事的角色。

搗毀水厘局後，王朗雲被縣官陸璣抓進了牢房。消息一傳出，長奶夫人不顧自己上了年歲，上省城，上京城，為之四處奔走呼號。釋放王朗雲的前一天，長奶夫的坐了一乘轎子，吩咐人直接抬到富順縣衙門前，指著縣官陸璣的鼻子訓斥：「姓陸的，扯草也還須看屋簷下都是些什麼人。你有本事關人，想必也有功夫放人。不過跟你講清楚，抓人容易放人來，今天你不說出個子丑寅卯來，老娘不會放你的過手！」可憐縣官陸璣，像雞啄食似的連連點腦殼，賠禮道歉。

王朗雲出獄之後，葫蘆堡朱家為王四大人接風洗冤。從自流井到葫蘆堡五十華里路的沿途，鞭炮放了滿地。長奶夫人專門為王朗雲從宜賓、富順請來了兩個川戲班子，在葫蘆堡裡頭搭台連續唱戲三天，放禮花焰火，好不熱鬧。葫蘆堡還開了晝夜流水席，上等賓朋吃海參席，一般客人以「九大碗」、「大水席」款待，宴席講明瞭不收禮金，免費吃喝。因此來的人特別多，附近鄉鎮和村寨的百姓聞風而至，赴宴者多達兩萬多人次。據自流井地方文史記載，宴客中來了不少饑民，一個個放開了肚子吃，其中有一人竟飽食過度肚子膨脹，第二天死了。

通過長奶夫人與京城裡的官員們搭上關係後，王朗雲更加躊躇滿志。富貴逼人，權勢沖天，想什麼有什麼，要什麼有什麼，人生路上遇鬼殺鬼，遇佛殺佛，方圓數百里抖盡了威風，出夠了風頭。王朗雲一時得意之下，竟然自我標榜是「人王」，殊不知世界上的事情最忌諱完滿，天上的月亮一旦圓滿了，馬上就要虧厭；樹上的果子一旦熟透了，馬上就要墜落。王朗雲後來倒大黴，人生幾乎走上了絕路，是與他此刻太過於洋洋得意分不開的。

王朗雲在京城結交拉攏的官員有不少是清廷重臣，在朝中掌有大權。如帝師翁同和、翁心存，武英殿大學士賈楨，內務府總管端常等等。《王三畏堂家族史》一書中，記載了王朗雲在同治三年（一八六四）過生日的火爆場景。

親自從外地趕來為他賀壽的有國史館正總裁賈楨，內務府總管瑞常，翰林院編修趙樹吉，帝師翁同和，刑部陝西司主事趙樹宜，工部虞衡司主事趙熙亮等。這些人們平時難得一見的大人物，有的是朝中大佬，有的是高官名臣，齊聚在鹽都自流井的一個大鹽商之家，讓王朗雲充分體會到了什麼是榮華富貴，什麼是興旺顯耀，什麼是金玉滿堂。

這一年王朗雲五十三歲，不是逢十的整生，按理說用不著大肆鋪陳，弄出氣焰沖天的闊綽場面。但是頭一年的年底，王朗雲剛剛被縣官陸璣抓到了牢裡，如今才放出來，他要出一口惡氣，也要借生日喜宴沖一沖邪氣。

這個生日過完了，王朗雲倒楣的日子也就跟著來了。

①歸逸，四川方言：完結，好。

民告官的一場官司

同治三年（一八六四），太平天國覆滅，兩江總督曾國藩奏請皇上，恢復淮鹽銷往湘、楚，抑制川鹽。這樣一來，淮鹽重新進入湖北、湖南市場，川鹽濟楚之勢逐漸萎頓，自流井鹽業大受衝擊。

四川鹽商們大為不滿，指天罵娘。對清廷這一政策不滿的還有四川總督丁寶楨。淮鹽恢復銷往湘、楚後，川鹽在湖北、湖南的地位迅速下降，四川財政收入也隨之大幅度下滑。這讓丁寶楨很傷腦筋，這個辦事幹練、為政剛毅的大臣，為了革除食鹽運銷體制中的弊端，增加川省財政收入，決定在四川推行由官府控制的鹽業運輸和批發業務。此一招叫做「官運官銷」，指定鹽業由官府壟斷專營，任何私人如果想要合法販鹽，必須先向官府申請取得「鹽引」①。

丁寶楨施行的鹽業「官運官銷」制度，使得四川鹽商不能再妄為控制和隨意操縱市場鹽價。尤其是在淮鹽重新進入湖北、湖南，川鹽銷售日漸蕭條的背景下，川督丁寶楨的這一舉措對於四川鹽商來說，無異於雪上加霜。

顯然，透過一些細枝末節能夠看出，以王三畏堂為首的自流井四大家族，他們的黃金時代已經結束了。但是王朗雲沒有看到這一點，或者說他不願意承認這一點。就像掩耳盜鐘故事中那個姓范的盜賊，雖然眾人都聽見了震耳的鐘聲，他還是以為任何人都沒有聽見。

更加糟糕的是，此時王朗雲走了一著臭棋。他準備了一紙狀子，狀告四川總督丁寶楨與民爭利。他將狀子帶到了京城，每天出入於各個王府官邸，疏通關係，打開門路。經過一些時日的運籌帷幄，王朗雲自認為對這樁民告官的官司有了七、八成勝算，於是擊鼓鳴鐘，來到衙門中大喊冤屈。

可是這一次王朗雲輸了，輸得乾淨徹底，輸得無話可說。王朗雲想再次證明錢能通神的奇跡，可是他太看輕了官場。官場的水深不可測，不是任誰有幾個臭錢就能夠隨意擺佈的。

先來說一說丁寶楨其人。

丁寶楨（一八二〇～一八八六），字稚璜，貴州平遠人，出生於官宦世家。咸豐進士，改翰林院庶起士，從此步入仕途，官至四川總督。丁寶楨是晚清名臣，也是清末洋務運動中的重要成員。他為官做事重大義，知變通，重實效。為政清廉，吏治清明，約束部屬極為嚴厲。掌故中說，丁寶楨治軍時經常半夜三更巡查崗哨，看到有哨兵瞌睡打盹，他便用隨身帶的一根竹竿敲打哨兵的腦殼。掌故中又說，丁寶楨常常捐贈薪俸給貧困者，自身卻負債累累，直至臨死也不能還清。

丁寶楨最為人津津樂道的故事，是他誅殺慈禧太后的寵宦安德海。

同治八年（一八六九），初夏季節。安德海率領兩艘太平船，沿著京杭大運河揚帆南下。樓船上懸掛著兩面大旗，寫著「奉旨欽差，採辦龍袍」八個大字，儀衛煊赫，威風凜凜。「採辦龍袍」確有其事，「奉旨欽差」卻是鬼話。皇宮裡，正在籌備同治皇帝的大婚典禮，安德海想出宮遊玩，也想借機斂財，於是向慈禧太后提出了派他去江南採買龍袍之事。經慈禧太后口頭允許，安德海便帶領一幫跟班隨從，前呼後擁地出宮了。

清廷開國之初，為防止太監干預朝政，曾經對太監管理制度做出了規定。一，非經差遣，不許擅自出皇城；二，職司之外，不許干涉一事；三，不許招引外人；四，不許結交外官；五，不許弟侄親戚暗相交接；六，不許假弟侄之名置買田產，從而把持官府，擾民害民。

安德海下江南，明擺著是違反清廷禁規。可是他依仗慈禧太后的寵愛，竟然以欽差大臣的身分招搖過市。運河沿岸一些趨炎附勢的地方官員，不但不敢告發，還爭先恐後逢迎巴結，使得這個小安子更加忘乎所以，為所欲為。

七月二十日這天，兩艘太平船駛入山東境的德州。安德海下令將船靠岸，說他的生日就在明天，要舉辦一場賀壽慶典。頭領發話之後，差人們就忙碌起來。第二天，船頭掛起了從宮中帶出的龍旗，甲板上並排放一把紅木花雕太師椅，安德海坐在太師椅上，接受船上孌男妙女的磕頭拜壽。一會兒，一群濃妝豔抹的女戲子上臺，演唱起了「八音聯歡」，嫋嫋餘音繞著運河水迴旋，綿延迤邐，不絕於耳。運河兩岸看熱鬧的老百姓越聚越多，河堤上，密密麻麻站滿了兩道人牆。

消息像長了翅膀一樣，迅速傳遍了德州。德州知府是個天津人，名叫趙新，得知此消息後，心中不禁起了猜疑，感覺納悶。欽差過境是大事，可是為什麼沒有接到朝廷的明諭？趙新決定親自出馬，去運河岸邊一探究竟。

等到趙新屁顛屁顛趕到城西的堤岸上，那兩艘太平船已經駛出了德州地界。遠遠的，他只看見船頭上插一面三角形、鑲牙邊的旗子，旗中畫了一個太陽，太陽中間有只三足烏鴉。趙新問身邊幕僚，那日頭中間的三足烏鴉是怎麼回事？有個幕僚答道，三足烏鴉的典故出自《史記》中的「司馬傳」，文曰「幸有三足烏為之使」。安德海暗示的意思是，他是奉慈禧太后的懿旨出行的。

隨即，德州知府趙新帶著兩名心腹，主僕三人騎快馬直奔濟南，到山東巡撫衙門遞了手本，通報有要事拜見撫台大人。

此時的山東巡撫正是丁寶楨。接到德州知府的稟報後，立即召集幕僚商議，決定一面擬密折，以六百里加急送往京都；一面動用緊急公文，派快馬分別下令東昌知府程繩武，駐東昌總兵王心安，濟寧知府王錫麟，泰安知縣何毓福及沿河各縣，對安德海祕密跟蹤，準備緝拿。

太平船行至臨清，因河水淺而無法行駛，安德海便讓人雇用二十餘輛大車，浩浩蕩蕩沿大道到了聊城。後又折道東行，直奔泰安，夜宿義興客棧。

泰安知縣何毓福得知消息後，帶領士兵進店搜查。屋內外、廚房、馬棚、茅廁全都搜遍了，終於在院子後邊的一口水井裡發現了安德海。何知縣令人將他捉拿捆綁，又從井中打撈出了藏的金銀珠寶，連人帶物連夜解送省城，寄押在曆城監獄。

八月初五夜，丁寶楨親審安德海。開始安德海滿不在乎，丁寶楨大聲喝問：「安德海是你嗎？」安德海將頭一昂，說道：「丁保楨，你連安老爺都不認得，做什麼混帳撫台？」東台總兵王心安看不過去了，伸手在安德海頭上使勁一按，來了個「泰山壓頂」。安德海兩腿一軟，跪倒在地。

經過一番審訊，安德海拜拜認栽。當聽到丁寶楨說他假冒欽差，該當凌遲處死時，小安子骨頭都駭酥了，跪在地上求丁大人高抬貴手，放他一馬。

丁寶楨審訊完畢，給清廷上了一道奏摺，然後在撫府中靜候回覆。

朝廷對安德海案頗有爭議，一方堅持要放，一方執意要殺。同治皇帝與恭親王奕訢祕密商議，命軍機大臣執筆擬密旨，將安德海就地正法。兵部驛使接旨後，以六百里加急遞往山東濟南，丁寶楨接旨當天，將安德海押赴刑場斬首。

事後慈禧太后知道了安德海的死訊，為時已晚。人死不能復活，慈禧雖然心有不滿，但事已至此，也只好這樣了。

丁寶楨將個人生死置之度外，誅殺太監安德海，這件敢在太歲頭上動土的舉動，震驚了朝野上下。曾國藩聽到這個消息後，讚歎丁寶楨「乃真豪傑也」。一時間，丁寶楨名聲大振，民間稱他為「丁青天」。

丁寶楨上任川督的故事，常常被世人酒後茶餘引為談資。

這一天，聽說新總督要來上任，成都街頭熙熙攘攘，人頭攢動。尤其是官場中的大小官員，一個個都穿戴整齊，衣冠楚楚，有的還備了禮盒，要讓新來的總督大人留下個好印象。省府裡的官員們早已準備好了，要舉行一場盛大的歡迎儀式，排官廳前後天花彩仗，佈置得五彩繽紛，富麗堂皇。

到了新總督預定的抵達之日，滿城的文武大小官員，一大早就袍服頂戴，齊集於接官廳恭候，歡迎的隊伍排列了足足有半裡路之長。官員們一等再等，頸脖拉得長長的向東張望，像是排列在街市上的一群長頸鹿，然而讓他們失望的是，總督大人一等不來，再等還是不來。眾官員暗自琢磨，聽說新總督昨晚下榻龍泉驛區，距離成都只有四十五裡，就算前呼後擁，也早該走到了總督府。此時已經午時三刻，總督大人為什麼還不見蹤影？

眾官員正在猜測紛紛，突然總督衙門飛馬來報：「新總督大人已臨督院，傳諭各位大人回院晉見。」文武大小官員們驚駭莫名，稍回過神來之後，一個個拔腿便往城裡開跑。一時間，人夫轎馬、幡傘旗鑼、儀仗執事等亂作一團，顧不上官秩尊卑，爵位高低，你撞我，我擠他，像是在大路上飛翔的一大片蝗蟲，鋪天蓋地，遮天蔽日，直撲總督府方向而去。

可是回到了總督府，依然不見新任總督大人的影子。

原來，川督丁寶楨微服上任，大清早就已經進了城。他並沒有按官場規格乘坐八抬大轎，而是坐了頂兩人抬的流差小轎。丁寶楨戴著頂皂色素帽，後頭跟班擔著一挑行李，看上去像是發了點小財的鄉下土財主。見前面人流熙熙攘攘，水泄不通，丁寶楨十分好奇，掀開轎簾東張西望。一位值勤的哨勇大聲呵斥道：「去去去，這裡在迎候新上任的總督大人，有什麼好看的？」丁寶楨「哦」了一聲，放下了轎窗上的簾子。

眾多官員在花廳裡等候了一陣，總督丁大人終於露面了。只見他身著補服，肩膀下邊還有塊破處，雖然打了補丁，但粗線笨針，很不協調。頭上戴的紅頂帽子也已褪色，與滿堂衣冠華麗的文武官員形成了鮮明的對比。

丁寶楨上堂之後，只說了一句話：「今天大家辛苦了。」眾官員以為丁大人還要寒暄幾句，誰知他擺擺手，淡淡地說：「今日散班，改日再晤。」滿堂文武官員這才像囚犯獲釋似的如卸重負，各自東西南北散了。

丁寶楨微服到任，簡袍臨眾，對當時只講排場、不務實事、奢侈浮華的四川官場，是個不小的衝擊。大小文武官員預感到官場氣候將有變化，紛紛收拾起了華麗冠服，換上了舊袍帶②。家中無舊袍帶可換的人，派人到會府估衣舊貨店去收購。一夜之間，各估衣店的舊補衣、袍褂、帽子搜求一空。來遲了未買著的，也將新袍帶施以汙損，然後穿在身上。這樣一來，四川官場上漸漸養成了儉樸之風。丁寶楨上任燒的第一把火，老百姓都說燒得好。

可是不久，他卻栽了個大跟頭，降職降薪，差點連烏紗帽都保不住。

丁寶楨四川官場栽跟頭，源自於東鄉血案。

——那是一樁與稅賦有關的案子。

早在康熙年間，四川東鄉縣一武生王維剛不滿地方官吏任意加收稅賦，上京告狀，康熙皇帝親自過問，作出批示：「許每兩銀子折合一千四百文，永著為令，立碑銘之。」並在縣府衙門前鑄成鐵碑，讓老百姓監督執行。

可是到了嘉慶年，清廷要鎮壓白蓮教起義，銀庫裡銀兩不足，只好在稅賦上打主意。於是稅款年年增加，到光緒初年，已增加十倍以上。那一年又正碰上了災荒，先是水災，後是旱災，老百姓的日子很不好過，餓殍遍地，民不聊生。

有個叫袁廷蛟的人，敢為老百姓出頭。他先是赴京城上訪，狀告地方官吏加收稅賦的劣跡，沒想到官官相護，京城將他押送回成都。當時的四川總督吳棠，聽聞本省有刁民進京上訪，早已憋了一肚子火，不問青紅皂白，將袁廷蛟杖一百大板，戴上枷拷，收入獄中。

袁廷蛟出獄後，成了個鬧事的頭頭。光緒元年（一八七五），五月十九日，袁廷蛟率鄉民七、八百人，他們駐紮在東鄉縣城河南岸的觀音岩，向縣官提出了減糧稅的要求。附近的饑民聞風而至，沒過多久，隊伍迅速增至兩三千人。

本來呢，這場風潮此時尚還處在可控制的範圍內。饑民們的肚子填不飽，提出減輕稅賦的合理要求，只要官府處置得當，也還不至於釀成一場血案。

然而由於官府的處置不當，導致這次群體事件衝突升級。官府先是同意談判，八個災民代表進入衙門談判時，卻又被扣押起來了。好不容易放了談判代表，卻又風雲突變，官府根據層層上報的材料，硬說袁廷蛟是聚眾謀反，派兵鎮壓。於是四川提督李有恆帶兵五千人，前往東鄉清剿。那是一場血流成河的大屠殺，清廷士兵手持大刀長矛，對付手無寸鐵的鄉民，悲慘的場景慘不忍睹。

開剿的當天晚上，袁廷蛟帶著兒子逃出了包圍圈，幾經周折，到達京城，再次成為上訪戶，通過一個熟悉的御史，向朝廷奏報「東鄉血案」的真相。

光緒皇帝降旨，「令文格一併查奏」。

代理川督文格查勘後的結果是，仍然說袁廷蛟率鄉民聚眾謀反，並且堅持認為率兵清剿有理，不實行清剿，後患無窮。文格的這個彙報材料純屬謊報軍情，引起了朝廷中一些正直官員們的不滿。御史吳鎮、李廷蕭等接連上疏，指出東鄉血案影響重大，震驚朝野，必須引起朝廷的足夠重視。御史們還在奏章中批駁了文格彙報材料中的若干疑點。御史們的上疏，論證清晰，邏輯嚴謹，頗有說服力，慈禧太后也為之心動。

這本來是一樁歷史陳案，與丁寶楨毫無關係。豈料這時候，文格玩了個金蟬脫殼的把戲，以重金賄賂京城官衙，匆匆調離出四川官場，到山東省去當官。與文格對調的是山東巡撫丁寶楨，官場上這一套叫做「換背擦癢」，雙方都須在新的任所，互相為各自原任先前的弊端進行庇護。

因此，丁寶楨到四川上任後，雖然為政清廉，卻犯下了「官官相護」的官場通病。他奏文上報朝廷，對東鄉血案基本上維持文格的觀點，執意不變。

丁寶楨本來就因為敢於仗義執言而得罪了許多官員，這次庇護文格，更是使他成為眾矢之的，衙門中的官員大多數不贊同丁寶楨的奏章，不予在相關材料上簽字畫押。滿朝文武對東鄉血案議論紛紛，由著名御史、清流黨首領張佩綸出面，奏請朝廷對東鄉血案再次複查。慈禧太后聽取了這個意見，由一干官員組成專案組，前往四川東鄉私查暗訪。經過五個多月的查案，朝廷終於認定東鄉血案是一起冤案，予以平反昭雪。

丁寶楨自然因此倒了大黴。官職從二品降到了四品，正印總督變成了代理總督，成了個過渡性的人物。到四川地皮子還沒踩熱，就遭到了這種事，官運受挫，命運跌落，丁寶楨一肚子不高興。正在這樣的時候，鹽商王朗雲又到京城裡去控告他，這使得丁寶楨更加憤懣。

丁寶楨與王朗雲的較量，就是在這種背景下展開的。

王朗雲敢於同鐵血人物丁寶楨掰手腕，要打這場民告官的官司，並不完全是胡來。在遞狀子之前，他對事情的兩方面都有過考量。最要緊的有這麼幾條：一是相信錢能通神，以前打水厘局，駱秉章也拿他沒辦法，這丁寶楨比起駱秉章來，論資格、勳業、權勢都遠遠不及，再加上錢的作用，這事應該有七八分勝算；二是這些年來，王朗雲在京城裡結交了一批官宦權貴，培植了一股政治勢力，織就了一張龐大的官網，他們在關鍵時候能幫忙說得上話；三是丁寶楨雖然位高權重，但是他平時說話直言不遜，得罪了不少人，政壇上樹敵太多。尤其是誅殺安德海，使得慈禧太后對他隱含不滿，楊乃武與小白菜一案中抗疏直言，使得與該案有牽連的諸多官員受到懲處，得罪了不少朝官和疆吏。

分析來分析去，王朗雲還是決定傾注資產，拼力一搏。

光緒五年（一八七九），清廷以每日行程四百里的諭令，將一封快件傳遞到了四川成都總督府。諭令中云：

「承恩等奏，川省官運局經灶民呈控多款，請飭妥為區劃，或由官運，或改官督商銷……據實具奏，不准稍涉回護。」

丁寶楨接過諭令看了一遍，心中已然明白：朝廷已經准了王朗雲的狀子。

這時候的王朗雲，正在京城中緊鑼密鼓地進行下一步的行動。經過他的周密策劃，兩個由他資助的都察院御史向朝廷上奏摺，指責丁寶楨辦川鹽官運，病國殃民，禍害川人。接下來一些被錢買通了的朝中大佬、宗室親貴放冷風，施暗箭，有的甚至直接到慈禧太后跟前進言，弄得沸沸揚揚，山雨欲來。成都街頭巷尾也出現了一些竹枝詞：「豈唯殃民還誤國，不獨凌寡還欺孤。」前一句詆毀丁寶楨辦理鹽業官運不當，後一句指責丁寶楨欺負孤兒寡母（光緒和慈禧）。

此時朝野上下的輿論幾乎一邊倒，對丁寶楨十分不利。既有鐵面御史彈劾他的奏章，又有種種流言蜚語在官場上風傳，還有許多宗室權貴在最高領導人慈禧面前告狀，丁寶楨的日子比較難過。清廷迫於各方面的社會壓力，也認為丁寶楨川鹽官運的舉措不當，操之過急，恐怕會因此引起事端。為了平息朝廷官員和四川鹽商們的情緒，對丁寶楨提出了口頭警告。並嚴旨詰責，讓他妥善處理，不然後果嚴重，將會遭到更為嚴厲的革職處分。

民與官爭鬥的第一個回合，王朗雲取得了勝利。

丁寶楨雖然受到了口頭警告，但是他仍然在代理四川總督的位置上，照常視事辦公。他靜下來仔細琢磨上諭，皇帝的詔令中有「或由官運，或改官督商運」一語，遊移其詞，並未完全否定川鹽官運。這是官場上的老規矩，或者說是潛規則：一方面平息輿情，一方面又為處置具體事務的官員留下迴旋餘地。老於宦途的丁寶楨，心裡自然明白這一點。

他梳理思路，捋清頭緒，重新給清廷上了一道奏摺。這道奏摺中，丁寶楨陳述了四川鹽務改官運之前的種種積弊，闡明瞭川鹽必須實行官運的理由，又總結了川鹽改官運後取得的大小成績，增加鹽稅，已經能初步解除清廷財政短絀的憂患，這是看得見的實效，清廷高層統治者當然願意見到，樂享其成。丁寶楨的這道奏摺，條分縷析，絲絲入扣，切中川鹽行銷中的要害，扣准了清廷高層的脈絡。最能夠打動清廷的，是川鹽辦理官運後增加財政收入的數字。奏摺中云：

「自上年開辦官運，帶銷積引一萬餘張（一引為一張，配運花鹽一一〇〇〇斤），所收稅羨截厘雜款至一百餘萬兩，商民皆便。」③

清廷收到丁寶楨的奏摺後，讓戶部對川鹽官運進行調查摸底，討論研究，是否行之有效？是否繼續執行？戶部經調查摸底後，討論的結果很快出來了。戶部認為：丁寶楨改革四川鹽務，對官府增加稅收大有補益，盈餘除四川本省開支外，尚能抵銷撥款二十五萬兩銀子。如此評語，無異於是一個嘉獎。清廷的態度來了個一八〇度大轉彎。不久，朝廷發下諭旨：丁寶楨官復原職，四川鹽務官運事宜，仍令他悉心辦理。

至此，王朗雲苦心策劃的反對川鹽官運、控告丁寶楨的官司，實際上已經宣告失敗了。王朗雲還不太明白，在國家財政的這盤大棋上，他有再多的錢也只能是顆小棋子，隨時可以被人支配和使用，也隨時可以被人拋棄和廢掉。一個做生意的商人，如果太過於貼近公權力，往往容易被擴張的公權力吞噬，落得個煙飛灰滅的悲慘下場。

丁寶楨扳回一局後，乘勝追擊，他決定秋後算帳，將先前王朗雲組織人馬打官府水厘局的陳案重新審理一遍，一定要重重懲處王朗雲，好好出一出胸中的一口惡氣。

在給朝廷的奏摺中，丁寶楨寫道：王朗雲「私通六部④，富甲全川。似以此恃勢橫行，亟應從嚴懲辦」。

據說，慈禧太后看過丁寶楨的奏摺，搖頭笑道：富甲全川算他有錢，可是六部是我們的耳目，豈能私通？

清廷吏部負責文書檔案的有個官員名叫王開甲，老家四川自流井人，是王朗雲的遠支族侄。小時候，王開甲家境貧窮，無錢上學。王朗雲將他收留下來，供他讀書。這是王朗雲一貫的做法，他資助了不少貧苦學生讀書博取功名，培植勢力，積蓄力量。那些窮苦學生，果然後來大多數成了王朗雲依賴的政治勢力。王開甲長大之後，通過科舉考取了功名，進入京城，當了一名京官。

有一天，王開甲在眾多的文書檔案中發現了丁寶楨的奏摺，以及皇帝批復的諭旨，大為驚慌。他修了一封家書，緊急送往老家四川，告訴王朗雲險情已近，趕緊躲避，萬萬不能疏忽大意。

這封密信幾經周折，終於轉到了王朗雲的手中。

王朗雲看信大驚，急忙乘一頂普通小轎匆匆逃離。這之後王朗雲成天東躲西藏，猶如驚弓之鳥似的到處逃匿。先是到威遠鄉間的一個親戚家住了一段時日，後又帶一鄒姓親信取道宜賓，渡過金沙江，輾轉進入雲南綏江。

王朗雲倉皇出逃後不久，官府派遣的差役便來到了王三畏堂府上。據《三王畏堂家族史》記載，家中設有專人應付，對於官府中所到的每個人，均採用金錢賄賂。凡懸賞一千銀兩的給兩千，以讓那些差役放緩步子，給王朗雲逃跑留下充足的時間。差役中，有的人拿了銀子，不敢再回官府，改名換姓遠去異域他鄉，另謀職業去了。

王朗雲在雲南躲了一段時間，他藏匿於一個名為副官村的邊遠村落的寺廟中，天天和兩三個和尚靜坐度日。有一天，王朗雲正和一個老和尚聊天閒談，追捕的官兵已經到了村外。有個聰明伶俐的小沙彌見到追捕的官兵，故意大聲問：「你們要捉拿的人，是不是一個高個頭、長鬍子的大漢？他剛才從那兒跑過去了。」小沙彌說著朝東南方向隨手一指，追捕的官兵信以為真，順著他手指的方向大步流星疾馳而去。

老和尚耳聰目明，早已聽到了山腳下小沙彌與官兵對白的話語。急忙叮囑王朗雲躲避。老和尚說，沿著山下的一條小路走十五華里，有一個姓王的人家，子侄均在外做官，在地方上有權有勢，可以去投依，棲身個一年半載沒問題。

順著老和尚的指點，王朗雲在山道上晝伏夜行，一路小心翼翼，行至一個地名叫做壓店的地方，遇見了一位七旬老翁。老翁問道：「客從何處來？是否來自京城？」王朗雲搖頭：「不是」。老翁對著王朗雲看了一會，又問：「你是四川的王四大人？」王朗雲猶豫片刻，點了點頭。

眼前的這位老翁，正是老和尚所說的那戶王姓人家的長者，他們在山坳埡口上說了會話，彼此自我介紹了一番，兩個人都哈哈大笑起來。從此，王朗雲住進了老翁家中，聯族誼，談時事，禮遇有加。《王三畏堂家族史》雲：「王朗雲受其庇護，始免於被捕」。

王朗雲這一逃亡就是四年。他躲藏在西南邊陲的崇山峻嶺之中，艱難度日，飽嘗了人世間的種種辛酸和苦澀。

從王朗雲走上逃亡之路的那一天起，王三畏堂就開始了營救活動。

所謂營救，說白了，不過是舍財免災，拿銀子買通官府，讓逃亡天涯的王朗雲能夠早日回家，讓王三畏堂重新恢復往日的輝煌。

王三畏堂營救王朗雲的工作，主要由師爺文子庶在擔當。

文子庶，自流井本地人氏，教館先生出身，自幼飽讀詩書，卻屢試不舉，連個秀才也沒有考上。此人思路開闊，善言辭，長交際，到王家做了文案師爺後，果然有了有武之地。其時，王三畏堂家族的事業進入了鼎盛期，王朗雲做出決定，在省城成都設立常駐機構，對外的名稱叫「王氏試館」，專門接待自流井王三畏堂家族子弟，他們來省城參加會試，這裡能提供食宿之方便。實際上，王氏試館的真正任務和日常工作內容，是打探收集省城內外對王家有用的各類消息、情報，並及時報送遠在自流井遙控的王朗雲。其性質有點像駐省城辦事處。不過這個辦事處純屬私家性質，由王家自掏腰包，花的不是納稅人的銀子。

這一年，恰逢四川鄉考鬧了一場風波。季節進入秋天，考生們的脾氣似乎也變得火爆了許多，因為懷疑考官舞弊，士子們群起抗議，鬧起了罷考。丁寶楨怕事態擴大，將來不好收拾，於是親臨考場，勸慰各位考生複考，並表態說，這事就此劃上了句號，以後絕不追究。如果事後抓人，斷子絕孫。

可是，丁寶楨事後並沒有遵守諾言。鄉試剛剛結束後不久，他就派差役去抓了帶頭罷考的幾名考生，關進牢房。

事情十分具有戲劇性的是，恰好在第二年，丁寶楨的兒子升官了，奉朝旨為鄉試副主考官。然而在赴某省主持考棚事宜之時，忽然得了場重病，暴病身亡。白髮人送黑髮人，丁寶楨遭遇了人世間最悲慘的場景，大喜突變大悲，撕裂人心的劇烈疼痛襲來，他差點倒地昏厥。更可惡的是，成都街頭巷尾卻興起了流言蜚語，世人認為是報應，總督食言，災在眼前。

文子庶得知這個消息後，認為營救王朗雲的機會到了。他備好重金，通過關係找到丁寶楨的三個寵姬金氏、鐘氏和萬氏，每個人送一支黃金製成的水煙袋，並送翡翠、珍珠、綠玉若干。文子庶對那三個寵姬說，自流井王家如今被拖得家破人亡了，他家老爺逃亡在外，有家歸不得。只有你們才能在宮保大人面前說得上話，向丁大人求饒，保全這一家人的性命。

那三個寵姬雖然對珠寶愛不釋手，但是一想到丁寶楨的威嚴，又不敢接受文子庶的禮物了。文子庶說，禮物你們儘管收下，能不能在宮保大人面前說話，都沒有關係。只望日後多多關照就是了。

文子庶又賄賂了丁寶楨身邊的一個護衛武官。一天夜晚，月亮升上了樹梢，丁寶楨正在花園後院裡散步，忽然聽到有人在假山水池背後說話。丁寶楨側耳聆聽，說話的是丁府中的兩個女僕。一個說：「宮保家的少大人死了，闖到鬼了，真是慪氣得很。人人都說宮保大人是清官，是天底下難得見到的好人，如今好人卻沒有好報。唉。」另一個說：「就是呀，清官難當，清官得罪的人太多了。自流井王家那場官司，宮保大人不知得罪了多少人！有人還說是報應咧。」那邊說話的聲音低了下去，漸漸地聽不清楚了。丁寶楨聽在耳朵裡，每一句話都像一根刺，直往他心上紮。

丁寶楨站在花園裡想了一會，月亮掛在樹梢上，流瀉下來的月光如水，給他心上平添了絲絲縷縷的憂傷。丁寶楨回到寢室之後，仍然忘不了剛才花園後院裡兩個女僕的那番話，一聲聲長歎短噓，神情憂傷。

旁邊的寵姬金氏見了，擺著楊柳腰輕步走過來安慰。聽丁寶楨大致說了事情的原委，金氏嗔怪道：「王家的那個案子，你不管不就行了。放人家一條生路，也算是做善事。天長日久，大家都已經忘卻了，現在誰還會來管？」

丁寶楨想想也有道理，遂不再去管那個案子。至此，一場大公案才算了卻。光緒七年（一八八一），逃亡西南邊陲長達四年之久的王朗雲總算回到了自流井。

在外流浪四年回到自流井後，王朗雲察覺家鄉發生了一些變化。以前那些腰纏萬貫的大鹽商，全都變得衣著簡樸，一個個身穿藍布長衫，腳上套雙白襪子和圓口布鞋，頭上也沒有了先前的大禮帽，要麼光著頭，要麼戴頂便帽。王朗雲一問才明白，四川總督丁寶楨宣導節儉，極端痛恨鹽商的奢侈浪費之風。為投其所好，官府裡的官員們也都變得「節儉」了許多。風氣影響了鹽商們，也全部都穿起了廉價的藍布長衫。看來，新一代鹽商從王朗雲的故事中總結了教訓，他們不再浮華張揚，開始崇尚低調處事，一個悶頭髮大財的時代到來了。

自從王朗雲逃亡雲南之後，王三畏堂的事業一蹶不振，迅速跨了下來。

王朗雲經此命運的跌落，彷彿對人間世事澈底看透了，回到自流井後整個像變了個人似的，閉門拒客，心灰意懶。王朗雲老了，這一年他六十八歲，滿臉皺紋，滿頭的花白頭髮。

更加蒼老的是他的心，經歷了從峰頂到穀底的那一切之後，王朗雲如今覺得世事了無生趣。

三年後，王朗雲走完了他的人生之路，入土為安。

一時燈火樓臺，迅即煙飛灰滅。大富豪王朗雲在短短的幾十年內，從一個名不見經傳的普通鹽商世家變成富甲一方的財神爺，再到家財散盡、大廈將傾的潦倒結局，其中大紅大紫、大富大貴、起起落落所包容的諸多人生際遇，不是簡單幾句話能夠評說清楚的。要想把生意做大，離不開官府的幫助和政策扶持，如何對待官府與商人的關係，是擺在所有經商者面前的一道課題。前面說過，晚清紅頂商人胡雪岩對這種微妙的關係看得十分透徹，以六字箴言一語道破了此中奧秘：離不開，靠不住。王朗雲一生與官府的糾葛牽連，恩怨情仇，是對六字箴言的最好詮釋。

王三畏堂的接班人是他的侄子王惠堂。如果說王朗雲是一座高山的話，那麼王惠堂顯然只是一杯黃土。他經營無方，大肆揮霍，在王惠堂主事期間，王家大修館舍、宅第，耗費銅錢二十餘萬串。修建承德堂大廈耗銀十餘萬兩。王氏各房分家，各自只顧謀取自己小家的利益，公事不再統一。王三畏堂走入頹勢，負債白銀達六、七十萬兩。

光緒十二年（一八八六），丁寶楨死於四川總督任所，歿年六十七歲。由於他生前節儉，所得俸金多數用於濟困助教，這位封疆大吏病危時竟債臺高築，只好上奏朝廷：「所借之銀，今生難以奉還，有待來生含環以報。」據說光緒皇帝看完這封奏摺後為之動容，稱「遽聞溘逝，悼惜殊深」。噩耗傳出，他曾經任職的山東省父老鄉親悲慟、惋惜、哀歎，請求朝廷將丁寶楨的靈柩運回山東。當靈柩運至濟南之時，士紳百姓爭相「郊野祭吊」，其遺體在濟南九華山麓與先逝的妻子合葬。生前好友閻敬銘為他親撰墓誌銘，刻立於墓前，昭示後人。

①鹽引是一種有價票證，可以代替貨幣在市場上流通。
②袍帶指錦袍腰帶，是古代官員的常服。
③轉引自《王三畏堂・李淘淑堂家族史》，第二十六頁。
④六部：戶部、吏部、禮部、兵部、刑部、工部。

出場人物：閻敬銘、慶寬、崔尊彝、慈禧。

第三章

清官難當

唐人張固著有《幽閒鼓吹》一書，專門講述唐代名人軼事。其中一則寫道：名臣張嘉貞之子張延賞將要出任度支使①，他知道有宗拖延已久的大案，十分難辦。上任之初，張延賞召見負責訟案、刑獄的大小官吏嚴加訓戒，厲聲道：「這宗案子拖得太久了，必須十日內結案！」第二天，張延賞來到府衙辦公，見書案上壓著張便箋，上面寫道：出錢三萬貫，請君不要管。張延賞憤懣不已，責令必須按期結案。到了第三天，書案上又有張便箋：出錢五萬貫，請君不要管。張延賞更加氣憤，繼續嚴令查處。第四天，書案上仍然壓著張便箋：出錢十萬貫，請君不要管。張延賞拿著便箋看了一會，沉思良久，搖頭歎了一口氣。從此，他不再過問這宗案子了。事後有弟子問張延賞，為何不再過問這案子？張延賞苦笑一陣，回答道：錢能出到十萬貫，人家能通神啊。天下的事，沒有不能夠回轉的。如果繼續追問下去，我擔心會有性命之憂啊。

張延賞上任之前，事涉此案的獄吏們無疑已經收了不少好處費，他們對這樁明顯的冤案催而不辦，一拖再拖，是「有錢能使鬼推磨」的結果。張延賞心裡還明白，壓在書案上的那張便箋，也正是那些獄吏們偷偷放置的。在一群貪腐官吏的包圍之中，他要當一名清官太難。即便他張延賞能夠抵擋得住十萬銀票的誘惑，後面的二十萬、三十萬難保不動心。何況，要在官場上平安無事，步步高升，就必須妥善處理好上下級以及同僚們的關係。經常被人參奏彈劾，你爭我鬥，將來的仕途一定不會平坦。弄得不好，官當不成，做一名平頭百姓也不可得。

張延賞擔心會有性命之憂，並非一句推諉之辭。如果獨異於眾官吏，一味堅持追問這個案子，他的擔心恐怕會變成現實。

要當一名清官，必須有上下左右的配合與支援，尤其需要得到上司後臺無條件的信任，而這個上司必須清正廉清，還必須是位高權重的大人物。

《紅樓夢》中的賈政被任命為江西糧道，這是個管糧的肥差，隨其赴任的幕僚們都抱了很大希望。可是賈政一心想作清官，「州縣饋送，一概不受」。這樣一來，使得本來抱有極大希望的上下級猜疑怨恨，許多人因為撈不到油水而撂挑子，沒有辭職的人也怨聲載道，消極怠工，有的甚至製造事端，對賈政群起而攻之。賈政不僅不能正常工作，還需要家裡頭貼錢。面對同僚的參奏，他無可奈何；看著下級的鬧騰，他感到悲哀。

賈政的悲哀是所有想當清官者的悲哀。

為官清廉重在兩個方面，一是自身，二是環境。自身之難，難在要經受權力魔杖的誘惑；環境之難，則難在眾怒難犯，如果不同流合污，必定會受到眾多朝官們的攻擊，弄得你在官場上無立錐之地。

清官難當。一個「難」字，千百年以來都是說不完的話題。

①度支是戶部下屬的一個司，掌管全國財政的統計與支調。

仕途不平坦

國家財源不濟，往往是國事衰落的重要原因。咸豐年間，太平天國事發，戰爭啟動。據當時掌管戶部事務的大學士卓秉恬報告，國庫裡存銀僅八百萬兩，而且「入款有減無增，出款有增無減」。要打仗了，國庫裡卻沒有多少銀子。年輕的咸豐皇帝為這件事成天傷腦筋，整夜整夜睡不著覺。

有人出了個主意：內務府院落裡有金鐘三口，重兩千餘斤，值銀數十萬兩，請銷熔以補軍費。咸豐立即下令銷熔，以解一時燃眉之急。

到了咸豐九年（一八五九），前方戰事進一步吃緊。軍營裡需要的銀兩越來越多，清宮裡能撥出的銀兩卻越來越少，從咸豐三年到咸豐七年，戶部每年的庫存銀子已經降到了六萬多兩，只夠前線湘軍士兵一個月的軍餉。這日子該怎麼過？這仗還怎麼打？

此時，在前線指揮長江中游戰區軍事行動的是湖北巡撫胡林翼。他連夜寫了一封文書，十萬火急送往京城，要把時任戶部主事的閻敬銘借調到前線，讓他「總辦湖北前敵糧台兼理營務」。

這個閻敬銘也真是不負眾望。出任「前敵糧台兼理營務」不久，即扭轉了軍隊糧草供應不足的困境。第二年，胡林翼給朝廷打報告，對閻敬銘作出了高度評價：「敬銘公正廉明，是心任事，為湖北通省僅見之才。自接任糧台以來，刪浮費，核名實，歲可省錢十萬餘緡。」[①]胡林翼寫這份奏摺時已經身染重病，自知命不長久，於是在奏摺中向朝廷力薦閻敬銘：「臣敢保其理財用人必無欺偽。」

胡林翼的奏摺對閻敬銘的升遷起到了決定性的作用。從四月到九月，短短五個月時間裡，朝廷三次下達任命書，閻敬銘一年後即官拜山東巡撫，成了出將入相的二品大員。從此一發而不可收，光緒十年（一八八四），他被任命為軍機大臣，總理衙門行走；光緒十一年（一八八五），授東閣大學士，仍領戶部。胡林翼的眼光一點也沒有錯，閻敬銘，很快成了慈禧太后的紅人。

可是從仕途上一路走來，閻敬銘走得卻並不輕鬆。

胡林翼對閻敬銘的評語是「器貌不揚而心雄萬丈」。然而，未中進士之前，閻敬銘初涉官場，就遭受了一場奇恥大辱。

道光二十二年（一八四二），閻敬銘二十七歲，曾經雄心勃勃地去參加了一場「大挑」。所謂「大挑」，是清朝的一種選官制度。清制，舉人應會試三科不中進士，即可赴大挑。大挑時，不需要作任何考試，而是專看相貌。以二十人為一排，由王公大臣承頭挑選出一等三人，作知縣用；二等九人，作教職用。相貌魁梧、臉形方正者往往被挑為一等。

當然也有例外。清人陳恒慶筆記《歸裡清譚》中有個故事：某年大挑，山東某舉人身材魁梧，相貌堂堂正正，卻依然落選了。那位山東大漢憤懣不平，攔住主試官的轎子，大聲問道：「請問，大挑選人依據什麼條件？」轎中穩坐的大臣斜眼望他一望，冷冷說道：「我挑的是命！」山東大漢無言而退。

話說閻敬銘參加大挑那天，胸前像揣著隻兔子，一個勁怦怦亂跳。大挑的要領是觀身材、看面相。身材魁梧，人馬高大，當然是首選。面相則以「國」字臉第一，「田」字臉其次，此外臉型像「申」、「甲」、「由」字的。也有入選之望。閻敬銘的臉型與這些都不沾邊，他的臉像個長歪了的梨子，三角形下頜骨太寬，怎麼看也不對稱。兩隻眼睛一大一小，像是鑲嵌在歪梨上的兩顆黑豌豆，一高一低。而且身材不足五尺，縮頭駝背，看上去有點滑稽好笑。

但是閻敬銘對自己的身材、相貌並沒有一個清醒的認識。那時候他還年輕，不到三十歲，心雄萬丈，並不認為自己的遺傳基因會差到哪裡去。他特意穿上了一件嶄新的藍布衫長袍，為了應付主審官的問話，肚子裡還想好了一套說辭。誰知道他這一排二十人剛剛站定，還未來得及自報履歷，天空中忽然響起了霹靂般的一聲斷喝：「閻敬銘滾出去！」他呆頭呆腦地朝主審官方向看去，只見一個親王指著他哈哈大笑：「長成這模樣也來參加大挑，真不知羞……」風聲把親王的話語撕成了碎片，像刺痛的鋼針，硬往閻敬銘的耳朵裡塞。

閻敬銘氣得半死，只差沒當場暈倒。但是在強大的權勢面前，他無可奈何，只能黯然失色回家，更加發憤讀書，好好去準備下一場會試。好在老天有眼，功夫不負有心人，道光二十五年（一八四五），閻敬銘考中進士，並以優異的成績進入翰林院，散館②後被授為戶部主事。在此期間，閻敬銘刻苦研究經世致用之學，在京城的京官中小有名氣。

同治元年（一八六一），閻敬銘被任命為湖北布政使。時任湖廣總督的是滿洲正白旗人官文，這個官文不諳政事，諸事決斷皆交給家奴，當時的官場上譏諷湖廣總督府有「三大」——妾大、門丁大、廚子大。

官文雖然有百般不是，但是卻有一樣難得的優點：耳朵裡聽得進話，肚子裡裝得下話。這樣的人在官場上混，周圍的人緣關係不錯。胡林翼在湖北當巡撫時，與官文是上下級搭檔。官場上人人都說官文是個庸才，唯獨胡林翼不這麼看，他看到了官文的優點，對官文極力籠絡，收官文之妾為義妹。閻敬銘能夠在湖北出任布政使，就是官文看了胡林翼的面子。

閻敬銘來湖北上任後，官文對閻也十分欣賞，凡事皆交給這位布政使決斷，從不輕易插手閻的事務。按理說，閻敬銘應該投桃報李，好好逢承自己的頂頭上司，適當配之以小賄賂，仕途會一片光明。可是這個身穿布袍布靴的閻敬銘清廉耿介，鐵面無私，官場上百毒不沾。有個故事很能說明他的為人。

官文貪色，不僅貪女色，而且貪男色。他身邊有個小白臉相公，因為相貌英俊，被提拔成了二品的總督府副將。若說那個小白臉見好就收，掛個閒職吃空餉，也還罷了。豈料他得寸進尺，仗著有湖廣總督這座靠山，不僅到處收受賄賂，還經常高頭大馬，招搖過市，喝醉了酒便胡亂闖入民宅，強姦了一名少女之後，因嫌少女有反抗之意，便掄起隨身帶的大馬刀一刀砍去，少女倒在了血泊中，當場死了。

事情鬧大了，附近的街坊民眾聚集了上百人，相擁前往州府來告狀。小白臉起初並不在意，依然我行我素，耀武揚威騎在一匹洋馬上，到處張狂。閻敬銘聽說了這件事，勃然大怒，決心要為民除害。小白臉聽說鐵面無情的閻敬銘要出面問案，這才慌了手腳，趕緊跑到總督府向官文求救。

官文見狀，大動隱惻之心，將小白臉藏匿於後院的一間密室中，陪他談心，陪他流眼淚。閻敬銘上門來要人，府第裡的門人傳出話來：總督大人近日身體不適，謝絕會客。閻敬銘聽了，氣不打一處來，大聲對身邊的隨從說：把我的被子拿來，我要在總督府門前睡幾天，總督大人的病不好，我就不回去！

這個耿直倔強的閻敬銘，在總督府前一住就是三天。

三天過去了，裝病的官文始終被困在府中，什麼事情也幹不了。無可奈何之下，他請湖北巡撫嚴樹森、武昌知府李宗壽來當說客，勸閻敬銘放過一馬。嚴、李二人費盡了白舌，閻敬銘的態度依然果斷，翻來覆去只有一句話：官大人不交出小白臉，我就一直在總督府門前睡下去。

如此倔強的性格，官大人只好讓步。眾目睽睽之下，官文拖著疲憊的步履走出府第大門，竟然一膝蓋跪在閻敬銘的面前，顫聲說道：老弟，看在我官某的面子上，你就放他一馬吧。

閻敬銘心上一抖，官文的話觸動了他內心裡某個柔軟的地方。但是閻敬銘絲毫沒有讓步，趕緊將官文扶起來後，聲音柔和卻不失堅決地說：大人說什麼我都執行，唯獨這一條，不能照辦。

官文見閻敬銘態度如此堅決，再也無計可施，只好乖乖地把那個小白臉副將交了出來，任憑閻敬銘處置。這個閻敬銘也真是個鐵臉無情的硬漢，立呼衙役，當眾將小白臉撲倒捆綁，剝去衣服，當著官大人的面，重杖四十。事後，閻敬銘秉公執法，將小白臉削去官職，流放三千里，遣送邊疆。

俗話說官大一級壓死人。但是官場上普遍通行的這個遊戲規則，在鐵石心腸的閻敬銘面前卻行不通。從官文在下屬面前下跪的故事中，可以品味出閻敬銘的人格，確實讓人敬重。

從清光緒二年（一八七六）起，北方山西等省發生了連續特大旱災。接下來光緒三年為丁醜年，光緒四年為戊寅年，因此，史學界稱最具毀滅性的這場災荒為「丁戊奇荒」。一八七六年從春到夏，只下過幾場零星的毛毛雨，雖說澆濕了地皮，但從未深透，天干地燥，旱情嚴重，山西全省僅大同、保德等少數地方略有收成。從春季起，災民們就鬧起了春荒，四處尋找野菜充饑。入夏之後，旱情進一步惡化，眼看著麥收無望，有人剮樹皮挖草根，有人吃白觀音土，有的賣兒賣女渡災年，有的地方還有了吃人肉的傳聞。

一八七八年四月十一日，上海《申報》載文道：

屯留縣城外七村餓死一一八〇〇人，全家餓死六二六家。王家莊一人殺吃人肉，人見之將他拉到官署，口袋裡查出死人的兩隻手。他說已經吃了八個人，活殺吃了一個，有一女年十二活殺吃了。又有一家常賣人肉燒烤，有一子將他父親活殺吃了。有一家父子將一女人活殺吃了，這是一宗真事。

觸目驚心。慘絕人寰。傷痛欲裂。當時類似這樣的記載多如牛毛，閱讀丁戊奇荒時期的檔案文獻，眼睛在流淚，心在滴血。

消息上報到京城，宮廷裡亂成一團。在短短的四、五個月時間裡，年僅六歲的小皇帝光緒十次親往大高殿拈香祈雨。清廷的實際掌舵人慈禧太后更是陷入深深的憂愁之中，據德齡公主[3]在回憶錄《清宮二年記》中記載：四月初，太后因久旱無雨而憂愁。她每天退朝後都祈禱求雨，持續了十多天毫無結果。為了求雨，太后下令宮中禁止肉食，又禁止全北京城殺豬，期盼冀此感動神明降雨。

僅僅是太后和皇帝在宮中心急如焚是不夠的，務須趕緊派得力大臣前往賑災。閻敬銘一生為官多是理財，這一年，他被朝廷調派前往山西視察賑務。

閻敬銘做官，最為人稱道的是其節儉。他穿的土布官袍是妻子親手所織，布料又厚又硬，時稱褡褳布，雖然不好看，但是耐磨耐髒。有傳聞說，閻敬銘在衙門裡辦公，他妻子將織機安放在暖房內，前往衙門辦事的官員打從此地經過，能清晰聽見織機的軋軋聲。凡他屬下的官員，如果穿著綾羅綢緞縫製的官袍來晉見，必定會遭致一頓訓斥。久而久之，褡褳土布價錢暴漲，甚至貴過了絲綢價格。有一個姓白的書生考中了進士，分配到山西任知縣。他借了一套華麗的官袍，再佩上名貴的扇子、荷包等飾物，去見閻大人。閻敬銘見狀，將白知縣狠狠訓斥了一頓。豈料白知縣昂首答道：卑職剛到山西，所得俸祿微薄，尚且不夠添置褡褳土布官袍，望閻大人海涵。一席話，說得閻敬銘無話可答。

閻敬銘本人極其節儉，他所推薦保舉的人也都是同類，甚至有過之而無不及。其中，以二李最有名。

「天下儉」李用清，因為兩件事太過節儉，甚至到了吝嗇的地步，竟受到朝廷彈劾。一件事是，夫人生子時，捨不得花錢請接生婆，結果接生時因剪刀生銹，剛出生的嬰兒不到七天便得破傷風死了，夫人傷心過度，不久也跟著死了，官場中的同僚對此議論紛紛。緊接著又發生了第二件事，李府中有個老僕人跟隨夫人多年，知道主人李用清不肯花錢為夫人厚葬，自己掏腰包買了口楠木棺材。李用清得知後，嫌僕人過於破費，硬是逼老僕人換了口薄棺材。老僕人要為死去的嬰兒置辦棺材，李用清訓斥道：「才幾天的嬰兒，哪裡需要用這等貴重的東西！」通知家僕將嬰兒的屍體放入夫人的那口薄棺材中，一起埋掉。這麼兩件事，同僚們認為不可理喻，於是有人捉刀，搜羅了李用清的一些材料，上了道奏摺。李用清被彈劾罷官數年後，慈禧太后想起了這個人，決定重新起用。李用清接到懿旨後，捨不得花錢雇一車一馬，從故鄉山西平定步行走到京城，一路五六百公里全靠一雙腳板。皇城根下的京官們聽了，一個個都覺得驚訝，認為不可思議。

「一國儉」李嘉樂略有遜色。他任官江西布政使時，剃頭從來不去正規的理髮店，而是去街頭找剃頭挑子。剃完頭，親手將二十文銅錢交付到剃頭匠手中，自以為出手很是闊綽大方了。有一次他問聽差：「剃頭師傅應該很高興吧？我每次都給了他二十文。」聽差的據實答道：「外面剃頭，最少也得四十文，何況大人是做官人家。不瞞您說，每次大人剃完頭，那個剃頭匠都要拉住我不讓走，只好再墊付二十文。」李嘉樂大怒：「我在家鄉剃頭，一次只需十二文。現在給他二十文已經多了，哪有再添二十文之理？真是豈有此理。好了，以後我不找他剃頭，連二十文都可以省下。」李嘉樂說到做到，從此剃頭不再找剃頭匠，而是在家中由夫人玉手代勞。每次李嘉樂剃完頭上衙門，他那剪得參差不齊的頭總是免不了惹人背後恥笑，李嘉樂問衙役，眾人笑什麼？衙役不便直說，只好搖頭不語。

這樣兩個極度節儉的官，閻敬銘十分欣賞。閻敬銘認為，做官必從一個「儉」字著手，才能夠「無欲則剛」。因此，閻敬銘無論到什麼地方去做官，都喜歡帶上這兩個助手。

據史料載，閻敬銘接到朝廷的任命後，身穿自家夫人親手織縫的褡褳土布官服，一路「敝車荊服，行李蕭然」，直奔災荒重地山西。他與屬從「天下儉」李用清二人，騎著兩頭驢，帶著三五個僕人，日夜行走在蒼茫的古晉道上。凡災難輕重，食糧轉輸要道，全都悉數記之於冊。一路上，閻敬銘的心情沉痛而又凝重。在給清廷的報告中他寫道：「往事二三千里，目之所見，皆素鵠面鳩形；耳之所聞，無非男啼女哭。枯骸塞途，繞車而過，殘喘呼救，望地而僵。」

有一則掌故，說閻敬銘入山西省後，從來不宴請賓客。凡晉省官員來見，都是清茶淡水，相當儉樸。有一次，某學政中午來到閻府，正逢上開飯時間，閻敬銘只好請學政吃飯。學政入座後，只見餐桌上，一碟青菜，一碟豆腐乳，一碗糙米飯，再加幾塊燒餅。飯菜剛端上來，閻敬銘拿起燒餅，掰開就吃。起初那學政以為還有菜，見閻大人已經開吃，才知道飯菜上齊，面有難色，勉強吃了一碗糙米飯。後來有人提起這事，學政搖頭苦笑：閻大人哪裡是請客，簡直是在祭鬼。

閻敬銘在山西賑災，一路考察目睹慘像，憂心如焚。他一方面奏報朝廷撥款調糧實施救濟，另一方面從長遠備荒著手，建倉儲糧，逢災救民，選定建倉位址，得到朝廷批准後抓緊施工。更加為人稱道的大手筆是嚴肅執法，查辦了貪官段鼎耀，彈劾了禮部尚書恩承、都察院童華對地方的干擾。在其苦心經營下，山西災情終於有所緩解。

關於查辦貪官段鼎耀一事，經過如下：

先是有人舉報，吉州知府段鼎耀，貪污賑災款四千四百兩白銀，容河知縣王性存，貪污賑災款一千兩白銀。閻敬銘接到舉報信函，第二天即現場辦公，正當吉州知府段鼎耀坐在公堂上看一堆公函時，早已準備就緒的幾個衙役如猛虎下山撲上前去，將段鼎耀撲倒抓獲。經過連夜突擊訊問，段鼎耀低頭伏法，交待了貪污賑災款的數目。後解送至京城，皇帝親自審問，定罪為死刑。

清人李嶽瑞在野史掌故集《春冰室野乘》中記其事：吉州知府段鼎耀，冒名侵吞賑災款無數。召至京城，皇上親自審問，山西眾官吏聞知後，皆恐懼而不敢作聲。晉人歌詠其事，常將閻敬銘比作包青天。

當發現一個政府官員侵吞救濟金中飽私囊時，剛正廉潔的清官閻敬銘能有如此舉措，奏報朝廷下令處決，這種果敢的行動震懾了其他官員。既能在一定程度上使得其他官員免於腐敗，又能使鄉村秩序不至於失序。如果從全域來考察，重點留意於整頓吏治和穩定社會秩序，無疑是賑災之要著。如果吏治不清明，秩序不穩定，恐怕會花費甚巨，賑災的效果也會微乎其微。

無怪乎晚清大臣、清流黨著名人物張佩綸，在得知段鼎耀被奉旨正法、執行死刑後會大唱讚歌：「大哉聖人！殺一貪吏，足以奏效百僚。」

閻敬銘不僅治標，而且還立足於治本。為什麼會發生「丁戊奇荒」？閻敬銘一行在山西災區沿途的考察調研中發現，要說大旱兩年便慘像如此劇烈，原本也不至於。一來是山西太窮，即便是豐年，老百姓也只能半饑半飽，何況災荒之年？「丁戊奇荒」更主要的是罌粟苗害的。山西人圖眼前利益，看見種植罌粟苗利潤豐厚，於是紛紛毀莊稼而種罌粟，各家各戶糧倉裡已多年不存糧食了，各州縣的倉庫也無糧可貯。山西山多路陡，運輸不便，旱災降臨時，拿著銅板卻買不到糧食，只有滿街巷的鴉片煙館，老百姓只有死路一條。

旱災只是表相，深究病源，都是那一望無垠的絢麗罌粟花所害。按照閻敬銘的主張，必須改花田（罌粟）而種五穀，然後休養生息，逐漸恢復元氣。

發生在光緒初年的「丁戊奇荒」，當時就受到了全世界目光的關注。據駐英大使郭嵩燾在日記中記載，英國駐華大使阿禮國曾經在倫敦同他探討過「丁戊奇荒」的原因。阿禮國也認為，之所以發生大災荒，是大自然對人類掠奪無度的報復。他說：「災荒由栽植樹木太少所致。從前恭親王問我是否有救旱之術？有。首先是下詔，讓農民種田種樹。樹林繁密，能引天上之水氣以興雲作雨，亦能留地下之水以養育萬物。」④

閻敬銘赴山西賑災，不論其功勞大小，至少苦勞是少不了的。但是他的付出並沒有得到相應的回報。清廉儉樸者是官場的公敵，他們破壞了官場的潛規則，讓官員們個個去當苦行僧，把官場變成了沒有油水可撈的清水衙門。這樣一來，無論上級還是下級，搞得大家都沒有面子，臉上無光。

有意思的是，不僅官場中的貪官污吏容不得閻敬銘，連在官場中標榜風節的清流人物，似乎也對閻敬銘有諸多意見。

晚清京官李慈銘，嗜書成癖，三十餘年堅持寫日記，他有愛恨分明的強烈個性，對於看不慣的人或事情，常常不假辭色，當面破口大罵。他自稱為清流黨這頭蠻牛身上的跳蚤，在惹事生非這點上，此人和跳蚤倒確實有幾分相像。

李慈銘對於口碑甚好的閻敬銘，倒還不敢怎麼樣。但對於閻敬銘舉薦的，以清廉節儉著名的李用清，就沒有那麼客氣了。他在日記中說李用清「文字拙陋，一無才能，惟耐苦惡衣食，捷足善走，蓋生長於窮鄉僻壤，世為農氓，本不知人世甘美享用也。」又嘲笑李用清的清廉儉樸，無非像馬不吃肉只吃青草一樣，並不是什麼稀奇事，不能說明那人有多高尚，只是他生性如此罷了。在京都，人人都把李用清的節儉當作笑柄呢。

另一位清流人物文廷式，矛頭直指閻敬銘。他在《知過軒隨錄》中這樣寫道：「閻敬銘辦山西荒務，幾舉山西之荒田而有其半，可謂無恥。此與張之洞所云荒年正宜買田，同一用心也。國家宰相相傳之法如此，可慨哉！」

文廷式指責閻敬銘趁賑災之機，買下了山西省一半的荒田。如果實情這樣，閻敬銘果真當得起「無恥」二字。然而，實際情況是，除了在山西購置了一塊土地建別墅外，閻敬銘在山西並無其他田產。那麼，文廷式純粹是詆毀和汙損。依文廷式的人品，他應該不會如此。但是究竟是什麼原因使他在隨錄中寫下了這麼一筆？恐怕是個永遠也說不清楚的謎。

在制度性腐敗、結構性腐敗的大清，貪污腐化已經成為官場的流行文化。任何人，如果不同流合污，就是官場中所有官員的敵人。「舉世皆濁我獨清，眾人皆醉我獨醒。」這話放在嘴巴上說說可以，如果真要施行，就不會那麼輕鬆。如果在官場中不能隨大流，你便會被視為異類。而異類，往往會死得很慘。

①緡，古代計量單位。緡為十串銅錢，每串銅錢為一千文。

②進士經過殿試後，除一甲三名授修撰、編修外，其餘一部分選為庶起士，由特派的翰林官教習。這個期間被稱作「散館」。

③清廷駐法國大使裕庚的女兒，真名裕德齡，筆名德齡公主。曾擔任過慈禧太后的英文翻譯，旅美後用英文寫下了她的這段經歷。

④轉引自姜鳴《天公不語對枯棋》第二九一頁）。

鬥法內務府

前面第一章講過，內務府是整個大清王朝油水最肥的衙門。在內務府當差來錢快，上任沒幾天就能在寸土寸金的北京城置辦深宅大院。

內務府的組織淵源於滿族社會的包衣（奴僕）制度。在內務府裡當差，必須得是滿州八旗中的上三旗（鑲黃、正黃、正白）所屬的包衣。其最高長官內務府大臣，為正二品官銜，和各省總督是一個級別。

有一個故事是這樣的：

光緒二十年（一八九四），甲午年，這一年爆發的中日甲午大海戰，北洋水師全軍覆沒，中國軍隊慘敗，清廷被迫簽訂了喪權辱國的《馬關條約》。甲午戰爭給中華民族帶來了空前嚴重的民族危機，是中國人心頭上永遠的一塊傷痕。

中日甲午戰爭是一幕大劇，圍繞這幕大劇上演的還有若干小插曲。比如說，慈禧太后這一年是六十歲生日，按中國人的老習慣，一個人到了六十歲，該是休息的時候了，慈禧太后一生辛勞，她打算退居二線頤養天年，好好享受人生。

這個鐵娘子，晚年的行事作派處處模仿乾隆皇帝。乾隆晚年將皇位傳給了兒子嘉慶，派人修建了寧壽宮，準備做太上皇時在此養老；慈禧也於她五十五歲時宣佈撤簾歸政，將權力交給光緒皇帝，搬入寧壽宮居住。乾隆過生日時，要去圓明園慶賀，並在沿途大擺排場；慈禧也想依瓢畫葫蘆，去頤和園好好風光一回。殊不料，正當慶典籌備緊鑼密鼓進行之中，甲午大海戰打響，黃海上轟隆隆的槍炮聲驚擾了慈禧太后的美夢。眾所周知，頤和園是挪用了海軍經費建成的，因此後來有人作詩諷刺說，北洋水師的鐵艦全軍覆沒，倒是頤和園的石頭船永遠也不會沉。

六十大壽是件大事，清廷打算撥出三千兩白銀的專款，為慈禧太后舉辦盛大的慶壽典禮。北京城裡的大小官員，一個個都像發了瘋似的紛紛出動，到處找關係托門路，要在大壽慶典活動中插一腳，爭取到一兩個專案，想盡法子去撈錢。同時，各路諸侯給慈禧太后送壽禮，也成了官員們日程表上的重要安排。

連光緒皇帝也不例外。這一天，光緒皇帝正坐在勤政殿裡發愁，眼看著太后的六十大壽就要到了，大小官員們競相送禮，光緒不能不有所表示。聽說內務府裡最有能耐的官是慶寬，於是光緒召來了慶寬，對他說：「我要給太后壽禮，你為我去準備一下。」

慶寬領旨之後，命人精心打了四個金鐲子樣品，呈到慈禧太后面前，說道：「皇上要給老佛爺壽禮，四個鐲樣，請旨老佛爺喜歡哪樣，就打哪樣。」慶寬以為慈禧會從四個鐲子中挑選一個，哪知慈禧一看金絲絨託盤上那四隻閃爍著光澤的金鐲子，掩不住內心的喜歡，毫不含糊地說：「四個鐲子我都要！」

慶寬將慈禧太后的話如實向光緒皇帝回奏。光緒問：「四個金鐲子，需要多少錢？」慶寬答道：「值四萬兩銀子。」光緒一驚，臉上頓時微微變了顏色，望著站在對面的慶寬，一句話脫口而出：「你這豈不是要抄了我的家？」

這句話後來被人認為是不吉利的讖語。不久，戊戌變法失敗，珍妃被投入胭脂井，光緒皇帝遭致囚禁瀛台。本來是給太后送壽禮，光緒為何驚呼「抄家」？原來，慈禧六十大壽，她雖然不拒絕官員們送禮，但是有個規矩，送禮必須私人掏腰包，不許用公款。至於有的官員手腕高明，將送禮的帳目拿到公款中去巧妙沖銷，那是慈禧太后管不著的事兒。對於光緒皇帝來說，他對這些名堂不懂，也沒有帳目沖銷的地方，給太后送壽禮不能報銷，得用自己的私房錢支付。而據傳，光緒的私人儲蓄是四萬兩銀子，存在皇宮後門的一家錢鋪裡生利息。四個金鐲子要花去他的全部積蓄，讓光緒皇帝吃驚不小，心理上也難以接受。

這個慶寬何許人也？竟然連光緒皇帝也敢欺負。

民國時期，有人化名「老吏」寫了本書，名為《貪官污吏傳》，記錄了晚清貪官污吏數十人的醜行。其中關於慶寬，有較為詳細的敘述。

慶寬（一八四八～一九二七），原來是個漢人，本名趙小山，字筱珊，號松月居士，晚號塵外野叟，祖籍遼寧鐵嶺人。這個趙小山，小時候家境貧寒，無錢讀書，家裡人托親戚將他送到北京城，在靈光寺裡當小和尚，好歹也算謀一口飯吃。

趙小山機智靈活，聰明好學，手腳勤快活泛，在靈光寺裡待了幾年，深受寺廟裡的老方丈喜愛。趙小山從小喜歡畫畫，經常用古人王冕學畫的故事自勉，王冕小時候家裡很窮，只念了三年書，就去給人家放牛。他一邊放牛一邊讀書學畫，照著湖裡的荷花描摹，開始畫得不像，可是他不灰心，天天畫。後來，王冕畫的荷花就像剛從湖裡採來的一樣。這個勵志故事，對慶寬的影響很大。

靈光寺的老方丈社會交遊廣泛，與各路名人多有交往，一來二去，慶寬也結識了不少江湖名流賢達。慶寬的履歷表中，可以清晰地看到他在畫壇上一路走來的痕跡：初從山東袁瑞壽學畫，專工筆；複從名師戴醇士學山水；後拜河南王丹麓學花卉、翎毛、草蟲。他潛心好學，精於水墨、丹青技藝，後來成了晚清有名的宮廷畫師。光緒皇帝舉行大婚典禮，慶寬奉旨繪畫典禮全景圖，工筆彩繪人物栩栩如生、禮儀圖盡其態，極為工細，被時人稱作宮殿中的「清明上河圖」。光緒十四年（一八八八），京城頤和園興工，由慶寬設計繪圖，凡宮殿、樓臺、館閣亭榭以及點綴各景圖樣，皆出自於他的手筆。

慶寬的發跡，得力於醇親王奕譞。奕譞是道光皇帝的第七子，咸豐皇帝同父異母的弟弟。他的二兒子載湉是光緒皇帝，妻子婉貞是慈禧是親妹妹，因此，在清宮中，醇親王奕譞與慈禧太后的關係非同一般。

晚清官場，由清流黨成員帶頭，掀起了一陣金石古玩熱，帶動了官場中的玩樂風，引起了士大夫們交往方式和生活方式的改變。他們熱衷於酒肆宴客，詩詞唱和，以金石學為敲門磚，成為士子們博名士頭銜的一種途徑。

王公貴族們附庸風雅，紛紛找金石家、書畫家交朋友。一時間，京城琉璃廠整天熱鬧非凡，書畫成了官場腐敗的工具，商人買畫賺錢，當官的送畫升官，兩邊各得其所。醇親王奕譞沒什麼文化，見前來主動投靠的慶寬很能畫幾筆，將慶寬視為唐伯虎式的大才子。

後來，醇親王奕譞又將慶寬推薦給慈禧太后。慈禧文化不高，但是很好學，對那些能夠寫寫畫畫的人，她打從內心裡比較看重。早年，慶親王奕劻就是通過幫助慈禧給家人寫信，才得到她的賞識和提拔的。醇親王奕譞向她推薦了畫師慶寬後，慈禧心裡是蠻高興的。平日時慈禧也喜歡畫幾筆，她最愛畫牡丹、蟠桃、松樹、葡萄，在畫師慶寬的指點下，慈禧的工筆劃有不小的長進。

慶寬攀上了慈禧這棵高枝，趾高氣揚的本性逐漸流露出來。人人都說內務府裡好撈錢，為了混進內務府，他搖身一變，將趙小山的名字改成了慶寬，成了漢族旗人。慶寬進入內務府後，被慈禧太后賞給了紅頂戴，並給他安了個官職：柴炭司郎中。

柴炭司郎中平日裡是個閒職，只是到了冬天才要忙一陣。慶寬擔任了這個職務後，依然專心畫他的畫，壓根不把柴炭司的工作放在心上，整天也懶得去上班。到了這年冬天，一場鵝毛大雪紛紛揚揚飄灑下來，大地上變成了白茫茫一片。那天上午慶寬正在院子裡畫一幅花鳥畫，忽然看見一群人由遠而近湧來。那群人吵吵嚷嚷，腳步越來越近，吵鬧聲越來越大。

原來，來者都是宮裡各部門的太監們，他們到柴炭司去領木柴和白炭，到處找不到慶寬的人，方才鬧哄哄尋到了這裡。

宮廷畫師的身分，又是慈禧太後身邊的寵臣，使得慶寬平時在清宮中驕橫跋扈慣了。他哪裡把這些太監們放在眼裡？話沒有說幾句，慶寬一下子暴跳如雷，提起拳頭打倒了一個白臉小太監。這樣一來，院子裡那些熙熙攘攘的太監們不幹了，他們拉住慶寬的衣袖講理，幾個力氣大的索性一不做二不休，湧上來將慶寬放倒在雪地上，拿根繩索將他捆綁了起來。

事情鬧到了光緒皇帝那兒。平時，光緒就耳聞到慶寬的種種劣跡，對這人打從骨子裡感到討厭。光緒擺擺手，讓內務府派人來，先將慶寬關幾天禁閉，再聽候處置。可是，這事後來仍然不了了之。第二天，朝廷某相國親自來說情，開口便說慶寬是醇親王奕譞賞識之人，又是慈禧太后眼皮子底下的紅人，何況此人也並無大罪，還是請趕緊放人吧。光緒皇帝沉吟一陣，搖頭歎息，也不便再說什麼，只得通知人將慶寬放了。

閻敬銘出任戶部尚書時，曾有與慶寬打過交道。有一天，閻敬銘到內務府去辦事，無意中聽到有人在說，最近出去採購了一百個箱子，每個箱子報銷六十兩銀子。閻敬銘心想，一個箱子要價這麼高，這裡頭肯定有貓膩。

等到一個奏對的機會，閻敬銘向慈禧太后彙報完畢正事，順帶提到了箱子的事情。閻敬銘說，市場上箱子不會超過六兩銀子，內務府明顯是在報花帳，淨使些騙人的勾當。慈禧笑了笑，連連搖頭說：「你別聽人嚼舌根子，市場上的箱子哪能這麼便宜？」

閻敬銘心想，慈禧太后一定被人矇騙了，不瞭解市場行情呢。

第二天，閻敬銘帶著兩個僕人，興沖沖跑上街去買箱子。不料所有的箱包店都關門歇業，好不容易找到一個箱包店開著門，走進去還沒等開口，店裡的老闆壓低了嗓子說：「昨天宮裡來人了，通知箱包店一律停業，如有違反，以後生意就做不成了。」

拿著銀子，在北京城裡買不到箱子。閻敬銘只好給天津道台寫信，請天津道台幫忙代購箱子。一晃十來天過去了，天津那邊消息全無，連送信的人也不見蹤影。後來閻敬銘才知道，有人給了送信者一筆銀子，讓他趕快滾，滾得越遠越好，不然小命不保。閻敬銘聽了這個結局，只能一個勁搖頭苦笑。

光緒二十年（一八九四），朝廷為籌備慈禧太后的「萬壽慶典」，專門設立慶典處，由慶寬主其事。慶寬通過私底下的運作，包攬了慶典的所有採購項目。他大報花帳，從中牟利無數。不僅如此，慶寬得了若干好處卻仍然不知收斂，氣焰咄咄逼人，得罪了很多人。內務府的旗人們本來就對慶寬包攬採購項目不滿，又見他囂張跋扈，動輒罵人。終於有人忍俊不禁，推舉一滿人御史寫下了奏摺，列舉了慶寬的十幾樁罪狀。其中最厲害的一條，是慶寬院宅中有一塊皇宮裡的下馬石，家中藏有御座，圖謀不軌。

奏摺呈報到光緒皇帝那兒，光緒下令成立專案組，由戶部尚書敬信擔任組長，何剛德、溥倬雲擔任組員。

何剛德是江西人，曾在清廷吏部任職多年。此人民國後埋頭著述，撰寫有野史筆記多部，據他在《春明夢錄》中回憶：慶寬專案組成立後，光緒皇帝曾多次召見他們，叮囑務必將慶寬辦個死罪。可是，一連多少天查核下來，並沒有查到可以定死罪的真憑實據。

有一回，光緒再次召見敬信等人。光緒一臉嚴肅，怒氣衝衝地說「今天說無罪，明天說無罪，他家藏御座，難道不是罪名嗎？」敬信不敢輕易吭聲，低頭諾諾。這之後，清廷軍機處派人到慶寬府宅去抄家，抄得三千兩白銀，另有珠寶、玉器、古董和字畫若干。

在光緒皇帝的極力主張下，慶寬被革職處理，案子也暫時告一段落。

過了一些日子，慶寬居然又在江西出現了，其身分是江西鹽法道。原來，慶寬被光緒皇帝處置後不久，江西鹽法道空缺，需要有人去頂替。吏部幾個主要官員在一起開會商量後，集體決定：推舉慶寬去出任這個肥缺。一個被皇帝革職的內務府郎中，搖身一變成了實權在握的正四品地方官，不管他走了何人的門路，不管慈禧太后是否在暗中相助，這一事實本身就像是個荒唐可笑的諷刺小品。

戶部尚書新上任

同治、光緒年間，雲南、廣西一帶戰亂頻繁，清廷不得不調兵遣將鎮壓。到了光緒五、六年的光景，平定了雲南亂事，邊疆的老百姓終於可以休養生息，好好過一過太平日子了。當地官場的頭領們心裡頭更是鬆了一口氣。硝煙瀰漫、戰火紛飛的日子太難熬了，如今戰亂結束，好似滿天烏雲忽然撥得雲霧開，頭上的天空一下子變得晴朗起來。

戰爭期間，軍費開支頻仍，而且數目巨大，所謂「軍旅一興，費靡巨萬」。若干開支都是在戰場上臨時決定的，帳目經常混亂不清，更加上經辦的官員們從中貪污受賄，中飽私囊，許多帳目無法合攏，這是件讓人頭痛的事情。

於是，雲貴總督劉長佑、雲南巡撫杜瑞聯作出決定，派善後局總辦崔尊彝、永昌知府潘英章攜帶一筆款子，進京城去打點各路菩薩，疏通關節。

光緒七年（一八八一）秋天，崔尊彝、潘英章二人來到了京城。歷朝歷代，各省官場都在京城安插有耳目，打聽高層的動向，以便決定自己下一步的行動。他們通過耳目瞭解到的情況是，在這件事情上，有一個人能夠說得上話，這人叫周瑞清。

周瑞清，廣西桂林人，進士出身，如今任光祿寺卿，是正三品的京官，同時擔任軍機章京。對於崔、潘二人來說，周瑞清後一個「軍機章京」的角色尤其重要。軍機章京俗稱「小軍機」，在執掌清廷大權的軍機處，這些章京們雖然只是小小的辦事員，但卻八面威風，因為只有他們，才能夠在朝廷大臣面前說得上話。而在一樁事情決策之前，章京們在朝廷大臣面前說的話往往很管用。

崔尊彝、潘英章二人在京城胡同裡繞了一陣，來到了周瑞清的四合院裡。見面幾句寒暄，無非是噓寒問暖，家長裡短。原來，崔尊彝與周瑞清以前就都是熟悉的官場朋友。周瑞清有個侄子，花錢買了個知縣官銜，分發到雲南。誰知一進入邊疆，水土不服，得了重病臥倒在床。多虧崔尊彝及時請醫生治療，方才救下了一條命。不久，崔尊彝的堂弟崔應科中了舉人，進京北漂，周瑞清投桃報李，適時伸出援手，將崔應科收留在身邊成了門生。周瑞清在京城做京官，僅僅靠檯面上的薪俸過日子，哪裡能過得如此滋潤？因此，他需要背靠一棵搖錢樹，遠在雲南當軍務糧道的崔尊彝就是這棵搖錢樹。而對於崔尊彝來說，坐在軍務糧道這個肥任上，錢不是問題，他需要在京城裡有個耳目，為自己留下一條退路。

寒暄一陣之後，話題轉入正道。

清朝時的官制設六部，分別是戶部、吏部、禮部、兵部、刑部、工部。每個部設尚書兩名，滿人、漢人各一名。清朝一直對漢官有抑制傾向，表面上看，滿人尚書比漢人尚書的權利要大。但是進入晚清之後，漢官的地位直線上升，許多滿人官員顢頇昏聵，尸位素餐，在官場上不作為，實際上已形同擺設。最典型的一個例子，是滿人官員肅順主政時的故事。作為一個滿人高官，肅順十分瞧不起自己的滿官同類。他平時對待滿人官員極為粗暴，視同奴隸般喝來喚去，但是對漢人官員卻很謙恭。肅順經常掛在嘴邊上的一句話是：「咱們旗人渾蛋多，什麼都不懂，只會混日子。漢人是得罪不起的，他們一個個都厲害著呢！」

光緒七年前後，戶部的滿人尚書是景廉。這個人常年在邊疆作戰，調回京城只是照顧一下關係，他對戶部的事務一概不懂，平時也懶得過問。實際執掌戶部權柄的是戶部尚書大學士王文韶。

王文韶在京城做官多年，諳熟官場裡的各種門道，為官極其圓通。此人在官場上有個綽號叫「琉璃蛋」，平常倒還好，一遇到要害問題需要表態，他往往都是推三躲四，裝聾作啞。有這麼一件掌故：一天，兩個大臣在宮廷上為某件事爭吵起來，相持不下。慈禧太后一時無法決策，問站在一邊不說話的王文韶，王不吭聲，只是莞爾一笑。慈禧再三追問，王文韶仍然只是笑。慈禧太后嗔怒道：「你是怕得罪人？看來別人沒有說錯，你真是個琉璃蛋！」王文韶彎下身子，雞啄食似的連連點頭，臉上依然微笑如前。

周瑞清開口便直白表達，他與王文韶的關係不錯，至於滿人尚書景廉那兒，只需要拿銀子打點一下，也不難過關，整個事情辦下來應該問題不大。但是，戶部執掌朝廷的財政權柄，每天都和白花花的銀子打交道，有道是，有錢鬼也推磨，無錢寸步難行。且不說那些部曹司官，就連部裡的書辦、胥吏，一個個也喉嚨深得要命。還有，凡是軍費報銷案子，雖然由戶部主管司承辦，卻一定要知會兵部和工部，牽涉既廣，各方面都需要疏通關節，自然在銀兩上不能太少。

「這個好說，這個好說。」崔尊彝點頭應承道。

過了兩天，由周瑞清牽頭，找到了一個關鍵性的人物。這個人叫孫家穆，任戶部雲南司主事，直接負責雲南軍費報銷事宜。他們在萬福居酒館包了個廂房，酒桌上賓客坐定，一陣杯箸交錯之後，雙方便你一句我一句地說了起來。

孫家穆是安徽黃山人，說話帶有濃濃的鄉音，聽起來有幾分吃力。好在有「京城通」周瑞清在座，難懂的地方有周瑞清翻譯，兩邊勾通起來也沒有多大障礙。孫家穆的意思和周瑞清前兩天說過的差不多，無非是戶部人多眼雜，務必小心從事，這種事情不是一兩個人能辦得了的。因為關卡多，涉及到的人就多。哪個人得不到好處，或者拿的錢太少，事情都辦不成。

「孫大人見多識廣，這事不妨直說，到底要多少銀子？」崔尊彝笑眯眯地站起來敬酒，臉上笑得像一朵花。

孫家穆撚動幾根指頭，佯裝盤算的樣子揣估了一會，開口說了個數目：「無論如何，沒有十五萬辦不下來。」

在場的人個個都是官場老油條，他們見多識廣，心裡明白，既然孫家穆說了這個數目，自然有還價的餘地。開口要十五萬，實際辦下來恐怕連五萬兩銀子都用不著。最近這些年，清廷貪腐之風越演越烈，京城大小衙門的官員們胃口越來越大，一個個簡直都成了餵不飽的獅子，張開血盆大口要吃人呢。

在場的雲南官員潘英章臉色有些掛不住，他皺著眉頭，一個勁地直捏鼻子。崔尊彝則要冷靜許多，臉上依然笑著，打著哈哈。在場的另一個名叫龍繼棟的官員，是廣西桂林狀元龍啟瑞的兒子，他和周瑞清是老鄉，又與雲南司主事孫家穆是好友，兩邊的人都熟悉，插在中間打圓場，提議減至十三萬。崔尊彝嘴裡也不說嫌多，只說事關重大，他和潘知府兩個人都做不了主，得請示雲南省府那邊，才能定下來。

實際上，在崔尊彝和潘英章的心裡，仍然認為要價太高，有獅子大開口的味道。他們不便明說，怕鬧得個不歡而散，事情弄僵了，將來難以回轉。

一來二去，這個事情就擱了下來。

眼看到了年底，事情仍然沒有談妥。忽然有消息傳來，慈禧太后準備以工部左侍郎閻敬銘為戶部尚書。閻敬銘是有名的清官，以耿介出名，他處理事務乾脆果斷，挾霹靂手段，尤恨貪贓枉法。

這一回是孫家穆主動開口，讓周瑞清再請雲南來的官員崔尊彝、潘英章到酒館裡小聚。地點仍然定在萬福居酒館，賓主雙方坐定，開口便直奔主題。

兩邊都知道了閻敬銘即將走馬上任的消息，事情談起來就利索得多。崔尊彝、潘英章心裡著急，擔心戶部新尚書上任後，一旦認真查核以前的老賬，雲南官場必然會鬧一場大的政治地震，這且不說，他們本人也將前途黯淡，說不定連身家性命都難保。孫家穆這邊也是一樣著急。眼看著就要到口的肥肉吃不成，煮熟的鴨子又飛了，怎麼想都不甘心。於是經周瑞清在中間說合，雙方各作讓步，以八萬兩銀子的價格成交。

據《閻敬銘年譜》記載：「光緒八年（一八八二），屢詔征之，乃入朝，授戶部侍郎。至之日，朝謁孝欽（慈禧），諮理財法，條對甚悉，太后傾心聽之。同年，授戶部尚書。」也就是說，慈禧多次徵召，調閻敬銘入京城，經過一段時間考察後，正式任命他為戶部尚書。上任之前，慈禧太后在養心殿召見了他。

「都說你辦事辦得好，又會理財。戶部掌管國家財政命脈，如果管理無方，帳目混亂，就會成為官員們貪污枉法的保護傘。這次派你到戶部接手，身上責任重大。」慈禧對閻敬銘一通表彰之後，說出了這番話。

「是，臣盡力去辦。」閻敬銘畢恭畢敬地回答。

到戶部上任的第一天，閻敬銘就親自看賬，並叫來檔房司官，指著賬薄查問了幾個數目。核查的結果使他很失望。無論是領辦，還是會辦，都不清楚部庫裡的存銀多少，盈虧如何，有好幾個司員甚至連最普通的看賬、算帳都不會。

閻敬銘在給皇帝的奏摺中這樣寫道：「滿員多不諳籌算，事權半委胥吏，故吏權日張，而財政愈棼[①]。欲為根本清厘之計，凡南北檔房及三庫等處，非參用漢員不可。」

奏摺中的「三庫」，指的是銀庫、綢緞庫、顏料庫。銀庫、綢緞庫好理解，顏料庫是個奇怪的命名。這是個雜庫，包羅萬象，無奇不有。掌管國家財政的戶部何以會有這樣一座庫房？誰也說不清楚。有人猜測，戶部有此物庫，大致起於明朝萬曆年間徵收礦稅之時。礦山遍佈天下，民間的名產珍物，通過繳納礦稅的名義被送往京都，終年絡繹不絕，才設了這樣一座顏料庫。綢緞庫和顏料庫，是全國貢品等實物的收藏處，堆積如山，雜亂無章，滿地的綢緞、布匹、藥材、紙張、檀香、黃蠟、石綠、朱砂等物，五色粲然，混在一起，堆積成厚厚一層，日積月累，大都黴爛，鼠咬蟲蛀，處處狼藉。進出帳目都是一團糊塗的流水帳，翻掉幾頁，根本看不清眉目。司官、差役無人不貪，掌出納的掌庫，大稱進，小稱出，天平砝碼不准，弊端累累，疑竇重重。

閻敬銘親自入庫清點，清查了幾十年的庫藏和出納帳目，他還參奏了號稱「金剛」的幾個官員。閻敬銘大刀闊斧的整頓舉動，震動朝野。

在整頓戶部積弊的過程中，影響最大的是雲南報銷案。

閻敬銘上任後沒幾天，光緒皇帝發了一道諭旨：「御史陳啟泰奏：太常寺卿周瑞清，包攬雲南報銷，經該省糧道崔尊彝、永昌知府潘英章來京匯兌銀兩，賄托關說等語，著派麟書、潘祖蔭確切查明，據實具奏。欽此。」

諭旨的字裡行間頗有深意。麟書、潘祖蔭是刑部的滿漢尚書，著派他們二人查案，意味著此案關係重大，極有可能涉及到戶部的上層領導。

戶部的上層領導一個是滿人尚書景廉，一個是漢人尚書王文韶。這兩個人都是軍機大臣，相當於政治局常委一級的人物。如果案子真的涉及他們，清廷的高層官場就等於將有一場政治地震。

查辦案件的事項正在暗中緊鑼密鼓地進行。潘祖蔭和麟書接到諭旨後，第二天便派出司官去採聽雲南糧道崔尊彝和永昌知府潘英章的下落。司官打探的結果很快稟報上來了，永昌知府潘英章已經回雲南了，糧道崔尊彝卻很奇怪，在這風聲鶴唳的節骨眼上，他請假回安徽原籍掃墓。這明明是聽到風聲不妙，有意避開。司官還壓低了聲音，表情神祕地彙報說：坊間有傳聞，說雲南糧道崔尊彝從滇池動身時，隨身帶了一口棺材。這就太顯蹊蹺了。到京城出差公幹，帶棺材做什麼？明擺著是心裡有鬼，此地無銀三百兩，暗地裡有什麼見不得人的勾當。

聽取了司官的彙報後，潘祖蔭、麟書商量了一陣，決定先去抓兩個人。一個是順天祥匯兌莊的掌櫃王敬臣，另一個是乾盛亨匯兌局的掌櫃閻時燦。因為在御史陳啟泰的原折中，提到崔尊彝、潘英章「匯兌銀兩」，就是由雲南匯到這兩個錢莊的。這兩處錢莊嫌疑重大，一查就靈。

王敬臣和閻時燦已經得到消息，但是並未逃走。因為一逃便是「畏罪」，再也百口難辯了。所以等官差一到，兩個掌櫃泰然處之，乖乖地跟著進了官府。

將他們帶到刑部衙門，由秋審處的司官審問。先傳王敬臣，供稱是雲南彌勒縣人，到京城開錢莊已經五年，專門做雲貴兩省與京城的匯兌生意。問他與崔尊彝、潘英章是什麼關係？王敬臣回答，只是業務關係，做錢莊生意不能得罪客戶，來的都是客。問崔尊彝、潘英章有沒有匯款到順天祥錢莊匯兌？王敬臣回答，有的，從去年冬天到今年春天，陸續取用，次數記不清了，總共匯兌了六萬多兩銀子。

接下來審問閻時燦。閻時燦是山西平遙人，原來在太原開錢莊，生意越做越紅火，做到了京城，在巾帽胡同開設了乾盛亨匯兌局。問他的話和王敬臣差不多，他的回答也和王敬臣差不多。

案子正在偵察訊問的過程中，偏偏天象又示警了。上一年，西北上空出現了掃帚星，到了這年中秋，掃帚星又出現在東南。一時間人心浮動，謠言四處，有個湖北人叫洪良品，在江西道任御史，他上了一道奏摺，引經據典，論述古代每逢老天遇到異象必有災難，往往罷免宰輔，朝廷震動。接下來筆鋒一轉，提到了雲南報銷案。與陳啟泰奏摺不同的是，洪良品在奏文中直接點了戶部尚書景廉、王文韶的名。他寫道：

「近日外間哄傳，雲南報銷，戶部索賄銀十三萬兩；嗣因閻敬銘將到，恐其持正駁詰，始以八萬金了事。景廉、王文韶受賂遺巨萬，餘按股朋分，物議沸騰，眾口一詞，不獨臣一人聞之，通國皆知之。蓋事經敗露，眾目難掩，遂致傳說紛紜……」

御史洪良品也不知從哪裡來的底氣，他在奏摺中直言：請旨立即罷免景廉、王文韶。對於涉案的周瑞清等人，也請驅出軍機處，不能讓這類貪腐的小蛀蟲蛀空了清廷這幢高樓大廈。

這道奏摺雖然只點了景廉、王文韶的名，但是其他的高官看了，也不免黯然神傷。除卻同情景廉、王文韶的遭遇，有兔死狐悲的意味外，想想自己將來在官場上的處境，一種難過之情油然而生。

事情的關鍵，是看慈禧太后如何處置這份奏摺。希望大事化小，最好另有御史出來駁掉洪良品的奏摺，朝廷再來個「應毋庸議」，一場風波就過去了。

可是慈禧太后的態度讓人捉摸不定。大臣們議論起這件事時，慈禧並不明確表態，只說了句棱模兩可的話：「這事很奇怪啊！按說御史重名節，洪良品也不敢隨便冤枉人。」

過了幾天，諭旨發下來了。上頭明白無誤地寫著，諒洪良品不敢以無據之詞率行入奏，「著派惇親王、翁同和，飭傳該御史詳加詢問，務得確實憑據，即行複奏。」

這是個令人震動的消息。清朝慣例，但凡是親王參與過問的案子，都是最高級別的案子。雲南報銷案派惇親王奕誴過問，看來案件升級了。朝野上下，官員們議論紛紛，有人猜度誰會倒臺，有人揣測誰會上臺，許多人都預感到清廷將會發生一場大政潮，軍機班底大挪移，一場強烈的政治地震即將來臨，日光晦暗，烏雲密佈，徵兆越來越明顯了。

偏偏在這個關頭，從江蘇丹徒傳來一個消息：雲南糧道崔尊彝在旅途中忽然不明不白地死了。究竟是病故，還是服毒自殺，消息還不確定。

①棼，紛亂，整理一團亂麻找不到頭緒。

貪官之死

崔尊彝的老家在安徽黃山。這裡有個甘棠鎮，座落在黃山風景區與太平湖之間，風景優美，氣候宜人。「甘棠」源自於《詩經》，意思是稱頌地方官吏有惠於民。據說，清代以前這裡叫做「趕坦」，大意是地方平坦，可以加快行走步子。後來將趕坦改名為甘棠，是因為清代之後，此地文化逐漸發達，學士文人輩出，於是改用了古樸雅致的地名。

宋代末年，有個名叫崔壽的人從安徽宣城遷徙到了甘棠，在此地定居。經過上百年的繁衍生息，整個甘棠成了崔姓人家的天下，村子裡的人全部姓崔，雜姓門戶只能住在崔村週邊。說起來，甘棠的崔姓，明、清以來倒也出了不少高官和名人，崔師訓、崔惟植、崔廷健、崔起潛、崔廷宏、崔亮采、崔龍雲、崔學古、崔允文、崔允升、崔應玉……扳起指頭可以數出一長串。

崔尊彝出生在甘棠崔姓的大家族裡，家境充裕，條件優越，家中的金錢財物不計其數。他從小讀書也還不錯，可惜時運不濟，科舉場上屢遭挫敗。到了三十歲的光景，崔尊彝讓家裡出了筆銀子，買了個候補道台的官銜，分發雲南，充任「善後局總辦」。

同治、光緒年間，邊陲雲南一帶兵事連綿，戰亂不斷，以杜文秀為首的回民起義延續了十幾年，致使雲南地方財政飽受重創。清軍聚集幾十萬重兵圍剿，烽火四起，遍地狼煙。行軍打仗需要糧草，於是新增設了「善後局」的機構，崔尊彝初至雲南，正好分配到這個衙門裡頭做事。

因為連年打仗，善後局開支浩大，成天進進出出的帳目像是天文數字，密密麻麻寫滿了帳本。在戰爭這架大機器中，善後局扮演著一個重要角色。崔尊彝出生在大戶人家，見過世面，在善後局中應酬交際，如魚得水。崔尊彝天性聰慧好學，在甘棠老家時就幫助崔氏家族祠堂管理過帳目，在這方面既有經驗又有天賦。與那些素質參差不齊、連算盤都不會打的官吏們相比較，高下立判，鶴立雞群，顯出了他比許多人高出一大截。

幹了幾年，崔尊彝升任雲南軍務後路糧台。這是官場上人人嚮往的一個肥差。軍務糧道的主要職責是掌管軍隊的糧餉，糧餉的來源一是靠清廷財政調撥，二是靠向民眾徵收稅賦。進入晚清以後，國勢開始衰敗，龐大的清朝銀庫日漸空虛，政府財政調撥已經很少，主要靠向民眾徵收稅賦來維持。和其他所有的糧道一樣，崔尊彝的辦法是暗中侵吞徵收來的稅賦款。另外一個辦法，是在軍糧中摻入劣質的粗糠麥殼，以次充好，從而為自己謀利。

在雲南軍務糧道的任上，崔尊彝充分感受到了人世間的風光與榮耀。

自古官場應酬多，南來北往的官員絡繹不絕，像走馬燈一樣熱鬧非凡。到了一定級別的官員，都得由當地政府負責接待。崔尊彝掌管糧道，手裡的錢最多，所以大多數情況下都是由他買單。凡是有官員到來，官署裡就張燈結綵，宴席上的菜品少不了燕窩、魚翅和海參，除此之外，崔尊彝有時候還會叮囑大廚，搞幾樣地方名貴菜來嘗鮮。雞樅菌，火焰豬耳，黃鱔炒韭菜等等，客人無論點到哪樣，崔尊彝都會去想辦法滿足。否則，客人會怪主人小氣，他自己也覺得丟面子。

賓主宴享之時，務必得有戲班助興。如果說來了名貴的客人，還需要請兩個戲班對台演出。等到次日客人動身上路時，還得趕到城門口去相送，每人饋贈一筆不薄的盤纏。請客吃飯，收錢送錢，是崔尊彝每天都要做的事，也是他最不樂意做，但是卻必須得做的事。

人在江湖飄，哪能不挨刀？光緒六年（一八八〇），御史鄧慶麟向皇帝上了一道奏摺，彈劾雲南糧道崔尊彝貪官污吏，魚肉百姓，羅列了他十二條罪行。鄧慶麟是個有名的御史，他與晚清清流黨重要成員張之洞、陳寶琛、張佩綸、寶廷、鄧承修、黃體芳等人一起，被官場上稱作「松筠十君子」。凡是被「松筠十君子」彈劾了的官員，日子都很難過。

崔尊彝深諳官場之道。在這個節骨眼上，他使出渾身解數，到處去運動銀子，塞窟窿，堵漏洞，不僅保住了頭上的官帽子，而且還在全省官員的考核中，被評為表現卓異，官升一級至雲南布政使。

就算挨了刀，還在江湖飄。不同的是，挨過刀的崔尊彝如今飄在江湖上，心裡頭總是有那麼一絲苦澀。他對那種天天泡在酒宴上的日子有點厭倦了，他想早日脫離官場苦海，上到岸邊去享受即將到來的晚年生活。深夜裡，靜下心來盤算一下，自己在糧道位置上賺到的銀兩，早已經足夠他以及全家人下半輩子花的了。只是一旦陷入到了官場漩渦之中，要想脫身也不是那麼容易的。

雲南報銷案，是上天賜予崔尊彝的最後一次機會。從昆明動身到京城之前，崔尊彝就給自己規劃了一條路：如果進京把事情辦好了，自然百般好；如果事情辦砸了，那麼一了百了，自己乖乖去趟那條黃泉路。

崔尊彝暗中吩咐僕人，去購置了一口紅楠木棺材，悄悄放進府第深宅後院，裡外全都蒙上了暗紅色的金絲絨布。在雲南滇池新娶的兩個小妾見了，失聲痛哭，眼睛紅腫得像是桃子。崔尊彝歎了口氣，並沒有責怪兩個小妾，他的心裡也很難過：早知今日，何必當初。世人總是快上黃泉路了，才會明白。

從昆明一路到京城，崔尊彝的心情像佈滿陰霾的天空，始終都沒有片刻晴朗的時候。在京城見到了老熟人周瑞清，聽周瑞清巧言令色，說得頭頭是道，崔尊彝的心情稍好了點。可是後來遇到了獅子大開口的雲南司主事孫家穆，崔尊彝剛剛有所好轉的心情又變得黯淡起來。事情的整個過程一波三折，崔尊彝的心情時好時壞，旁人都不知道，那是一段倍受煎熬的心路歷程。

朝廷宣佈閻敬銘出任戶部尚書的消息傳來，在崔尊彝即將崩潰的心理上給了致命一擊。御史陳啟泰、洪良品的兩份奏摺，揭開了雲南報銷案的帷幕，這事引起了朝廷的高度重視，皇帝接連發了兩道諭旨，預示著案子升級。滿朝震動，崔尊彝似乎感覺到，四周有千百雙眼睛在盯著他看，看得他後脊背一陣陣發涼。

京城的事情辦完了，該見的人見了，該送的銀子送了。離開京城，崔尊彝沒有回雲南，而是沿著京杭大運河乘船直下，要回老家安徽甘棠去給老母親掃墓。這條世界上最長的人工運河，兩岸的田野景色迷人，要是放在平日，他一定會覺得賞心悅目，會盡情享樂。眼下季節正是春季，楊柳依依，芳草青青，可是眼前景色在崔尊彝的眼裡，卻都蒙上了一層灰暗悲傷的意味。他看到的是楊柳悲戚戚，芳草慘淒淒。

一顆忐忑不安的心，從上船的那一刻起就沒有安頓過。初春的清晨薄霧尚未散盡，一片枝葉萌動的小樹林，數間農舍掩映其中，農田泛綠，阡陌縱橫，三三兩兩趕集的農人挑著擔子、牽著毛驢走在路上，像是一幅濃淡相宜的水墨畫。崔尊彝想起了晉人陶淵明。「結廬在人境，而無車馬喧。問君何能爾？心遠地自偏。」他彷彿看到陶淵明就站在對面，滿臉嘲笑地問他「何能爾」？如今到了如此淒涼的處境，他才真正打從心眼裡佩服五柳先生，身在官場，一顆心如何能安靜下來？採菊東籬下固然是美，誰又能捨得下人世間的萬千誘惑？

運河上各種船隻熙熙攘攘，來往不斷。正所謂皆為名來，皆為利去。他乘坐的木船行了一陣，穿過一座拱橋，途經一座古鎮。沿岸茶樓酒肆，招牌高懸。宅第店鋪，鱗次櫛比。街市上，農工士商，男女老少，騎馬的，乘轎的，趕路的，散步的，摩肩接踵，川流不息。吆喝聲、叫賣聲此起彼伏，包子鋪、醬肉店裡熱氣騰騰，他甚至覺得自己聞到了濃鬱的香味。

這讓崔尊彝想起了故鄉甘棠。唉，如今一切皆已晚，一切皆是浮雲，世事無常，虛無縹緲，誰又能理解一個貪官悲涼的心情？

崔尊彝站在船頭，他抬頭朝天空中看了看，天空中飄蕩著一朵朵白雲，像是一塊塊撕得稀爛的裹屍布。濤聲瑟瑟，風聲嗚咽，像是遠方傳來的一陣哀樂。

木船就這樣走走停停，一路從京城來到了江蘇鎮江。

崔尊彝在鎮江住了半個多月。他遣散了所有的跟班和家丁，只留下一個跟隨他多年的老僕人。對於遣散的跟班和家丁，每個人都發了一筆銀子，數目足夠他們過下半輩子了。崔尊彝不能回雲南，雲南報銷案鬧得風聲鶴唳，回雲南等於去送死。他也不想回故鄉甘棠。大英雄項羽無顏見江東父老，是將士們全都在戰場上戰死了，只剩下他孤零零的一個人，他因為失敗而羞愧。而他崔尊彝無顏見江東父老，是因為他給家鄉的父老們丟臉了。

黃昏降臨，霧靄瀰漫，天地之間一片蒼茫。崔尊彝選擇了在夜幕籠罩大地之前服毒自殺。他整理好衣服，在一張桌案前正襟危坐，慢慢吞下了藥丸。彌留之際，崔尊彝看見窗外有一顆流星劃過，迷亂的星空像萬花筒似的旋轉，天幕上到處都是閃爍的星星，像數不清的眼睛，在深情地注視著這個不可理喻的世界。風蕭蕭，夜沉沉，此刻，大地安靜了。

一場政治大地震

整個雲南報銷案的審理程式，並沒有因為崔尊彝的服毒自殺而結束，反而加快了進度。按照諭旨中的聖意，惇親王奕誴參與過問此案，無異於使辦案規格升級，使得雲南報銷案成為朝野上下眾目關注的頭等大事。京城御史們最會觀察風向，他們聞風而動，聚集在宣武門外的松筠庵內，議論起了這件事。

到場的一個個全都是清流的重要角色，有青牛角張佩綸，有青牛鞭寶廷，還有鐵漢鄧承修，旗人盛昱等等。松筠庵原來是明朝嘉靖年間楊繼盛的故居，他在書房裡寫就了抨擊、彈劾權貴的奏章，影響深遠。楊繼盛死後得到了「忠潛」的稱號，其故居松筠庵也成了清流黨成員聚會的場所。清流黨並不是個黨派，只是個沒有組織的鬆散派別，這些人大多有聲望而無實權，每每上書諫事，直言無忌。他們以清高博雅自重，以指彈時政為己任，選擇在松筠庵這樣的地方聚會唱和，正好與他們所標榜的清高博雅暗合。

聽到惇親王奕誴也將參與過問雲南報銷案後，清流黨的御史們紛紛上奏摺，其中以張佩綸的火力最猛。

晚清大臣張佩綸是李鴻章的女婿，也是李鴻章的衣缽繼承人。官場坊間有流言說，李鴻章未競的大事業，將來會找女婿張佩綸當替手來完成。張佩綸筆鋒犀利硬朗，敢說真話，他一連向朝廷遞了四道奏摺，在奏摺中提出了雲南報銷案的三點可疑之處。

第一疑：「王文韶曾在雲南司派辦處行走，報銷之弊，當所稔知。此案既致人言，必有書吏在內，若於奉旨之日，即密飭司員將承辦書吏，羈管候傳，抑或押送刑部，豈不光明磊落，群疑盡釋？乃讞傳函牘屢傳，機事不密，任令遠揚，歸過司員，全無作色。人或曰：文韶機警，何獨於書吏則不機警？」

第二疑：「雲南此案報銷，將歲支雜款，全行納入軍需，本非常科，即疆吏聲敘在先，亦宜奏駁，既已含混複准，經言者論劾，若戶部即請簡派大臣覆核，則過出無心，猶可共諒。乃至戶部堂官奏請覆核，始與景廉面懇回避。風聞銀數出入，散總不甚相符，且事先迅催兵工兩部，不及候複，率先奏結，尤為情弊顯然。人或曰：文韶精密，何獨於報銷則不精密？」

第三疑：「崔尊彝、潘英章為此案罪魁禍首，既據商人供稱：匯款係為報銷。狀證確鑿，該兩員即屬有玷官箴。周瑞清已經解任，該兩員不先革職，亦當暫行開缺，乃迭降明諭，但曰：『嚴催解送』。他樞臣即未見及，王文韶若欲自明，何以默不一語？人或曰：文韶明白，何獨於該兩員處分則不明白？」

三處疑點，矛頭所向都是指向軍機大臣王文韶。張佩綸的奏摺像是一顆威力巨大的炸彈，在晚清政壇上引起了不小的轟動。有人說，慈禧太后對王文韶眷恩正濃，雲南報銷案出事後，慈禧依然有心想回護。許多御史彈劾，都無功而返。直到張佩綸憤然出馬，遞上四道筆鋒犀利的奏摺後，慈禧眼看再也無法為王文韶遮掩，只好硬下心腸，讓圓滑世故的老官油子收拾滾蛋，離開了軍機處。

緊隨其後，清流黨成員、人稱「鐵漢」的鄧承修也上了奏摺。他筆鋒橫掃，簡直剝了王文韶的皮，說王文韶當戶部司官時，就以追逐名利而聞名，後來放到湖北當道台，自家開有錢鋪，買賣緊俏商品營私。奏摺的結尾，鄧承修著力寫道：「眾口僉同，此天下之立，非臣一人所能揑飾。方今人雜糅，吏事滋蠹，紀綱墮壞，賄賂公行，天變於上，人怨於下；挽回之術，惟在任人，治亂之機，間不容髮。若王文韶者，才不足以濟奸，而貪可以誤國。」

御史們輪番進攻，引起了慈禧太后足夠的重視，參與過問雲南報銷案的朝廷大員又增加了不少，除了麟書、潘祖蔭、惇親王奕誴外，翁同和、閻敬銘等人也參加進來。尤其是戶部尚書閻敬銘的加入，使得辦理案子的進度加快了許多。

雲南報銷案處理的結果，是與案情有牽連的數十名大小官員受到了懲處。戶部雲南司主事孫家穆撤銷職務，賠清贓款，判刑三年；太常寺卿周瑞清撤銷職務，賠清贓款，流放到邊陲黑龍江；戶部主事龍繼棟、永昌知府潘英章、御史李鬱華等，也都被撤銷職務，或坐監或流放。雲南糧道崔尊彝已自殺身亡，責令其家人賠清贓款。除了這些小蒼蠅和蛀蟲之外，涉及到此案的幾個大老虎也遭到了重創。軍機大臣景廉、王文韶都受到降級處分，王文韶被逐出了軍機處。雲貴總督劉長佑、雲南巡按杜瑞聯，均降三級調用。其他或有失察之責或有一定瓜葛的官員們，如戶部侍郎許應騤、崇禮、董恂、兵部侍郎奎潤等，也都分別受到了降級罰薪的不同處分。

歷時三年的雲南報銷案終於草草結案。一場政治地震過後，晚清政壇暫時似乎平靜了下來。但是，官場上的政治旋渦並沒有結束，伴隨著時間的長河，那些漩渦仍然在日夜流淌。

宦海沉浮等閒事

想當初，清廷出現了財政危機，財源枯竭，銀庫空虛，入不敷出，內憂外患。大清王朝就像個只有出氣沒有進氣的危重病人，在奄奄一息中苟延殘喘。鐵娘子慈禧想起了能臣閻敬銘，調他入京，擔任戶部尚書，掌管國家的財政大權。

雖然說閻敬銘進京後，大力整頓戶部積弊，成效卓著，經過他數年的苦心經營，清廷國庫逐步開始豐盈。可是，只不過短短幾年功夫，慈禧太后對閻敬銘的態度，就來了個一百八十度大轉變。由欣賞到厭煩，由大紅到大黑，其中事情的變化軌跡值得探究，雙方的心路歷程值得玩味。

閻敬銘由紅變黑，大致上是因為這麼幾件事情。

首先，在處置雲南報銷案中，閻敬銘性情太過剛烈，辦事不留餘地，給慈禧太后留下了不太好的印象。

處理雲南報銷案到了結尾，按照帝師翁同和的建議，案件只查貪污受賄，對於各種炭敬、冰敬、節敬①、請客送禮，統統都不予追究。因為這一類賄賂由來已久，官場上早已習以為常。到了晚清，清廷的腐敗積重難返，往往辦一個案子，都因牽涉的人太多，查不勝查，而草草收場。翁同和的建議不能說沒有道理。水至清則無魚，人在官場上混，難免有錯，其中有人自身的原因，也有制度上的原因，人人都在收錢收禮，你一個人獨自清醒，反而顯得不正常。

可是偏偏有人是一根筋。比如惇親王奕誴，還有這位救時宰相閻敬銘。他們在朝廷上與翁同和等人展開了激烈辯論，力主從嚴治理，一個也不放過，哪怕收受過禮物的小官吏，也必須一個個排查。這樣的話一經說出，官場上得罪的人便越發多了。憑一己之軀與整個官場為敵，弄得人人自危，提心吊膽，這個人最後的結局一定不妙。

事情的結局果然如此。慈禧太后最後還是採納了翁同和的意見，炭敬、冰敬、節敬等等請客送禮之類的小事，一律既往不咎。

雲南報銷案處理結束了，該退還的贓款退還了，該扳倒的貪官也扳倒了。只是原來在慈禧心目中大紅的名臣閻敬銘，印象不再像從前那麼好了。清官往往不討人喜歡，一個官員如果太耿直，也許會獲得領導口頭上的多次表揚，但就是不可能重用。果然，此後不久，閻敬銘就從戶部尚書的位置上調開了。

再一件事情，在機器制幣一事上，閻敬銘與慈禧太后意見相左，這件事有誤會的成份在內，但是無論如何，閻敬銘得罪了慈禧，使之震怒。

中國貨幣文化長達兩千多年。從古老的貝幣開始，兩千多年以來，翻砂澆鑄法綿延不絕，一直到晚清，翻砂澆鑄法始終是唯一的批量鑄造錢幣的方法。進入晚清以後，國門漸開，各種思想觀念、新式工藝湧入中國。光緒十三年（一八八七）前後，張之洞主持修建了第一家新式造幣廠——廣東錢局，機器制幣從此開始進入中國，傳統翻砂澆鑄法宣告退出歷史舞臺。

太平天國後期，錢幣制度大亂。許多省份劃地為獨立王國，紛紛制幣，各種劣質幣流入市場。私人錢莊造出的私錢也進入到商品流通領域，遂有大錢、小錢、砂殼、灰板等各種名稱，把個好端端的錢幣市場攪得一團糟。

慈禧太后注意到了這個弊端，決定好好整頓一下錢幣市場，取消當十錢②，統一改用機器制幣。

這說起來絲毫不錯。但是在實際操作的過程中，卻又並不完全是那回事。閻敬銘所考慮的是另一方面：機器制幣由工部寶源局負責，非戶部所能控制。而工部又與內務府關係密切，旗人居多，借用機器制幣的名義設廠房、買機器，又會突擊花銀子，大開花帳。不過，這些話閻敬銘只能放在心裡頭，不大好說得出口。他在回慈禧的奏議中，以一句含糊的話搪塞：機器制幣工本過巨，再說，在皇城根下的京都開爐制幣，恐怕會滋擾老百姓，引起市民的疑慮。閻敬銘認為，與其在京城搞機器制幣，不如從江蘇、浙江等省調來現成的錢幣投放市場。

遞交這樣的奏議，慈禧太后認為是在冒犯她，欺她不懂。事實上換了任何人，也都會這麼想。慈禧進宮時是一名天真活潑的少女，自從咸豐皇帝在熱河行宮重病身亡，慈禧親自佈置指揮，粉碎辛酉政變，擒獲肅順等顧命八大臣，坐穩了太后這把椅子，一路走過來，不知經歷了多少風風雨雨。如何穩定幣制，她心裡有自己的定見，閻敬銘同她唱反調，這讓慈禧太后非常生氣。

這件事情也成了導火索，導致慈禧太后對他印象越來越差。

臺灣作家高陽在論及閻敬銘時有這樣的評述：「在裁汰浮冒的節流工作上，斤斤較量，真是實心為國，是其所長；但對開創性的改革，持高度懷疑的態度，過於保守，是其所短。」[③]依我看來，這個評述是十分準確的。

據坊間傳說，閻敬銘得罪慈禧最主要的原因，是他帶頭反對慈禧太后修建頤和園。電視劇《走向共和》中有一個情節，敘述了閻敬銘頂撞慈禧太后的經過：

慈禧：「這就是說，你閻敬銘要堅持將修園子的工程停了？」

閻敬銘：「稟太后，不是臣閻敬銘要停，是銀子要停。」

慈禧：「好，好！我就不信，死了張屠戶，要吃連毛豬，你給我滾！」

閻敬銘：「臣有罪，太后可將臣罷黜問刑，不可叫滾，辱及朝廷制度！」

慈禧：「那我就這麼說了，你給我滾！滾！滾！」

閻敬銘：「臣不滾，臣自會走！」

閻敬銘被兩名內侍強行架了出去。

身後傳來慈禧的狂吼：「今兒個我把話撂這兒了，誰要是讓我這個生日過得不舒坦，我就讓他一輩子不舒坦！」

《走向共和》是文學創作，卻也有史實依據可佐證。《清史稿．閻敬銘傳》中說他：「初直樞廷，太后頗信仗之，終以戇直早退雲。」又說，在修建頤和園一事上，閻敬銘論治以節用為本，失太后旨，革職留任。

仕途上遭致如此重創，閻敬銘有些心灰意冷了。他以年老為由，向朝廷提出辭職報告，要告老還鄉，去安享晚年。此時慈禧太后對閻敬銘的慈眷已薄，仍然還是裝了裝樣子，加以慰留。兩年後，閻敬銘才正式告退。

回鄉後，閻敬銘仍然熱心地方公益，他不僅捐資修建義學，還在朝邑縣城西側建起了一座規模宏大的「豐圖義倉」，特請慈禧太后題寫倉名曰：「天下第一倉」。十餘年後，這個義倉在庚子年的災荒中賑濟了無數饑民。家鄉父老為紀念他，在義倉西面修建了一座「閻公祠」，供後人瞻仰。

閻敬銘為官清廉耿介，日常生活中節儉得出奇，因此，他與周圍的人事關係往往相處得很尷尬。閻敬銘曾作《不氣歌》，為自己寬心解懷：

他人氣來我不氣，我本無心他來氣。

倘若生氣中他計，氣下病來無人替。
請來醫生將病治，反說氣病治非易。
氣下危害太可懼，誠恐因氣命要去。
我今嘗過氣中味，不氣不氣真不氣。

《不氣歌》寫得生動有趣，大氣詼諧，作者儼然看透了人間冷暖，世事炎涼，彷彿是泰山頂上的一棵青松，任憑風吹雨打，安然面對，泰然處之。

可是實際上並不是如此。閻敬銘上了年歲之後，回鄉安享晚年，官場同僚翁同和千里迢迢去看望他，他依然念念不忘國事。據翁同和在日記中記載，閻敬銘自稱：「三大願不遂，激昂殊甚。三大願者：內庫積銀千萬，京師盡換製錢，天下錢糧征足。」

一個放不下的人，走到哪裡都還是放不下。

①每到冬天，各地官員以給京官購置木炭取暖為名，紛紛向自己的靠山孝敬錢財，此為炭敬。夏天送禮稱為冰敬，節日送禮為節敬。
②當十錢，古代錢幣的一種。幣值以一當十，一枚銅錢當十枚鐵錢。
③高陽：《同光大老》，華夏出版社，第一〇七頁。

第四章
貪官是個不倒翁

出場人物：奕劻、慈禧、裴景福、袁世凱。

歷史上有個奇人叫馮道。此人從政三十餘年，經歷了五朝（後唐、後晉、後漢、後周，以及契丹）十一位國君，他都是宰輔級官員，可謂位極人臣。幾十年的宦途生涯，馮道順風順水，左右逢源，人稱「官場不倒翁」。

細細品讀歷史，又發現馮道是個爭議人物。

貶之者說他貪得無厭，得隴忘蜀。他的一生就是一部做官學，是一部完整的小人活教材。馮道的性格像是一棵風吹兩邊倒的牆頭草，誰有勢力他就去投奔誰，喪失氣節到了極致。歐陽修罵他「無廉恥之心」，司馬光罵他「奸臣之尤」，連今人餘秋雨也在書中說他是「無才無德，癡頑腐朽」的小人。

褒之者說他品行純正，生活節儉。有個現成的例子是，在晉梁交戰前線，身為前軍將領的馮道在軍中只搭了一間茅草屋，室內不設床席，睡覺時僅用一捆牧草。蘇東坡稱讚他：「菩薩，再來人也」；王安石則認為他是活佛，說他是「佛位中人」。今人南懷瑾為馮道翻案，說馮道上不欺天，中不欺人，下不欺地，是深得莊子哲學精髓的一個完美的大善人。

縱觀歷朝歷代的官場，類似馮道這樣的不倒翁還真有不少。本章故事中的主角慶親王奕劻，就是其中之一。

北周開國時期，奠基者宇文泰向智囊人物蘇綽討教治國之道。

宇文泰問：「國何以立？」

蘇綽的回答是：「具官。」

蘇綽「具官」的具體辦法有六個字：用貪官，反貪官。

為什麼要用貪官？蘇綽說，想叫人家為你賣命，必須給人家好處。沒有那麼多錢給，就給他權。他有了權，自然就有了錢。貪官為了保住自己的利益，必然拼死維護手中的權力，這樣一來皇帝的位置也就穩固了。

為什麼要反貪官？蘇綽又說，這就是權術的精髓所在。要用貪官，必須反貪官。只有這樣才能哄瞞民眾，才能穩保政權固若金湯。想想吧，天底下哪有不貪腐的官？不怕官貪，只怕官不聽話。反貪官，就是清除不聽話的官，保留聽話的官。如果人人都是清官，深受老百姓愛戴，又如何能輕鬆地駕馭這些官員？用貪官往往會招致民怨，這時再祭起反貪大旗，證明你心繫黎民，與那些貪官不是一路的，就能夠獲得民心，無往而不勝。

蘇綽的回答讓宇文泰眼界大開，幡然悟道。

官場上的道理深奧複雜，並不是非白即黑那麼簡單，往往還有中間地帶的灰白色，從此宇文泰對這個世界明白了不少。

奕劻其人

一九一一年，風雨飄搖中的晚清皇室充滿了淒風苦雨。末代皇帝溥儀在《我的前半生》一書中回憶道：有一天，在養心殿的東暖閣裡，隆裕太後坐在靠南窗的炕上，用手絹擦眼淚，她面前的紅氈子墊上跪著粗胖的袁世凱，滿臉淚痕。

養心殿位於紫禁城後庭西側，是清代皇帝召見群臣、處理政務和日常起居的禁鑾之地，平日這裡十分安靜，掉根針在地上也清晰可聞，可是武昌起義的槍聲，驚擾了王榭樓臺的一枕美夢，一向清幽的養心殿驟然間變得熱鬧起來。

完全被嚇昏了頭的隆裕太后接連數次召集御前會議，請滿清宗室親貴們來商議國事。面前的局勢是明擺著的：在滿族大臣蔭昌的統率下，前往南方討伐革命黨的清軍作戰不利，告急電文雪片似的飛來。

隆裕太后把希望寄託在滿清宗室親貴們身上，但是眼前這些人卻亂紛紛吵成了一鍋粥，會上充滿了忿恨之聲。在對待南方民軍的問題上，宗室親貴內部分成了兩派，主戰派人多勢眾，有溥偉、善耆、載澤、良弼等，他們不僅痛罵革命黨和袁世凱，叫喊要決一死戰，連會議桌上的主和派也不放過，撕破臉面，給予了猛烈的抨擊。而主和派奕劻、那桐、溥倫等少數幾個大臣，此刻安靜得像是只貓，眼裡閃爍著藍幽幽的怨怒，他們深知清廷大勢已去，無回天之力。

多次御前會議，均無結果而散去。在主戰派的猛烈抨擊下，那桐告老辭職，溥倫改變了口風，奕劻則聲稱身體不適，不上朝應班，養起了政治病。

奕劻離開養心殿之前，與隆裕太后有一番推心置腹的對話。

隆裕太后：「慶親王莫非真的要走？丟下我們孤兒寡母不管？」

奕劻：「老臣不是不管，實情是管不了。」

隆裕太后：「我可是在慶親王眼皮子底下看著長大的啊！」

奕劻：「七十三，八十四，閻王不請自己去。老臣今年七十三，是個行將就木之人，有句話不知該不該說？」

隆裕太后：「慶親王還是把我當外人了。」

奕劻察言觀色，見隆裕太后淚水婆娑，不停地拿手絹擦拭，感覺說話的時機已經成熟，於是循循善誘，適時提到了袁世凱的清皇室退位優厚條件。

隆裕太后的眼神幾近絕望，猶豫不決地說道：「這個優厚條件，就算我同意，他們也不會允許。」隆裕太后所說的「他們」，指的是清宗室親貴內部主戰派溥偉、善耆、載澤、良弼等人。

奕劻道：「國破山河在，花濺淚，鳥驚心，在這樣的時候，沒有哪一個大臣心裡會好受。可是，家亡人何歸？太后還須費心斟酌。那些百般唱高調的人，有誰能真心為太后體諒難處？倒是袁世凱還在為太后著想，尤其優厚條件的第二款，皇帝辭位之後，歲用白銀四百萬兩，由袁世凱負責撥給。」

隆裕太后不再吱聲。這個四十三歲的中年女子，被神奇地送上權力頂峰，掌管大清國的權柄，可是以她的能力和魄力，要應付眼前複雜的時局，卻又遠遠不夠。因此木訥的苦瓜臉是她此時惟一的表情。甚至於連奕劻向她打招呼退出，隆裕太后也沒有多加留意。

奕劻畢竟飽經世事歷練，可謂看透了人間滄桑炎涼，關鍵時刻，他使出了人性的殺手鐧，用家室和財富打動了隆裕太后的心，一劍封喉，一招致勝。不久，隆裕太后親筆簽下了退位詔書，清王朝二六八年的皇權統治宣告結束。

奕劻的這番言說被後世稱作逼宮。清朝亡後，奕劻被滿清宗室親貴認為是出賣了祖宗家業，受盡詬罵。

但是奕劻對前朝始終懷著濃鬱的感情。民國成立後，他一直蟄居於天津慶王府，不接受民國政府的薪俸，更不拋頭露面，寂寞無悔地甘當遺老。

奕劻的一生備極榮華，晚年的心境卻苦不堪言。「人生若夢，往事如煙，花殘葉落，別易見難，循環有數，了卻夙緣，天空地闊，渺渺茫茫。」其子載振在舊照片上的這一通題詞，準確地道出了兩代慶親王的晚年心情。

一九一七年，奕劻在天津慶王府默默無聞地去世。慶王府停屍不殮，仍將已經退位的溥儀視作皇帝，以得到封賜為榮。溥儀對奕劻恨意深重，內務府大臣擬定的諡號「哲」，被溥儀一筆勾掉，另外寫了幾個充滿怨忿的惡諡，如荒謬的「謬」，醜陋的「醜」，幽王的「幽」，厲王的「厲」，讓內務府拿去商討。還是溥儀的父親載灃看在宗室親貴的情面上，最後賜諡號「密」，意思是「追補前過」，將譴責的含義隱隱藏在其間。

愛新覺羅・奕劻（一八三八～一九一七），字輔廷，乾隆皇帝第十七子永璘的孫子，是晚清世襲罔替的「鐵帽子王」之一。

清王朝建立後，設立了一整套繁瑣而又嚴密的封爵制度，大致分功封和恩封兩種：臣民在戰爭中立功而受封，為功封；皇族爵位繼承受封，為恩封。

世襲罔替的「鐵帽子王」不僅是恩封，而且是恩封中的極顯赫階層。

常規的恩封方式是降等級承襲，即逢宗室子孫（通常為嫡長子）繼承爵位時，每一代遞降一個等級，《大清會典．卷一宗人府》明確規定，宗室封爵等級有十二種，依次為和碩親王、多羅郡王、多羅貝勒、固山貝子、奉恩鎮國公、奉恩輔國公、不入八分鎮國公、不入八分輔國公、鎮國將軍、輔國將軍、奉國將軍、奉恩將軍。

而世襲罔替的「鐵帽子王」，則是由皇帝親自頒佈聖旨，皇族爵位世代承襲不變。清朝立國二六八年外加關外時期大約近三百年的漫長歲月中，獲得「鐵帽子王」殊榮的滿清貴冑僅有一二家，分別是禮親王、鄭親王、睿親王、豫親王、肅親王、莊親王、克勤親王、順承親王、怡親王、恭親王、醇親王和慶親王。

上述親王中的前八家，都是其祖先在清朝開國及入關統一時期立下過汗馬功勞的功臣，餘下四位則是與皇帝有著特殊的關係而受恩封，因此更不容易。其中慶親王奕劻，生父綿性已經降等級承襲為輔國公，如果按照正常的降等級承襲制度，他的一生肯定與「鐵帽子王」無緣。但是因緣際會，奕劻從無數個默默無聞的滿清旗人後裔中脫穎而出，平步青雲，登上了權力寶座的高處，除了被恩封「鐵帽子王」外，還掌管總理衙門十二年，出任晚清政府內閣領袖，位極人臣，在國內外享有極高的知名度，遍查當時的西方報紙，Pniuce ching（清末「慶親王」的普遍翻譯）的出鏡率僅次於慈禧太后、李鴻章和袁世凱。

奕劻在仕途上一帆風順，但是身後的評價卻一塌糊塗。《清史稿・諸王列傳》對諸多「鐵帽子王」不遺餘力進行了褒獎，唯獨對慶親王奕劻沒有提名評價，倒是有一段指桑罵槐的文字分明是針對他而發：「迨時移勢易，天方降割，乃以肺腑之親，寄腹心之重，漠然不知陰雨之已至，一發而不可複收。天歟人歟，亡也忽諸，尤足為後來之深鑒矣！」將清朝垮臺的原因歸罪於奕劻「漠然不知陰雨之已至」，寫史人用春秋曲筆，倒出了滿清遺老們對慶親王奕劻的滿腹怨恨。

翻閱現存於世的所有與慶親王奕劻有關的文字，幾乎都是千篇一律的醜化和謾罵，指責最多的是他賣官鬻爵，瘋狂斂財，晚清的總理衙門被官員們暗中稱作「慶記公司」，董事長即是慶親王奕劻。

這種一邊倒的評價既不公允也不客觀。更令人遺憾的是，即便這種既不公允也不客觀的評價也並不多。迄今為止，奕劻這個親歷了晚清改革開放全過程的關鍵性人物還沒有一本完整的傳記，甚至連專門研究他的文章也不多見，據學者周增光二〇一〇年最新統計，與奕劻相關的著述、論文總數不過二十八篇，其中綜論型文獻及論文十二篇，專論型論著十一篇，其他方面的論文五篇。

如此少量的文字，相對於如此一個重量級人物，簡直不成比例。這裡不妨作個比較：與奕劻同時期的幾位晚清人物如慈禧太后、李鴻章、袁世凱等，研究著述和傳記堪稱汗牛充棟，而關於奕劻的著述卻寥若晨星，兩相對照不難看出，被種種原因掩埋於歷史故紙堆中的奕劻實在太過於冷清。

晚清重臣奕劻，究竟是一個什麼樣的人物？讓我們擦亮火柴，點起一盞燭光，從這位清末高層官員的履歷表入手，對這個人作近距離觀察，看看在那張被世人冷落忘卻的面容背後，究竟有著怎樣的豐富表情？

姓名：愛新覺羅・奕劻。

出卒時間：一八三八～一九一七。

民族：滿族。

籍貫：遼寧新賓。

職業：清末政府大臣。
愛好：書畫、權柄和錢幣。
血型與性格：B型，富有藝術家潛質，與人溝通能力強。
家庭住址：北京定阜街三號慶親王府。
家庭成員：按清制親王最多只能有五位福晉（妻子），而奕劻竟有六位，可見其特殊地位。奕劻有六子，十二女。
生平大事記：十二歲承襲輔國將軍；十四歲封貝子；二十二歲晉爵貝勒；三十四歲加郡王銜，授御前大臣；四十六歲授命管理總理各國事務衙門；四十七歲會同醇親王奕譞辦理海軍事務，命在內廷行走；五十六歲那年慈禧太后六十大壽，懿旨封慶親王；六〇歲封世襲罔替親王；六十二歲遭遇庚子之變，追隨兩宮西狩行至太原的奕劻，於危急之中奉命返回北京城，會同李鴻章與八國聯軍談判議和；六十五歲授軍機大臣，執掌清廷財政和練兵大權；七十三歲出任清內閣首任總理大臣；七十九歲病逝於天津慶親王府，清末代皇帝溥儀追諡他為慶密親王。
至於他的身世經歷，後面的文章將要談到。
——好了，讓我們現在開始吧。

朝中有人好做官

少年時的奕劻性格偏於文靜，對滿族祖先的戎馬生涯並沒有多大興趣，倒是對書畫興致濃厚。恰恰正是書畫，給奕劻的人生帶來了契機。那時候，他的家境並不富裕，以至於要常以代人寫書信來維持生計。在奕劻代筆書信的客人中，有一位名叫桂祥，家族背景頗有來頭。

桂祥的家住在方家園十一號，這是北京東城的一個有名的處所。清王朝最後兩位皇后慈禧、隆裕的娘家都在這裡，故方家園又有「鳳凰窩」之稱。桂祥是慈禧的親弟弟，小時候是由大姐慈禧帶大的，心理上對大姐慈禧很依賴。咸豐元年（一八五一），慈禧應詔選秀女，第二年即被選入宮中，年輕的咸豐皇帝對她寵愛有加，慈禧成了君王之側的掌上明珠。之後，隨著慈禧政治地位的青雲直上，桂祥的好運也隨之而來。

奕劻，親眼見證了方家園這個葉赫那拉家族的一切。

慈禧的父親叫惠征，鑲黃旗人。惠征由安徽候補道台升任歸綏兵備道台後，便帶著十五歲的蘭兒（慈禧小名）及全家老小來到了綏遠城。從一些歷史資料上看，少女時代在綏遠城居住的慈禧，對歷史、文學、書畫有一定的興趣，他愛讀書，喜歡畫畫，也喜歡彈琴、下棋，偶爾還和一群男孩子們一起去騎馬射箭。

而在大姐慈禧庇護下長大的弟弟桂祥，卻並不那麼爭氣。他不愛讀書，字也寫得不好，大概是家庭太寵愛了的原因，懶散自私，專橫任性，在生活中是個難伺候的角。葉赫那拉遷居來到北京城後，住進了東城方家園。此時奕劻的家也住在方家園，與葉赫那拉家族成了鄰居。

慈禧十四歲的那一年，她家裡出了一件大事。慈禧的曾祖父吉郎阿，道光時期曾經擔任過戶部員外郎，負責中央金庫。但就在他卸任十幾年後，清廷查帳發現庫銀虧空了幾十萬兩。道光皇帝接到奏報後，下旨嚴查，不管是誰，不管有什麼背景，都要一查到底。然而經過反復的調查，仍沒有查出結果。道光皇帝非常氣憤，下令從虧損的那一年起，所有在金庫裡工作過的官員，都要平攤賠償這些虧空的銀兩。已經去世的，尤其兒孫們償還。當時慈禧的曾祖父吉郎阿已經去世，就把她祖父景瑞抓了起來，關進了牢獄。此事一出，葉赫那拉家族完全亂了。而少女時代的慈禧則表現得異常鎮定，她先是勸父親惠征，將家中的銀兩搜羅起來，繳納上去；爾後又讓父親去親戚朋友家借了些銀兩，去通融打點官府中的一些關鍵人物。祖父景瑞曾經擔任過刑部員外郎，官府中有許多老關係，再加上父親惠征在官場上的人脈關係，這件事後來終於擺平了。祖父景瑞從牢獄中放了出來，這個家庭渡過了一道難關。

那一年奕劻十一歲，和同齡的少年夥伴們比起來，他顯得少年老成。事實上，奕劻的心理年齡比實際年齡要大，他喜歡畫畫，也愛關心時政，還愛在方家園那些旗人們的家中到處串門，雖然平時看上去話不多，但凡事都有自己的主見，內心裡的定力也非同一般。少年奕劻，已經開始走向成熟了。

葉赫那拉家的變故，奕劻親眼見到了，也親耳聽到了。他對那個比自己大三歲的小名叫蘭兒的女子十分欽佩，內心認定了她將來是個幹大事的人。因此，當兒時玩伴桂祥過來請他代寫家書時，奕劻一口應承。不僅一口應承，而且他對為桂祥代寫家書這事特別認真，先是在腹中構思打底稿，寫信時筆劃工整，一絲不苟，一封家書最後弄得像件藝術品，只要看看紙上那些清麗勻稱的字，就讓人感到是一種美妙的享受。

慈禧除了熱衷於政治，善弄權術外，生活中也喜愛書畫，對富有才情的書畫家尤為追捧。宮廷中，為慈禧代筆的女畫家名叫繆素筠，雲南昆明人，慣於官場世故，後妃、宮女們都尊稱她為「繆先生」。慈禧對她更是優禮有加，賞三品朝服，月俸二百金，免其跪禮，常令「繆先生」位居其左右，以便隨時教慈禧畫畫，或者代筆。

慈禧雖然喜歡畫畫，也對能書擅畫的書畫家十分看重，但是她的藝術品味卻並不高。史書上評價她：「藝術鑒賞力、表現力低劣，導致了她執政期間宮廷繪畫平庸，既沒有培養出有創造力的畫家，也沒有創作出有影響力的作品，晚清宮廷畫顯得蒼白無力，以致使人們常常忽略了它的存在。」這話細細咀嚼起來，是很有道理的。

雖然說奕劻是貪官，在晚清官場上聲名狼藉，但是這個人的書法和繪畫均有比較高的水準。每次慈禧收到弟弟桂祥寄來的家書，透過滿紙秀美的楷書，就會在心裡頭揣測：這是什麼人代弟弟寫的信？華滋遒勁，結體寬綽，一點一劃之間彼此呼應。那些楷書整整齊齊地排列在典雅的宣紙上，像是在宮廷中翩躚起舞的一群仕女。

慈禧把這些話都藏在心裡。一次回府省親，有了與家人見面的機會，他問弟弟桂祥，每次代你寫信的那個人是誰？

桂祥一五一十地回答了大姐的問話。隔上一天，桂祥又將奕劻叫到家中，與大姐慈禧見面。慈禧一個勁誇讚奕劻的字好畫也好，又叮囑奕劻，讓他好好輔導桂祥讀書習字，有空還需要學習寫詩填詞，「弟弟從小野慣了，你得幫忙多管著點。樹木不剪不成材，替我們家做了事，將來少不了你的好處。」奕劻連連點頭，第一次近距離接觸到了皇帝娘娘，他覺得自己很榮幸。

奕劻是乾隆皇帝十七子永璘的孫子，因不是嫡傳，並沒有繼承慶親王的權利。但是這個大家庭幾經變遷，原來繼承慶親王王位的幾位王爺或因早逝，或因犯錯革除爵位，均與王位無緣。然而，自從通過桂祥接觸到了慈禧之後，奕劻的命運開始出現了轉機。道光二十九年（一八四九）二月，春節剛剛過完，滿城的喜氣還沒有隨著鞭炮聲散盡，朝廷裡發來了諭旨：奕劻奉旨過繼綿悌為嗣，承襲輔國將軍，被封貝子。在這之後，奕劻又被朝廷升格為貝勒、郡王、慶親王等銜，一路青雲直上，進入到滿清權貴的行列。

奕劻心裡頭十分清楚，這一切都是暗中有貴人在相助。貴人自然是掌握清廷最高權柄的慈禧太后。權力的魔杖被她輕輕一點，乾坤顛倒，點石成金，無怪乎古今中外有那麼多英雄會紛紛跪拜在權力面前。

通往仕途之路從此向奕劻打開了。彷彿有個熟悉的聲音在耳邊輕喚：芝麻，快開門吧。官府那扇門一旦打開，滿目的金銀珠寶閃爍著誘人的光澤，吸引著他一步步向財富的殿堂中走去。果然，過了不久，奕劻應召進入了清宮，成為光緒皇帝的滿文老師。朝廷賞他二品頂戴花翎，賞穿素色貂褂，紫禁城內可以自由行走。每月開五百大洋，逢到節日還有額外賞賜。

此時奕劻已經接近了最高權力，他嘗到了權力帶來的甜頭，心中蟄伏的欲望之魔正在蘇醒。

光緒九年（一八八三），中國南部爆發了清法戰爭。晚清的幾場戰爭，均以清廷戰敗而告終，這場清法戰爭也不例外。戰爭結束後，清廷與法國簽訂了《中法越南邊界通商章程》等一系列不平等的條約，中國西南門戶洞開，朝野上下無不感到恥辱。在這樣的背景下，清廷高層內部又爆發了一場「甲申朝變」。慈禧全面掌握權柄之後，為了剷除自己在政壇上的強勁對手，她將清法戰爭失敗的責任全都推到了恭親王奕訢的頭上，奕訢成了戰爭失敗的替罪羊。慈禧親授一道諭旨，嚴厲責斥恭親王，借機罷免了奕訢的一切職務。

一場猛烈的政治地震之後，晚清政壇面臨大調整、大洗牌和大換班。

風頭正勁的鐵娘子慈禧，此刻正當用人之際。甲申朝變後，慈禧馬上著手組建新的權力班子。以禮親王世鐸等五人為軍機大臣，奕劻主持總理衙門，開始了他長達十二年的主持總理衙門的政治生涯。

草雞變鳳凰的祕密

在中國近代史上，晚清總理衙門有著十分重要的地位。它的全稱是總理各國事務衙門，是第二次鴉片戰爭的產物，也是清廷主持外交和洋務的機構，當時清廷的許多重大問題都與總理衙門有著密不可分的關係。

毫無疑問，總理衙門屬清廷最高權力機構的一個重要組成部分。換句話說，在慈禧太后的關照下，奕劻的權力一升再升，清法戰爭後，他升成了國家領導人，成為參與中央樞紐工作的一位滿清王爺。

晚清時期，進入清廷權力中樞、參與中央工作的滿清王爺只有四位。分別是恭親王奕訢，敦親王奕誴，醇親王奕譞，慶親王奕劻。如果單純從家庭出身背景這一點上來考察，前三位都是道光皇帝的兒子，血緣關係是正宗龍脈，先天資源非常充足。相比之下，慶親王奕劻則差了許多。他只是清廷世襲罔替的「鐵帽子王」之一，這樣的親王一共有十二家，其中有八位是清朝開國之初立下過戰功的皇親宗室，另外四位是清廷中、後期得到皇帝重用而策封的。

如果說前三位滿清王爺是鳳凰，那麼慶親王奕劻只是一隻草雞。草雞變鳳凰，並且超越了鳳凰，這不能不說奕劻會做官，在官場上如魚得水。他諳熟人情冷暖、世態炎涼；善於察言觀色、見機行事；在實際工作中也有他獨特的一套，尤其是懂得當官要示弱，蹲下了身子做人，然後輕鬆一躍，跳上政壇最高層的枝頭，忽閃忽閃地亮起了翅膀。

奕劻在官場上做事，很善於猜測慈禧的想法，「榮辱忽焉，皆在聖意」，一切皆以慈禧太后的想法為自己的行動依據。但是這麼說，並不等於說奕劻沒有能力。恰恰相反，奕劻作風穩重，為人低調，計畫縝密，滴水不漏，他的工作能力其實是十分厲害的。一九〇〇年庚子事變中他的表現，就是其政治能力的一個最好說明。

庚子事變源自於義和團之亂。甲午戰爭失敗後，清王朝進入了風雨飄搖的末期。天災頻仍，教案屢次發生，宮廷權力鬥爭激化，大地上到處遍佈著世紀末的頹圮衰敗景象。一九〇〇年春天，直隸、山東等地成千上萬的貧民號稱「義和團」，降神附體、刀槍不入，他們殺天主教徒、基督教徒，後來又延及到殺一切金髮碧眼的洋人，包括洋人嬰兒，焚毀教堂和教徒房屋，並迅速向北京和天津兩地蔓延。六月，義和團在清廷許可下進入北京，展開了攻擊教徒、焚燒教堂的一系列暴力活動。從而導致了八國聯軍遠征，佔領了北京城。

在這場翻天覆地的大騷亂中，晚清政壇上的任何人，稍一不慎就有可能引來殺頭之禍，生命在剎那間走向終點。

奕劻主持總理衙門，更是風口浪尖上的政治人物，因此，他面臨的各種風險尤其巨大。事實上也是如此。作為清廷中熟悉國際國內事務的少數明白人，奕劻知道義和團殺人放火的暴亂舉動意味著什麼。從一開始，奕劻就堅決主張及早防止事態失控，以避免外交乃至軍事上的巨大麻煩。奕劻的「右傾」言論，遭到了以端郡王載漪為首的「不明外事，專袒義和團」的「極左派」的攻擊。

載漪等人把奕劻看成是必須清除的政敵，義和團也將他描繪成白臉奸臣大漢奸，攻擊奕劻的大字報貼滿了北京街頭。義和團提出了「殺一龍二虎三百羊」的口號，「一龍」是光緒皇帝，「二虎」是奕劻和李鴻章，「三百羊」是清廷中對洋人主張和談的眾多官員們。奕劻處在僅次於光緒皇帝的顯赫位置，他的處境不能不令人擔憂。

北京和天津的街頭大字報，也直接將矛頭指向了慶親王奕劻。

天津街頭有張大字報這樣寫道：「慶王爺於三月初四日夜中子時連得五夢。其言夢雲，玉皇大帝點化他，教他改天主，歸大清正道。你既吃了中國俸祿，為何給外邦出力？你若不改過，悔之晚也。只因天主教、耶穌教不遵守佛法，欺滅聖賢，欺壓中國君民。玉皇大怒，收去雷雨，降下八千九百萬神兵，義和拳傳流世界，神力借人力，扶保中國，度化人心，剿殺洋人洋教。不久刀兵複流，不論君民商賈士農，急學義和拳。如若秉心處理，終能保一家之災。見單快傳，如若不傳，必受刀兵之苦。」

在義和團的嚴正警告面前，奕劻想必肯定已是心生怯意，不可能不為自己的身家性命考慮。

進入這年六月，政治局勢變得更加嚴峻。六月十日，內閣明發上諭：「端郡王載漪，著管理總理各國事務衙門；禮部尚書啟秀、工部侍郎溥興、內閣學士兼侍郎那桐，均著在總理各國事務衙門大臣上行走。」這份文件中列舉的幾位大臣的名單，均是頑固仇洋的滿清權貴官僚。透過現象看實質，慈禧太后也已經失去了對奕劻的耐心和信任，剝奪了他在總理衙門的實際權力。這是一個明顯的信號：慈禧太后的恩眷已淡，他自己要好自為之。

六月十六日、十七日、十八日，清廷連續三天召開御前會議，緊急商討義和團興起之後朝廷應該採取的應對措施。在這次御前會議上，許景澄、袁昶、徐用儀、立山、聯元五大臣在御前會議上勇於直言，他們主張鎮壓義和團，反對攻打外國駐清使館，反對對洋人宣戰。許景澄等五大臣被清廷宣佈為投降派，綁赴刑場予以殺頭。

政治漩渦風浪險惡，此時清廷的掌舵人慈禧在端郡王載漪的鼓動下，已經下定了決心用義和團與外國列強決一死戰。

看到慈禧太后決心已定，奕劻只好閉上嘴巴，保持了他慣常的沉默。他深知逆犯龍鱗的後果，在國家與自身的安危之間，他只能選擇明哲保身的策略，暫時蟄伏下來，然後伺機行動，扭轉越來越惡化的政治局勢。

這裡需要指出一點，儘管奕劻與外交官許景澄等人的思想觀點大體上是一致的，但是在清廷最高層決策的過程中，他並沒有作為主剿派領袖站出來。這除了對載漪和義和團的恐懼外，和奕劻本人的性格密不可分。他圓滑，巧詐，城府很深，決不會冒殺身之禍去直言。尤其是看到慈禧戰意已決的情況下，他沒有也不會去據理力爭，因為那不僅於事無補，而且還會將自己拖入危險的泥淖。

據學者孔祥吉《奕劻在義和團運動中的廬山真面目》一文說：「新發現的檔案史料表明，從戊戌維新到義和團前後，奕劻一直為慈禧出謀劃策，對其言聽計從。二人關係詭秘，其親密程度，無人可比。當八國聯軍已經兵臨城下時，慈禧幾乎每天都見奕劻和載漪，密商對策；相反，軍機首腦榮祿受到了慈禧的冷落。庚子七月初一日至十九日間，慈禧居然召見奕劻達十六次之多，且與載漪共同召對，共謀西逃之策。」

孔祥吉先生在研究中發現，庚子年間，義和團排洋最為激烈的日子裡，慈禧太后召見大臣的名單中幾乎每次都少不了慶親王奕劻。如此密集召見意味著，慈禧對奕劻的寵信遠在一般王公大臣之上。

慈禧對奕劻寵信異常，奕劻則對慈禧格外出力。慈禧手中同時握了兩張牌，一張是載漪，利用義和團同列強正面抗爭；一張是奕劻，與洋人談判斡旋，在夾縫中另找出路。高明的政治人物都善於玩兩張牌，一左一右，一正一反。政治是萬花筒中的花花世界，僅僅只有一種辦法、一種謀略肯定是不夠的，只有把兩張牌玩得嫻熟了，才能夠左右逢源，永遠立於不敗之地。

在晚清政壇上，慈禧太后能夠在從容自如地駕馭朝政數十年，一個重要手段，是利用其錯綜複雜的姻親關係。

慈禧的姻親關係主要有兩支。一支是娘家的兄弟姐妹，比如慶親王奕劻，他的五兒子載掄娶了桂祥的女兒為妻。另一支來源於其夫咸豐皇帝。比如恭親王奕訢，是咸豐同父異母的弟弟；醇親王奕譞，也是咸豐同父異母的弟弟。慈禧內心裡深深明白，要確保江山不倒，還是用自己的人放心可靠。

從這個角度來看，慈禧對奕劻始終保持了基本的信任。慈禧打從骨子裡相信，奕劻一定會全力輔佐她，確保大清王朝的江山萬年長。

——事實上也正是如此。

一九〇〇年八月四日，八國聯軍分兩路自天津進犯北京。八月十五日清晨，慈禧帶著光緒以及大阿哥溥儁等人倉皇出逃，奕劻就在這一批出逃的人群之中。據《庚子記事》一書載：黎明時，太后御藍布夏衫，坐瀾公之車，光緒御黑紗長衫，騎馬，率同皇后、大阿哥，由神武門出西直門，至頤和園少憩。此次倉猝出逃，所有御用服食，概未備帶。妃嬪宮女均留京城，內侍亦未多帶。隨扈王公大臣僅端王、慶王、那王、肅王、倫貝子、瀾公、剛毅、王文韶等二三十人而已。

慈禧太后、光緒皇帝逃離京城，留下了幾個大臣收拾爛攤子。此時，留在京城的外國人也慌了，他們眼看著社會秩序得不到保障，急於希望清廷有人出面，與八國聯軍議和。清廷留京大臣昆崗在一份報告中說，各國公使多次到慶王府，尋覓慶親王而不得。各國洋人都說，慶親王奕劻辦事多年，最為信服，他們請奕劻務必在三天內返回京城，與八國聯軍會談，以安宗社而救百姓。

李鴻章上了一道奏摺，指出慶親王奕劻最為各國所倚重，雖已隨扈西行，應請飭令星夜回京。

英國人赫德也致函總理衙門，要求奏請朝廷，帶行簡派慶親王奕劻來京議和。

一九〇〇年九月三日，奕劻在英、日軍隊的保護下返回北京。

昨日已被剝奪總理衙門大臣的實際權力，被擱置到了一邊的奕劻，現在成了清廷離不開的人物。議和期間，奕劻在談判桌上力保慈禧。談來談去，有一條原則不變：只要能保證慈禧太后不受衝擊，其他的事情都好說。奕劻千方百計為慈禧開脫罪責，讓列強沒有在議和大綱上將慈禧列為禍首，也沒有逼她交出權力。

在這一場讓人眼花繚亂的歷史大變局中，慶親王奕劻成了最後的贏家。

議和結束後，奕劻的政治地位再一次上升，朝廷大小事務的處理，都隱約能看到奕劻的身影活躍其中。奕劻大權在握，聖眷不衰。光緒二十九年（一九〇三），大臣榮祿病逝，奕劻入值軍機處，任領班軍機大臣。集內外大權於一身，權傾中外。奕劻成了同治、光緒、宣統三朝政壇上的不倒翁，即使在後來幾次波濤洶湧的政治浪潮中，貪婪受賄的奕劻受到朝野多位大臣彈劾，仍然能平安無事。奕劻的「官場智慧」，是值得人們琢磨的。

「老慶記公司」富得流油

有人說奕劻是晚清首富，這話只是說說而已，不能當真。晚清時期，胡雪岩、盛宣懷、伍秉鑒、王熾等人都是富可敵國的大家族，奕劻的財富與之相比，恐怕不一定能勝過他們。雖然說奕劻算不上晚清首富，但是說他是晚清第一貪，決不會有人懷疑。

晚清的掌故、筆記和野史，涉獵到奕劻貪腐的筆墨實在太多了。

近代掌故大家許指嚴在《十葉野聞》中寫道：「慶王奕劻之貪婪庸惡，世皆知之，其賣官鬻爵之夥，至於不可勝數。人以其門如市也，戲稱之曰『老慶記公司』。上海各新聞紙之牘尾，無不以此為滑稽好題目。」

一九一一年，英國《泰晤士報》刊發《慶親王外傳》一文，稱奕劻「彼之邸第在皇城外之北，北京大小官員，無不奔走於其門者，蓋即中國所云『其門如市』也。」同時這張報紙還爆料說，慶親王奕劻僅僅在匯豐銀行一處的存款，就高達二百萬兩之巨。有清一代，奕劻之貪，與和珅不相上下。

奕劻擔任董事長的「老慶記公司」，做的生意只有一樣：賣官鬻爵。

在老慶記公司裡，只有出不起的錢，沒有買不到的官。任何級別的官帽子，只要肯出錢都能夠買到。官帽子標的是明碼實價，買賣官帽子的過程也是公開透明的。久而久之，買主與奕劻之間形成了默契：買主用紅紙封裝上銀票，等慶王府的僕人上過了茶之後，將紅包直接遞上，說聲「請王爺備賞」。奕劻也不客套，示意僕人接過紅包，說句：「讓你費心。」一筆交易就算達成了。如果說，官銜的品級高，需要的銀兩多，奕劻會再補充一句：「這事還要讓你費心。」這就意味著還要繼續交紅包。

買官鬻爵成了一樁生意，做生意自然需要投資。有的人家境並不富裕，或者說手頭上一時緊張，拿不出銀子來買官，就只好靠借債來買烏紗帽。借債的方式有很多，有的向錢莊借，有的向親戚朋友借，有的向典當行借高利貸。只要能買到官，到時候自然加倍償還。有了商人買了個知府，友人問他：既然經商可以賺錢致富，又何必去買官呢？商人說，這你就不懂了。三年清知府，十年雪花銀，雖然經商可以致富，但是過程太慢，人很辛苦。當了知府，體面不說，還能輕鬆賺錢，何樂而不為？清人歐陽昱《見聞瑣錄》中云：「如委群羊於餓虎之口，雖有強弓毒矢在其後，亦必吞噬而無所顧。」

奕劻賣官肆無忌憚，朝野激起千層浪，一片彈劾、罷免之聲不絕於耳。晚清幾次以反腐敗名義出現的台諫風潮，矛頭都直接指向慶親王奕劻。

先講一件與奕劻貪腐有關的小事。

光緒二十七年（一九〇一），兩宮回鑾後，奉慈禧太后懿旨，滿朝文武官員都須去拜見談判有功的慶親王奕劻。岑春煊因在兩宮西巡時護駕有功，是慈禧太后眼皮子底下的大紅人，他瞧不起貪腐聞名的奕劻，腳步一踏進慶王府，態度便顯得粗魯率直。給奕劻下跪磕了個頭後，岑春煊大咧咧地開口道：「慶王府向來難進，按例要交納紅包，臣無錢備紅包，就算有錢，也不能幹這個事。」一席話將奕劻嗆得無語，這兩個人後來成了官場上的死對頭。

奕劻位高權重，是軍機大臣的領銜人物，而岑春煊只不過是兩廣總督。一時扳不倒奕劻，岑春煊只好拿那些向奕劻行賄買官的官員們來出氣。

晚清官場有「三屠」：張之洞屠錢，袁世凱屠人，岑春煊屠官。

岑春煊之所以被人稱作屠官，是因為他從政崇尚威嚴，不講情面，經常彈劾違法亂紀和庸劣不稱職的官員。由於他忠於朝廷，敢說敢幹，不畏權貴，也被稱為「肝膽總督」。

這位「肝膽總督」在兩廣任總督時，彈劾處罰了一大批買官的官員。其中最為引人關注的是南海縣令裴景福案、廣州海關書辦周榮曜案。

岑春煊調任兩廣總督是光緒二十九年（一九〇三）。此時岑春煊受到慈禧太后的賞識，是朝廷的大紅人。在慈禧在背後撐腰，他的膽氣更壯，決心大幹一番，勵精圖治，整治官場。在兩廣總督位置上，岑春煊共彈劾貪官庸官一千四百餘人，「屠官」的力度之大，舉國震驚，貪官污吏聞之色變。官場上，提到岑春煊，官員們不稱他的名字，均以「猛虎」二字代指。有人懸賞百萬銀兩，請將岑調出兩廣。甚至英國人也將岑春煊稱為「滿洲之虎」。

關於周榮曜案，岑春煊在他晚年寫的回憶錄《樂齋漫筆》中曾有所提及：

粵海關監督向為膏腴之地，承平時恒為滿人所據，積弊日甚。部定額征每年五百萬兩，歷任監督，均由內務府奏派，一年一更。旗員視為利藪，所派之員，每年解部額均在三百萬左右，無一人能解足。餘奉命監督，即令奏調之馮嘉錫、朱祖蔭兩人充該關提調，認真整理，是年即征得六百六十萬兩，奏明以五百八十萬兩解部，留八十萬兩充本省經費。奏入，即奉命裁除內務府派員，以後即歸總督監督。並查獲舞弊侵餉之庫書周榮曜，侵蝕公帑，積資數百萬，與官紳往還，儼然世祿。當譚鐘麟督粵時，王某倚勢相結，得其重賂，榮曜亦恃有護符，隱其蠹國病商之罪，益自驕縱。遂納賄京朝，廣通聲氣，得慶親王奕劻之援，简任出使比國大臣，尚未出洋。餘發其奸罪，奏請革職查抄，凡積年贓款，達數百萬之多。以一簿書小吏而擁貲至此，並得濫竊名器，貽笑友邦，果誰屍其咎歟？

清朝的各處海關稅關，素來是滿清政府用來調劑奴才下人的肥缺，非內務府官員不能充當。雖說充當海關官員有巨額款項可貪，卻不能全部歸自己所得。清宮裡的上下關係，皆需要送禮打點。王照撰《方家園雜詠紀事詩》中曾明白無誤地指出，海關稅關都是慈禧太后的搖錢樹，需要化錢才能買到烏紗帽，上任後須報答清宮裡的掌權者。周榮曜上任廣州海關書辦前，只是清廷內務府的一名普通官員，上任短短幾年，積年贓款「達數百萬之多」，讓人驚歎。晚清時期，米一石不過白銀二三兩而已，積貲銀兩數百萬，以當時的米價標準折算，相當於人民幣三億多。海關一個普通官員，貪污款項竟如此之巨，實在駭人聽聞。

更讓人痛恨的是，在周榮曜貪污案被兩廣總督岑春煊揭開之後，他居然運動銀兩，買通老慶記公司董事長奕劻，不僅被免於處分，而且被派駐比利時大使館，成為清廷出洋的一名欽差。無怪乎岑春煊查辦此人後要感歎：「以一薄書小吏而擁貲至此，並得盜竊名器，貽笑友邦，果誰屍其咎歟？」

下面再說一說裴景福案。

裴景福（一八五五～一九二六），字伯謙，安徽霍丘人。光緒十二年（一八八六）進士，授戶部主事，後來下派到基層做官鍍金，先後在廣東陸豐、番禺、潮陽等縣擔任過知縣，光緒二十五年（一八九九）十二月，調任廣東南海縣任縣令。

進士出身的底子，且在中央機關（戶部）工作過，在官場上混了十幾年，才混到縣官這個位置，說明裴景福對官場那一套潛規則並非諳熟。

這麼說其實也未必盡然。依筆者看來，裴景福之所以長期在仕途上得不到提拔，重要原因在於他有一宗愛好，而這宗愛好在其他官員——尤其是頂頭上司的眼中看來，屬於不務正業，為官場所不容。

查閱裴景福履歷，發現他是個另類官員。裴景福一生酷愛字畫，窮畢生精力收藏歷代名人墨蹟，字畫、金石、碑帖等，藏品極為豐富，是中國近代十分有影響的著名收藏家。他的關於收藏的著作《壯陶閣書畫錄》，被人稱作「民國時期最重要的書畫著錄」。他所收藏的鐘繇《薦季直表》、王羲之《落水蘭亭序》、王石穀《黃河流域圖》、《運河圖》，自稱

「裴氏四寶」，極其難得。

一個人要當官，必須摒棄個人的若干興趣和愛好。這個道理裴景福不會不懂。裴景福出身在官宦之家，他的父親裴大中，曾先後擔任過蘇州、無錫、上海等地的知縣，北洋武備學堂監督，直隸通州知府等官員。裴景福從小跟隨在父親身邊，走南闖北，見慣了官場上的種種嘴臉，他對做官的諸多道理不可能不明白。

最要命的是興趣和愛好害了他。愛好人人有，當官須慎獨。你裴景福當官就當官，偏偏要去愛好什麼書畫、金石。須知：另類官員在官場中是很難混得下去的。即便在今天，一個官員如果愛上了文學、書畫、音樂，那麼最合適的去處是當文聯主席、作協書記。

有人認為裴景福一案是冤案。裴景福三十八歲那年，被從中央機構下放到南方基層鍛鍊，在好幾個縣當過知縣，深受社會各界好評，鍍金的效果也還不錯。在譚鐘麟擔任兩廣總督時，裴景福深受倚重，在裴的考察評語上，譚鐘麟對他讚賞有加，認為裴景福「敏達且有智謀」，政績卓著，富民有方。

然而天有不測之風雲。譚鐘麟卸任兩廣總督後，由布政使岑春煊接任，裴景福的宦海生涯也隨之發生了重大轉折。

原來，在譚鐘麟擔任兩廣總督時，岑春煊任廣東布政使。岑春煊為人專橫跋扈，在官場中經常與上級鬧彆扭，這是出了名的，他與譚鐘麟的關係也弄得很僵。譚鐘麟、岑春煊二人政見不合，雙方爆發了激烈衝突。比如在處置貪官周榮曜一事上，岑春煊曾深夜造訪譚鐘麟，逼問周榮曜行賄證據。譚鍾麟很不愉快，當場質問岑春煊，你一個布政使，憑什麼欺負到了總督府？岑春煊仗著有慈禧太后撐腰，一連上了幾道奏摺，不僅彈劾周榮曜，連同譚鍾麟也一起彈劾。

而在總督與布政使的每一次爭鬥中，裴景福都旗幟鮮明地站在最高上司譚鍾麟的一邊，遭到岑春煊的嫉恨是不言而喻的。等到譚鍾麟一調走，裴景福自然就成了政治鬥爭的犧牲品。

岑春煊彈劾裴景福的過程一波三折。譚鍾麟卸任後，岑春煊成立了專案組，正在積極著手準備裴景福的黑材料，清廷忽然發生了庚子之亂。慈禧太后、光緒皇帝向西逃難，清廷發下了一道諭旨，火速調岑春煊進京，為兩宮保駕護航。岑春煊離開廣東，裴景福逃過了一劫。

到了光緒二十九年（一九〇三），這年四月，裴景福終於有了點官運，當時兼任兩廣總督的德壽準備舉薦裴為道員。可是升官令尚未發出，岑春煊殺了個回馬槍，突然被清廷重新改派為兩廣總督。岑春煊重回總督府，念及前仇，首先取消了裴景福的任命，仍嫌不解恨，又向朝廷上疏彈劾裴景福。

岑春煊在上疏的奏摺中，羅列了裴景福的若干罪狀，云：天下貪官污吏莫多於廣東，而南海知縣裴景福尤為貪吏之冠。在岑春煊晚年撰寫的回憶錄《樂齋漫筆》中，他寫道：

余於戊戌歲開藩粵東，雖僅七十日而去，然於察吏安民，理財禁暴，分所當為之事，未嘗一刻去懷。粵省本多寶之鄉，官吏有求，俯拾即是，以故賄賂公行，毫不為異。其間最以貪名者，當推王某裴某二人為巨擘，余在任時備知之。為欲依法嚴懲，以謝粵人，會匆匆交代，僅劾罷王，未遑治裴也。及癸卯再蒞兩廣，裴猶官南海縣知縣如故，而其惡益稔。顧心計獨深，工於舞弊，凡所受納，皆無跡可尋，狡獪殆尤有過於他人。余特疏劾其聲名狼藉，請革職看管，出示招告。裴平日能以小惠結民心，竟無人發其罪惡。乃自願罰鍰充餉，冀免久禁。繳款未足，輒伺隙逃入澳門，賄荷蘭人為之護符，抗不歸案。余以外人庇及刑事罪犯，侵我國權，斷難隱忍，乃派員乘兵艦至澳門守提，迭經據理力爭，幾至決裂，而卒獲引渡。遂治以應得之罪，奏請充發新疆，即日押解啟程。該犯至是無可逃免，始離粵以去。一時人心大快，即海外民黨報紙，亦同聲稱道，足征此事為國人所共許。迄今粵人有言及王、裴者，猶深惡其為人也。

光緒三十年（一九〇四），對於裴景福來說，這一年是個倒楣透頂的年頭。被兩廣總督岑春煊盯住不放，向清廷彈劾他是廣東巨貪，這確實有些冤枉。晚清官場上無人不貪，裴景福當然也不會清白。說他貪污受賄應該是事實，說他是廣東官場中貪污數額最多的官員，實在言過其實了。選擇性反腐的真實原因，是因為他在官場上站錯了隊，跟人跟錯了。裴景福無可奈何，繳納了四萬銀兩的罰款後，再也無力繳納剩餘的八萬銀兩的罰金。

岑春煊限定的最後期間，是三天內必須繳清全部罰款。二月，春節剛剛過完了元宵節，裴景福的心情卻已是一片黯淡，像是落了滿地的鞭炮碎紙屑片。那一天，天色已經很晚了，裴景福才從官府中回到家裡。面對妻兒老小，他感到無地自容，感到自己對不起這個家庭。

面處絕境，在走投無路的情勢下，裴景福想到了一條路：他決定攜嬌妻和四歲的小女兒「叛逃投敵」，乘船去隔海對岸的彈丸之地澳門。

裴景福逃到澳門後，迅速升級為朝廷要犯。岑春煊派人抓捕引渡，向澳門總督高士德索要逃犯。高士德頂不住壓力，被迫無奈，考慮要交出裴景福。此刻的裴景福再也無路可走了，他想到了投海自殺，在死亡中去尋求解脫。故事富有戲劇性的是，當他獨自一人來到海邊的時候，澳門總督府的奴僕送來了一封信，那封信是他父親裴大中親筆所寫。父親在信中斥責他：「逃則永為異域之鬼，死則必加以畏罪之名。爾瞀亂至此，平日讀書何在？速歸，禍福聽之可也。」

裴大中不愧是在官場中混了一輩子的人，他講的人生道理至善至美。裴景福看過父親的親筆信後，羞愧難當，放棄了投海自盡的念頭，主動到澳門總督府投案自首，後被澳門當局遣返，押解廣州，交給了岑春煊。

按照岑春煊的想法，是要辦裴景福一個死罪。岑春煊在給朝廷的奏摺中云：據廣東官員及在粵紳士商民指控，裴景福貪酷多款，有婪索致命情事。經派人傳訊查證，裴景福有贓私累萬，草菅人命。正值查辦期間，裴景福又逃奔澳門，現已押解回粵，粵省人無不稱快。觀其民情可知其居官如何。還想借洋人對抗我等，實屬官場之敗類，即請立正典刑，也不為過。

岑春煊的奏摺報送清廷後，為裴景福說情的人為數不少。加之岑春煊彈劾裴的幾樁罪狀，均無法坐實。因此，裴景福被關入廣東大獄後，久久得不到判處的消息。此案拖了很長一段時間，清廷的諭旨終於發下來了：念其繳過部分罰銀，免其一死，發配至新疆，充作苦差，永不釋回。

大牢中的裴景福，在聽到發配新疆的消息後，心中的一塊大石頭才算落地了。他在獄中賦詩，表達自己絕處逢生的心情：

萬卷書能讀五車，
西行萬裡盡天涯。
雪山瀚海閑經過，
再到江南看杏花。

光緒三十一年（一九〇五），三月二十七日，裴景福由廣州啟程，經江西、安徽、河南、陝西、甘肅，於第二年四月初八日到達新疆烏魯木齊。與裴景福一起流放新疆的有廣西提督蘇元春、廣西左江鎮總兵陳桂林、候補通叛郭子芳、廣東遂溪知縣凌杏如等。其中蘇元春為湘軍名將，因中法戰爭後作為清廷代表與法國人談判，簽訂了屈辱的《廣州灣租借條約》，被國人斥罵為「賣國賊」，釘在了歷史的恥辱柱上。感時花濺淚，恨別鳥驚心，捆押在船艙中的一行人，個個都覺得肚子裡裝滿了冤屈。

裴景福即將離開廣州城的那天，廣州天字碼頭有十幾隻小船來為他送行，被河岸上官府的士兵們驅散了。裴景福站立船頭，向前來送行的鄉親們拱手鞠躬，腰身彎曲成九十度，淚流滿面。還有人為裴景福送來了三袋大米和兩筐蔬菜，囑他沿途保重身體，來日方長。弟弟裴景安站在送行的人群中，眼眶潮濕，神情鬱悶，裴景福便安慰他：「人處艱難，惟堅忍順受，便無入而不得；反之，恐患難將有甚焉。修身以造命，悔過回天，願共勉之。屈子云，苟餘其心其正兮，雖僻遠其何傷？」①

離開廣州，裴景福一路北上，滿目蒼涼，在他筆下都化為畫意與詩情。裴景福有寫日記的好習慣，他備好了一個布袋子，將沿途每天所見所聞以及隨手寫下的詩作一一放入布袋中，以備日後整理修改。

經過一年多的西行②，行程一一七二〇餘里，裴景福終於抵達新疆烏魯木齊——而他身邊的僕人和婢女，卻都已在西行的艱難途中病逝了。到達戍所之後，裴景福被新疆巡撫聯魁看中，召為幕僚，參與編修新疆圖志等文案工作。在此期間內，他將沿途所寫日記進行修改整理，編撰成《河海昆侖錄》一書，印行流世。書中記行、敘事、寫景、言志、抒情，詩文相映，情事互補；自然風光、民情風俗、時事、歷史、輿地、軍事、外交、繪畫、書法、古玩鑒賞，乃至股票，無所不包。而論為人，談治學，更是識見深刻。從《河海昆侖錄》一書中，讀者不僅可以深切感受到裴景福流放旅途勞頓之艱辛，還能咀嚼出一個官員飽受磨難後複雜曲折的心路歷程。

光緒三十四年（一九〇八），慈禧太后和光緒皇帝先後辭世，清廷進入到最後的倒計時。這一年，朝野有人為裴景福叫冤鳴不平。鳴不平的是裴景福在新疆戍所裡的難友——輔國公載瀾。此人是道光皇帝的第五個兒子，庚子之亂期間，載瀾署右翼總兵，與義和團遙相呼應。八國聯軍攻佔北京城後，清廷派奕劻議和，載瀾被八國聯軍指為「禍首」之一，被清廷奪其爵位，流放新疆。在新疆戍邊時他與裴景福熟識，並引以為知己。後來，載瀾平反回到北京城，時刻思念仍然遠在新疆戍所裡的裴景福，於是上疏清廷，請求複查裴景福一案。

清廷派兩廣總督張人駿複查此案。經過一段時間的調查取證工作，案子複查的結果出來了，此案確係冤假錯案。

宣統元年（一九〇九）七月，裴景福平反昭雪，釋還家鄉。

回顧自己半生的宦海生涯，裴景福無限感慨，他在日記中寫道：「天下最淒清最慘澹之境，處之最有味；最炫耀最快足之境，如自以為有味，則最淒慘最抑鬱之境即肇乎其中，為民牧者更宜加意。蓋我所炫耀快足者，而小民此時已淒慘抑鬱矣。我之最淒慘抑鬱，已播種於此時矣，人若不覺察耳。」

如此深刻的反省警句，凡順境中為官者是無論如何也領悟不到的。

裴景福回到內地後，暫住江蘇無錫，陪伴年事已高的老父親。閑來無事，裴景福常以收藏金石字畫自娛。兩年後，辛亥革命爆發，大清王朝轟然倒塌，新的民國來了。裴景福在民國時期曾任官，擔任民國安徽省公署秘書長，但是他任官時間不長就辭職了。裴景福的晚年寓居上海，與同樣寓居滬上的岑春煊偶爾碰面，經歷過人世間的滄桑之後，他把一切都看得透了。民國掌故中說，裴景福幾次主動去拜見岑春煊，二人盡釋前嫌，談笑風生，像是一對多年的老朋友。

裴景福一生留下的著述有《河海昆侖錄》，《睫暗詩抄》（六卷），《壯陶閣書畫錄》，《壯陶閣字帖》（六十四冊）等。民國十五年（一九二六），裴景福在上海病逝，享年七十二歲。

晚清政壇上指鹿為馬的故事不少，裴景福貪腐案是其中之一。也許他在官場中確實收受過禮金賄賂，但是岑春煊指責他拿銀子買官帽子，向老慶記公司行賄，卻是子虛烏有的事。裴景福的履歷與慶親王奕劻並無任何瓜葛，甚至他根本就不認識奕劻，岑春煊給清廷的奏摺純屬栽贓。

岑春煊試圖以廣東基層的幾樁貪腐案來扳倒清廷大人物奕劻，只是他個人的一廂情願。據說，當廣東周榮曜案、裴景福案浮出水面時，岑春煊在京城謁見慈禧太后，當面狀告慶親王奕劻貪得無厭。慈禧太后問他：「你說奕劻貪污，有何證據？」岑春煊說出了周榮曜、裴景福兩案，然後理直氣壯地問道：「斯時慶親王掌管外務部，周榮曜出使比利時，裴景福出逃澳門，都被慶親王保下了。沒有賄賂，慶親王何至於如此？」慈禧太后聽罷，淡淡一笑，說道：「奕劻太老實，他是上人的當了。」

如果說奕劻賣官帽子以前只是小打小敲的話，大肆受賄，瘋狂賣官，則是在他領銜軍機大臣之後。

晚清大臣陳夔龍，原來是榮祿手下的心腹幹將。榮祿病逝後，陳夔龍迅速改攀高枝，投到奕劻門下，當上了直隸總督。許指嚴在《十葉野聞》中云：「夔龍督直時，每歲必致冰炭敬數萬，幾去其的收入之半。其他緞匹、食物、玩好等，不計其數。」

陳夔龍出身寒門，靠自己的精明能幹以及善於討好上司而平步青雲，在晚清官場上被稱為「巧宦」。他能擢升為奕劻的嫡系，走的是夫人路線。陳夔龍先後娶過三任老婆，前兩個都因病辭世，最後娶的一個名叫許禧身，出生於浙江杭州的名門望族。這位許夫人知書達禮，落落大方，官場上的各種禮節也十分熟悉，在京城很快就同王公眷屬們混得面熟，旗人門子裡的福晉、格格，對這位南國佳麗也特別親近。奕劻領樞軍機後，許夫人自然常到慶王府去走動，日子一長，與幾個格格熟識了，互相以姊妹相稱。奕劻見了這個乖巧的女子，心裡也十分喜愛，索性收她為乾女兒。

晚清官場上，陳夔龍怕老婆是出了名的。如今許夫人成了慶親王的乾女兒，他更是百依百順了。夫人是奕劻的乾女兒，陳夔龍自然成了奕劻的乾女婿。由於多了這麼一層關係，陳夔龍官運亨通，仕途上一路躥升。

大概是陳夔龍禮物送得太多了，奕劻也覺得不好意思，有一次，奕劻對乾女婿陳夔龍說：「你太費心了，以後還須省事為是。」陳夔龍恭恭敬敬地應答：「兒婿區區之忱，尚煩大人過慮，何以自安？以後求大人莫管此等瑣事。」奕劻聽後莞爾一笑，「蓋默契於心也」。

就在朝廷公佈陳夔龍的新任命後不久，京城宣武門外北半截胡同廣和樓酒肆裡，出現了不署名之題壁詩二首，其一：

居然滿漢一家人，乾女乾兒色色新。
也當朱陳通嫁娶，本來雲貴是鄉親。
鶯聲嚦嚦呼爹日，豚子依依戀母辰。
一種風情誰識得？勸君何必問前因。

其二：

一堂二代作乾爺，喜氣重重出一家。

照例定應呼格格，請安應不喚爸爸。
岐王宅裡開新樣，江令歸來有舊銜。
兒自弄璋翁弄瓦，寄生草對寄生花。

解讀這兩首詩，還牽連到一個人物。詩中的「朱陳」，陳指陳夔龍，朱則指安徽巡撫朱家寶。朱是雲南黎縣人，是積極回應張勳復辟的地方大員。他的兒子朱綸，曾經拜奕劻之子載振為乾爹。因此詩中有「乾女乾兒」之句，「雲貴」指陳夔龍、朱家寶的省籍，一個雲南一個貴州。奕劻父子是滿人，朱、陳是漢人，故曰「滿漢一家人」。「鶯聲」寫許夫人之嬌態，「豚子」喻朱綸依戀乾媽。「一堂二代」即奕劻父子。清代皇族之女稱「格格」，許夫人拜奕劻為乾爹，自然該稱呼「格格」。岐王為唐玄宗弟李范，借喻奕劻。「開新樣」指以聲色自娛。「江令」一句，說的是御史江春霖因彈劾奕劻，而被罷免官職一事。古人將生男孩稱為「弄璋」，生女孩稱為「弄瓦」，載振收乾兒子喻為「弄璋」，奕劻收乾女兒喻為「弄瓦」，十分貼切準確。寄生草喻朱綸，寄生花喻許夫人。

這兩首詩在晚清官場中不脛而走，流傳範圍極廣，影響也大。

在老慶記公司眾多的賄賂者中，出手最大方的是袁世凱。

榮祿在世的時候，奕劻的權力還沒有那麼大，巴結他的人不多，所以他得到受賄的機會也不多。等到奕劻領樞清廷軍機處後，情勢頓時就改變了。據劉厚生撰《張謇傳記》一書：

在光緒二十九年癸卯以前，袁世凱所最注意的，僅僅是一個榮祿。其時慶王為外務部領袖，亦居重要地位，而袁世凱之所饋贈，並不能滿足慶王之欲。慶王曾對人發牢騷說：「袁慰亭只認得榮仲華，瞧不起咱們的。」

但是自從庚子之亂，榮祿經此命運之打擊，身體狀況大不如前。體弱多病，時常請假。清廷朝野有各種消息傳聞，說榮祿或將不久於人世，慶親王奕劻有望執掌大權，領樞軍機處。袁世凱打探到這一消息後，即派心腹楊士琦帶了十萬兩銀票，前往慶王府，主動上門拜見。

劉厚生《張謇傳記》一書中云：

> 奕劻初猶疑為眼花，仔細一看，可不是十萬兩嗎？就對楊士琦說：「慰亭太費事了，我怎能收他的？」楊士琦回答得很妙，他說：「袁宮保知道王爺不久必入軍機，在軍機處辦事的人，每天都得進宮伺候老佛爺，而老佛爺左右許多太監們，一定向王爺道喜討賞。這一筆費用，也就可觀。這些微微數，不過王爺到任時的零用，以後還得特別報效。」慶王聽了，不再客氣。

楊士琦③，安徽泗縣人，為袁世凱重要幕僚。到底是在官場上歷練太久的人，說出的幾句話十分漂亮，也相當得體。送錢不提錢，只說在軍機處花費太大，需要給太監們賞銀。而且說這十萬兩銀票只是「些微微數」，王爺到任之時，「還得特別報效」。

劉厚生《張謇傳記》中說，不多久，榮祿果然病逝了。慶親王奕劻領樞軍機之後，楊士琦說的話並不含糊。月有月規，節有節規，年有年規，遇到慶王及福晉的生日，唱戲請客及一切費用，甚至慶王的兒子結婚，格格出嫁，孫子做滿月、周歲，所需開支，都由袁世凱預先佈置，不費慶王府一錢。

袁世凱投奔奕劻後，深受奕劻賞識。劉厚生在《張謇傳記》中說：「弄到後來，慶王遇有重要事件，及簡放外省督撫藩臬，必先就商於袁世凱。表面上說他保舉人才，實際上就是銀子在那裡說話。」

奕劻賞識袁世凱，一來是袁世凱本人確有真才實學，二是捨得花銀子。不僅如此，袁氏門下不少人也借此攀上了高枝，老慶記公司許多人成為升官發財的一條捷徑。後來，段芝貴收買載振一事在天津敗露，「楊翠喜案」震驚清廷，這件事成為引信，從而引發了彈劾奕劻的丁未大政潮。那一場大政潮牽扯到晚清上至王公大臣、下至知府御史的數百名官員，表面上看起來是銀子在其中作祟，實質上反腐爭鬥的背後，有著極其複雜的政治背景，並不是幾句話能簡單說得清楚的。

①原文見裴景福著《河海昆侖錄》第十二頁，甘肅人民出版社。
②裴景福從廣州到新疆烏魯木齊，共費時三七〇天。
③安徽泗縣楊氏家族，曾出現過五子登科的喜事。分別是楊士燮、楊士驤、楊士晟，楊士驄，楊士琦。時人稱作泗縣「楊氏五俊」，個個都做過高官，楊士驤出任過直隸總督，楊士琦擔任過民國交通總長，楊士驄擔任過山西鹽政使。

震動朝野的丁未政潮

清朝官制大多沿襲前朝，如三院、六部等。也有入關後因時因事增設者，如「軍機處」，「總理衙門」等。歷代官制，循循相因，兩千年來，弊端叢生。簡言之，中央政府機構臃腫，部院設置不合理，職責許可權不分明，地方行政級層較多，官員俸祿微薄，任其巧取豪奪。選拔體制陳舊，除科舉正途外，另有保舉捐納，出錢買官，使大量不具才德的官紳子弟混入官場，成了滋生腐敗的土壤。

光緒三十二年（一九〇六），秋天，清廷批准了出洋考察回國五大臣的立憲報告，頒佈《宣示預備立憲先行厘定官制諭》，由皇帝下諭旨宣佈改革官制，這是清廷的一場大變革。

九月四日，清廷官制大臣在頤和園召開了第一次會議。會後，由袁世凱擬定了中央官制，具體方案為：一，撤銷軍機處，內閣設總理大臣一人，左右副大臣二人，各部尚書均為內閣政務大臣；二，設十一部七院一府。這是一次非常大的官制改革，勢必會引起官場上的劇烈震動。

按照袁世凱的官制改革方案，由慶親王奕劻擔任未來的內閣總理大臣，袁世凱擔任副總理大臣。這樣一來，袁世凱大權在握，且能幕後操縱奕劻，清廷的改革路線圖將會成為袁氏改革路線圖。對袁氏的官制改革，其他政見不同的清廷官員們自然不會同意。

反對派首領是瞿鴻禨。瞿鴻禨（一八五〇～一九一八），湖南長沙人，此人以清廉著稱，時為清廷軍機大臣。由瞿鴻禨領頭，導演了一出轟轟烈烈的反腐活劇，打出的旗號是「肅清吏治」，矛頭直指袁世凱和慶親王奕劻。

這幕活劇的序曲，是由岑春煊直接拜見慈禧太后，當面討伐袁世凱、奕劻。岑春煊自稱是清廷的一條看家狗，無限忠於慈禧和朝廷，經過他的一番繪聲繪色的哭訴，慈禧太后對袁世凱、奕劻的信任根基有所動搖。之後，由御史趙炳麟、江春霖、趙啟霖①上疏奏摺，對袁世凱、奕劻進行彈劾。同時，利用北京、天津報刊發動輿論攻勢助陣，將序曲演繹得有聲有色。

這一番鬧騰，將晚清官場氣氛攪得沸沸揚揚。大臣孫寶瑄在日記中記述了當時的情形：「岑帥之突至，以霹靂手段為政府當頭棒喝，豈不使人可愛？豈不使人可敬？岑尚書乃一活炸彈也，無端天外飛來，遂使政界為之變動，百僚為之蕩恐，過吳樾懷中所藏者遠矣！」晚清五大臣出洋考察之際，吳樾懷揣一顆炸彈闖入列車廂席，爆炸聲引起清廷上下一片驚恐。孫寶瑄將岑春煊入京晉見慈禧比作吳樾懷中的炸彈，從中可以看出其影響之巨。

果然，其後不久，慈禧太后署名了袁世凱的親信朱寶奎郵傳部尚書的職務，改由岑春煊擔當此職。正當瞿鴻禨、岑春煊緊鑼密鼓地部署一場大戰役時，袁世凱、奕劻這邊陣營裡出了個醜聞紕漏：楊翠喜案。

楊翠喜案大致經過如下：為改東北為行省制，清廷派農工商部尚書載振、大臣徐世昌出關考察。載振、徐世昌途徑天津時，一次在大觀園戲園子裡看戲，見到女伶楊翠喜，此女色藝俱佳，載振驚為天人。時任天津巡警局總辦的段芝貴，以一萬二千兩銀子將楊翠喜買下，獻給王爺載振。這件事在汪康年主辦的《京報》上披露後，立刻轟動京城。瞿鴻禨手下門生、御史趙啟霖上疏奏章，彈劾段芝貴買歌妓獻於載振，得到黑龍江巡撫的官職。段芝貴是袁世凱手下的得力幹將，載振是慶親王奕劻的寶貝兒子，慈禧太后不敢怠慢，下令嚴查。這一場彈劾，以載振謝罪辭職為結局，對奕劻、袁世凱的權勢是一次嚴重打擊。

經過這一次動盪，慈禧太后對奕劻、袁世凱一派政治勢力開始警惕。清廷高層內部傳言，慈禧甚至醞釀了開缺奕劻的計畫，只是因一時找不到合適的頂替人選，才得以暫緩執行。官場中又有傳言，將以岑春煊替代袁世凱為直隸總督，連袁世凱本人也悻悻然表示：「久有去志，甚願大謀岑春煊或武進盛宣懷來代」。

楊翠喜案爆發後，這一案件成為奕劻、袁世凱與瞿鴻禨、岑春煊兩派政治勢力爭鬥的焦點。案發後，載振已經將楊翠喜帶入京城慶王府中，正準備將她娶為美妾。聽聞到彈劾的消息，載振匆忙祕密潛入天津，與袁世凱商量補救辦法。袁世凱一生經歷了無數大事，善後處理的辦法也十分老練。他先派部下將楊翠喜從慶王府中取出，帶回天津，又施展換人術，讓一鹽商王益孫頂包，說楊翠喜是王家買來的使女。並操縱《大公報》、《順天時報》，煞有介事地登出更正「楊翠喜案」的官樣文章。

等到清廷派出載灃、孫家鼐到天津查辦案件時，一切都已經安排停當。伶人楊翠喜搖身一變，成了鹽商王益孫買下的使女，並有立下的字據為證。商會總理王竹林也公開宣稱，自己根本拿不出那麼多錢借給段芝貴去給載振送禮。這麼一來，一樁言之鑿鑿的公案成了查無實據的冤假錯案。

負責調查此案的載灃，即是後來的攝政王。他雖然對袁世凱不滿，但是對奕劻還是有感情的。一來奕劻是親王，即便受到處分，仍然會留在京城，每遇逢年過節，還是會受到慈禧召見。如蒙召見，萬一奕劻在慈禧面前說自己幾句壞話，勢將對己不利；二來如果瞿鴻禨、岑春煊扳不倒奕劻、袁世凱，將來自己在官場上的日子會比較難混；第三呢，奉旨查辦案子，自己的每條言論都對清廷影響重大，因此戰戰兢兢，如履薄冰，不敢稍涉疏忽。

載灃、孫家鼐向清廷覆奏，御史趙啟霖上疏的奏摺「毫無根據」，純屬栽贓嫁禍之手法。

慈禧太后看了載灃、孫家鼐的調查報告，心中大為惱怒。隨即以「率行入奏、任意誣衊」罪將御史趙啟霖革職。

趙啟霖被革職，朝野一時輿論譁然。瞿鴻禨、岑春煊一派的大小官員紛紛寫來信件進行慰問，北京、天津、上海等地報刊也登載了不少文章，對奕劻、袁世凱進行抨擊。趙啟霖罷官離京那天，送行者達數百人之多，這對於清廷來說是個無形的壓力。

再說趙啟霖罷官之後，奕劻、袁世凱這邊也並不輕鬆。為穩妥起見，奕劻令兒子載振寫了份辭職報告，辭掉了農工商部尚書一職。清廷頃刻批復，同意載振的辭職報告，讓年紀輕輕的載振回家去養老。

雙方激烈的較量沒有結束。幾天後，御史趙炳麟上疏稱，言路不應阻遏，言官不宜獲罪，趙啟霖因彈劾奕劻而被罷官，是朝廷的恥辱；另一名御史惲毓鼎也上疏稱，言官不宜反坐，反對將趙啟霖革職。

還有一名御史名叫江春霖，福建莆田人，以敢於大膽直言而聞名。有一則掌故說，這個江春霖膽子賊大，連慈禧太后都敢直諫，有一次上朝時他竟然奏道：「老佛爺啊，您貴體安康，是臣民的福份。不過微臣還是要勸您，不要再用洋人的胭脂花粉了，那裡頭有毒素啊！」原來，江春霖見慈禧臉色紅潤，一口認定是擦抹了洋人的胭脂所致。慈禧令人端來一盆清水，洗過臉後讓江春霖仔細看。江春霖看過之後，趕忙下跪，道：「老佛爺，罪臣有眼無珠，罪該萬死！」慈禧莞爾一笑，說道：「真是個戇直御史，敢於直言，赦你無罪。」

御史江春霖也上了一道奏摺，詳細分析了載灃、孫家鼐調查報告中的種種疑竇，要求清廷將該案結論推倒，重新派人調查。

但是這幾個御史的奏摺遞上去後，如石沉大海，沒有任何消息。慈禧太后對載振接受性賄賂一案，並不打算置奕劻於死地。玩政治的高手們，經常用到的一個手法是點到即止，紅紅臉，出出汗，敲一敲警鐘，讓官員明白始終有雙眼睛在盯著自己，不至於太過胡作妄為就是了。

慈禧太后為什麼要換掉奕劻呢？不，那太沒有必要。多年政壇複雜鬥爭的經驗告訴她，要保住大清江山不倒，還是用自己人可靠，這比什麼都重要。

有了慈禧太后的這條底線，奕劻、袁世凱感到後防穩固了，於是開始向政敵展開反擊。一次奕劻入朝，面向慈禧太后單獨奏對，他說出了自己的想法：南方形勢緊張，廣東、廣西軍情不斷，當年岑春煊治理兩廣有方，不如讓他重回兩廣，加緊地方治理。慈禧覺得奕劻的想法有道理，遂點頭表示贊同。

第二天，朝廷明發諭旨：岑春煊任兩廣總督。

此時，距離岑春煊上任郵傳部尚書僅有二十五天。當初躊躇滿志，滿懷一腔抱負赴京，想在官場上有所作為。沒料到如此迅速被排擠出京，岑春煊憤懣不已，在一次友人的聚會上咆哮：「朝廷用人如此，真是不可思議。」隨即，岑春煊患起了政治病，他給朝廷上了道奏摺，稱自己身體不適，暫時不能到廣東上任。沒想到清廷根本不容他緩一口氣，連發諭旨催他趕快到任。岑春煊無可奈何，只好以養病為名，乘船去上海，準備先在滬上待一段時間，觀測風向，再伺機而動。

殊不料半道上卻忽然出了變故。

袁世凱在上海有個親信叫蔡乃煌，廣東番禺人。接到袁世凱叮囑他密切監視岑春煊的密件後，蔡乃煌即利用當時最先進的科技手段，為袁世凱扳倒岑春煊立了一大功。具體做法是：先是囑御史惲毓鼎給清廷上了一本奏摺，彈劾岑春煊勾結康有為、梁啟超，密謀推倒朝局。為了給惲毓鼎的上疏佐證，蔡乃煌令人找來了康有為的舊相片，將其與岑春煊的頭像合併在一起，運用暗房技術合成，看上去天衣無縫。那年頭人們並不懂高科技，有相片做證據，一切就都坐實了。

眾所周知，慈禧太后生平最痛恨的人就是康有為，見到岑春煊居然和她的仇敵如此親密，恨得咬牙切齒，岑春煊的官運也就走到頭了。因此，有了那道上諭，「七月初四，有旨，兩廣總督岑春煊久病未痊，員缺未便久懸，岑春煊著開缺安心調理，以示體恤。」

岑春煊失寵，是多米諾效應中倒下的第一張骨牌。接下來，瞿鴻禨、岑春煊陣營接連失利，沒過多久，很快就被稀哩嘩啦沖垮了。

瞿鴻禨的倒臺頗具戲劇性。一次上朝之後，慈禧太后把瞿鴻禨留下來單獨談話，說到慶親王奕劻，慈禧太后臉上表情複雜：「他是我一手提拔起來的，這幾年我看他也是足了，可以叫他休息休息吧！」聽太后這麼說，瞿鴻禨心中暗喜，回道：「太后聖明，如罷其權，正所以保全其晚節。」太后說：「我自有辦法，你等著看吧。」

下朝之後，瞿鴻禨忍不住滿心歡喜，正好有個門生汪康年來訪，言談間說到這事，不禁透露一二。汪康年是新派人物，早年同梁啟超一起創辦過《時務報》，對新聞事件十分敏感。他將這一消息捅到報上，引起外國公使普遍關注。有個英國公使夫人，和慈禧太后關係不錯，有一日，應邀進宮聚會，向太后詢問有沒有準備罷免慶親王這回事？慈禧太后大驚，問公使夫人消息從何而來？公使夫人拿出了那張報紙，白紙黑字，慈禧太后無話可說，自言自語道：「瞿鴻禨混帳！」

官場如戲場，驟然間風雲忽變，剛才還是東風，轉眼吹成了西風。慈禧太后本來準備罷免慶親王奕劻，不料因為瞿鴻禨操之過急，致使慈禧發怒，倒是他自己反被率先摒出軍機。一幕喜劇迅速轉換成悲劇，叫人哭笑不得。

①這三個御史以敢於直言聞名於世，時稱「清末三霖」。

治大國如烹小鮮

老子有句名言：治大國如烹小鮮。說的是治理一個大的國家，不能瞎折騰。要如同在鍋中煎魚一樣，小心翼翼，輕輕翻動。

執掌清廷大權的慈禧深諳這個道理。世人都知道奕劻是個大貪官，朝野議論紛紛，精明的慈禧太后不可能不有所耳聞。即便慈禧知道奕劻貪腐，那又有什麼呢？貪官是個不倒翁，這句話裡頭暗藏著深刻的道理。縱然奕劻個人品行上有諸多缺陷，但是關鍵有一條：這個人根紅苗正，家庭成份是旗人的背景，選擇自己人在政府要害部門中做官，穩當，安全，可靠。慈禧太后從來不懷疑奕劻對清廷的忠誠，以及對她本人的忠誠。對慈禧而言，一個無條件效忠於她的宗室親貴，才能體現滿人坐江山的合法性和正當性。

事實也證明慈禧太后的選擇沒有錯。

縱觀晚清歷史中的諸多關鍵時刻，無論是甲午戰爭、戊戌變法、庚子之亂，乃至後來轟轟烈烈興起的憲政改革，慶親王奕劻都表現出了絲毫不亞於恭親王奕訢的開明姿態和靈活身段，全心全意為大清王朝保駕護航。

在總理衙門位置上，奕劻盡忠盡職，工作成效堪稱優良；戊戌變法，奕劻堅定不移地站到慈禧太后這一邊，不顯山不露水，幫助慈禧渡過了難關；庚子之亂，八國聯軍攻入北京城，兩宮狼狽西逃，奕劻在與洋人的談判周旋中，極力維護慈禧太后，使慈禧順利脫離險境；晚清興起的立憲浪潮中，奕劻暗中支持袁世凱進行官制改革，推動清廷派遣出洋考察大臣；在清廷宣佈預備仿行立憲之後，奕劻又力促慈禧宣佈九年立憲，上疏：「若不及早將國是決定，使憲政克期實行，萬一人心不固，外患愈深，陷中國於朝鮮地位，臣等不足惜，其如太后、皇上何！」慈禧答應宣佈立憲年限後，奕劻奏道：「此事關係國家存亡。大詔一下，即須實行。惟實行憲政利於君利於民而不利於官，將來不肖官吏恐不免尚有希冀阻撓者。請聖上十分決心，然後可以頒佈，否則將來稍有搖動，恐失信於民，即危及君上，國家大局必敗於阻撓者之手。」

從奕劻的這番言論來看，這個人對世界潮流大勢是相當清楚的，對大勢的判斷也是十分準確的。在慈禧眼裡，奕劻老成持重，比年輕一代的親王更具有政治閱歷，有大局觀。在晚清的歷史進程中，奕劻的立憲主張持續升溫，客觀上也推動了清廷最後的幾場政治變革。連英國公使竇納爾也在一封私信中說，慶親王奕劻「是推動中國政府進步的一個杠杆」。

晚清小說家劉鶚在《老殘遊記》中這樣寫道：「贓官可恨，人人知之。清官尤可恨，人多不知。贓官自知有病，不敢公然為非；清官則以為不要錢，何所不可？剛愎自用，小則殺人，大則誤國，吾人親眼所見，不知凡幾矣。」

正如劉鶚所說，「贓官自知有病，不敢公然為非」。從個人的道德品行上看，無論朝野，人人都說奕劻是個大貪官，他對自己的低級趣味也並不隱瞞，不管別人怎麼說，依然照貪不誤。但是從工作能力上看，他卻又是無可挑剔的。看遍晚清政壇，再找個像奕劻這樣既忠誠於清廷、又有很強工作能力的高級幹部，實在也難。

慈禧太后死後，攝政王載灃當政，環顧整個清廷官場，不得不發出朝廷無人可用之感慨，挑來挑去，依然只能用慶親王奕劻。

載灃是光緒皇帝的三弟，也是末代皇帝溥儀的父親。他做了攝政王後，第一個政治目標是殺袁世凱。可是沒料到，卻遭遇了奕劻的強烈反對。理由有二：一是袁世凱長久統領北洋軍隊，追隨袁的將領黨羽遍佈天下，西太后剛走，南方革命黨活動猖獗，若是殺掉了袁世凱，將來出了大亂子，清廷無法控制局勢；二是袁世凱此時已經服軟，主動辭掉了北洋軍中的若干差事，又將北洋軍一、三、五、六各鎮交清廷陸軍部直接管轄，只要不苦苦相逼，他不會挑頭來對抗朝廷。

治大國如烹小鮮，千萬不可亂來。奕劻動之以情，曉之以理，經過一番相勸，攝政王載灃放棄了殺袁世凱的念頭。

放袁世凱回安陽洹上村去養政治病，等於是放虎歸山。

一九一一年，辛亥革命爆發，武昌城頭響起了槍聲。又是由奕劻承頭，帶領徐世昌、那桐等一幫權貴大臣，來向攝政王載灃出謀獻策。奕劻提議起用袁世凱，載灃雖然心裡頭極不情願，但是想來想去，還是必須得採納奕劻的提議。

清廷當時的嚴峻局面是「非袁不可」，要解開這個死結，必須依靠袁世凱。連各國公使館也在起用袁世凱一事上不斷向載灃施壓，例如，參加美、英、德、法四國銀行談判的美國代表司戴德就曾經說道：「如果清朝能獲得像袁世凱那樣強有力的人襄助，叛亂自然會平息下來。」

袁世凱率領清廷軍隊與革命黨作戰，雙方實力懸殊太大，沒用幾個來回，袁世凱就勝券在握了。但是他並不急於宣佈勝利，而是讓奕劻去當說客，說服清廷的當家人載灃和隆裕太后主動退位。

攝政王載灃的同胞弟弟載濤，曾經寫過一篇文章《載灃與袁世凱的矛盾》，登載在《晚清宮廷生活見聞》上。據載濤回憶，奕劻平日貪得無厭，無錢不收，袁世凱遂用大量金錢收買，拿銀子將慶親王奕劻餵飽了。袁世凱還賄賂了太監小德張，小德張拿了袁世凱的銀子，在隆裕太后面前說袁世凱如何忠心，但是各省紛紛獨立，前敵軍隊撤不下來，外債無望，餉項難籌，若不答應民黨的要求，則革命軍隊殺進北京，您的生命難保。倘若能主動讓位，則優待條件如何如何。

本章開頭部分的那一幕，就這樣堂而皇之地莊重上演了。

載濤之子溥佳在《清宮回憶》一文中寫道：

「我記得在民國初年，慶親王奕劻死後，他的三個兒子載振、載搏、載掄請我父親給他們分家，載搏因嫌分給他的現款太少，就對我父親說：『辛亥前各方面所送的金銀珠寶就不用提了，光是辛亥革命時，因為隆裕太后不發表《遜位詔書》，袁世凱為了恫嚇她迅速發佈，就向祖父（奕劻）和總管張蘭德（即小德張）每人報效了三百萬兩銀子，怎麼才分配這麼一點呢？』由此可見，接受賄賂，確實是那些權監的生財之道。」①

上文提到的奕劻之子載搏的話，無意中透露了一個事實：袁世凱曾送給奕劻三百萬兩銀子，同時還送給了當紅太監小德張同樣數目的銀子，袁世凱送銀子的動機，是讓奕劻、小德張幫助勸說隆裕太后退位。

同樣的意思，末代皇帝溥儀也曾經表達過。在《我的前半生》一書中，溥儀敘述了奕劻收受袁世凱賄賂，勸說隆裕太后退位的全過程，場面之細緻讓人驚訝。提及奕劻，溥儀氣憤地寫道：「奕劻受袁世凱的錢，勸太后讓國，大清二百多年的天下，斷送在奕劻手裡。只能是這個：醜！謬！」

一九一二年二月十二日，清廷接受優待條件，宣佈清帝退位。

清帝退位後，奕劻遷居天津。憑藉多年貪污受賄積累的財富，奕劻度過了生命中最後六年的時光。一九一八年，奕劻病死於天津慶王府。

慶親王奕劻去世後，其家人向小朝廷請求謚號。末代皇帝對奕劻深惡痛絕，想給出「謬」、「醜」、「幽」、「厲」之類的謚號。據溥儀在《我的前半生》一書中敘述，小朝廷給奕劻第一次擬的謚號「謬」，被其家人所退。載灃出面和稀泥，擬了個謚號「獻」，溥儀不答應，執意要給奕劻惡謚。後來還是在上書房眾多官員的調解下，給了一個「密」字。意思是讓奕劻在地下悔過自新，迷途知返。

然而在巨額金錢面前，一個人要做到迷途知返，實在太難了。

①《晚清宮廷生活見聞》，文史資料出版社，第二十三頁。

出場人物：剛毅、劉坤一、毓賢、啟秀。

第五章

庸官誤國

前面章節講述了清官和貪官的故事，本章想講講另一種官——庸官。

「庸」者，指平庸、昏庸、碌碌無為。天下本無事，庸人常自擾。這句話講的是庸人的一種生存狀態。本來什麼事都沒有，庸人卻無事找事，牢騷滿腹，怨言成堆，把自己的生活過得一團糟，也把他人的生活攪得一團糟。你的周圍這種庸人如果多了，也挺傷神。不過，庸人畢竟是社會個體，自擾算不上作惡，無傷大雅，對社會的危害也不太大。

但是庸官就不一樣了。庸官是一個地方的父母官，手裡有權有勢，一旦發號施令，或許將成為一個地方的災難。如果這個庸官的權力再大一點，掌管了政府某部門的權柄，危害的將會是整個國家。

庸官的種類不少，總體上說，不外乎思想平庸，精神資源貧乏，不求進取，毫無創見。他們循規蹈矩，抱缺守殘，像井底裡的青蛙，固執地認為自己看到的那一小片天空就是整個生龍活虎的天空。庸官的表現形式多種多樣，有的謹小慎微，有的八面玲瓏，有的溜鬚拍馬，有的老實巴交，有的瞎驢推磨，有的為政懶散，還有的既是庸官，又是貪官，而且還是酷吏——比如本章中將要講述到的這位主角，晚清大臣剛毅，就是一例。

剛毅（一八三七—一九〇〇），字子良，滿族鑲藍旗人。滿清一朝，以馬上得天下，文化素質普遍偏低，旗人官員中的顢頇昏庸者尤多。晚清掌故中有這麼一則：有一位漢人官員將要升遷副都統，上任前接受光緒皇帝的召見，光緒笑著對他說：「要去和旗人共事了，他們都糊塗哇，你可得多擔當著點！」旗人官員的素質在皇帝眼中即是如此，在其他老百姓心目中的地位，可想而知。

旗人官員中，剛毅的不學無術、昏庸嚴酷是有名的。他讀書甚少，胸無點墨，經常在大庭廣眾之下念白字，鬧笑話。這些還在其次，更要命的是這等低素質的人竟然得到清廷重視，授予高位，官任刑部侍郎、禮部侍郎、兵部尚書、軍機大臣等。儘管身居高位，卻是尸位素餐，翻檢晚清時期的各種筆記野史，剛毅簡直就是一個笑柄。李伯元的小說《官場現形記》中記述剛毅南巡故事，化名童子良，佔據四十六、四十七兩回主角。雖然說書中的情節全屬虛構，子虛烏有，但是也能從一個側面看出剛毅其人在晚清時被人諷刺嘲笑的地位。劉鶚的小說《老殘遊記》中，也拿剛毅的故事當素材，剛毅化名剛弼，一副固執自信、愚頑不化的派頭，什麼是「剛愎自用」，看一看書中人物剛弼就知道了。

在人們的思想觀念中，不要錢的官就是清官。可是劉鶚的譴責小說卻告訴人們，不要錢的官並不完全等同於清官。他們昏庸嚴酷，剛愎自用，殘害起老百姓來更加肆無忌憚，比貪官更加可怕、可恨。他們的所作所為，無非是在無數老百姓的累累白骨上，博得個「能吏」的美名，以更快的速度升官晉爵。

如果把貪官比作硬傷，那麼庸官則是暗傷。這些暗傷平時被太平景象所掩蓋，不易被人察覺，但是危害性決不容小覷。比如剛毅，一旦身居高位，就會將整個國家機器和老百姓的利益捆綁在一架戰車上，作為自己爭權奪利的挾持工具，後果是嚴重的，也是可怕的。

欽差大臣來了

對於大清王朝來說，光緒二十四年是一個重要年頭。這一年西曆是一八九八年，農曆戊戌年。這一年，清朝發生了宮廷政變：以慈禧太后為首的守舊派勢力向以光緒為首的改良派勢力發動了一場血腥屠殺，戊戌六君子被殺頭，康有為、梁啟超等人逃亡國外，光緒皇帝被囚禁於中南海瀛台，失去了人身自由。

戊戌事件本質上是一場維新變法運動。維新變法失敗，斷絕了用和平變革方式推進社會進步的最後一點可能性，中國政治出現了一次嚴重的倒退。英國報紙的一位評論員發表觀點說：這次事件給中國人的改良願望蒙上了一層陰影，中國的政治會像以往那樣發展下去。

變法失敗，維新派殺頭的殺頭，逃亡的逃亡。在新人哭的同時，清廷裡滿堂都是舊人笑。維新派人士噤若寒蟬，守舊派官員彈冠相慶，偌大的中國又重新陷入到黑暗、麻木和愚昧的泥淖裡，痛苦地掙紮、呻吟。

眼看著政權面臨崩潰的危險，當家人慈禧太后不能不急。風雨飄搖，內患外憂，經歷了太平天國之亂重創之後的清廷，像是飄蕩在汪洋大海上的一條破船，船艙裡已經開始四處漏水了。尤其讓人擔憂的是晚清財政，軍情火急，民情洶洶，打仗和維穩都需要銀子，還有向外國人賠款，操練新軍等等，也需要銀子。但是中央銀庫告罄，面對危急拿不出錢來，就等於是想救火卻沒有水，這讓鐵娘子慈禧很是傷神。

而地方財政卻日漸坐大，曾國藩、左宗棠、李鴻章之輩，不僅是近代軍閥的開端，也是近代財閥的肇始。江南、廣東一帶，又是有名的富裕之地。慈禧太后思來想去，決心痛下殺手，向地方財政要錢。

戊戌政變後的第二年，光緒二十五年（一八九九），清廷派出了中央檢查組，奉旨南下江蘇和廣東，清查財政，掀開了治理整頓的大幕。

中央檢查組的組長名叫剛毅，這一年五十二歲，正是年富力強的年齡。

剛毅之所以被重用，與他上一年在戊戌政變中的政治態度關係很大，也與他此前在官場上的種種表現關係很大。

戊戌政變中，剛毅的屁股堅定在坐在慈禧太后一邊，反對清廷變法，甚至主張廢黜光緒皇帝，被慈禧太后視為重要親信。

此前，剛毅的仕途是這樣的：最初是以刑部筆帖式起家，筆帖式是刑部裡的一個小官，通常所做的工作是將滿文翻譯成漢文，相當於如今的翻譯。因為工作幹得還不錯，慢慢提升為刑部侍郎。同治十二年（一八七三），清廷發生了楊乃武與小白菜案——此案被列為晚清四大冤案之首，案情複雜，朝野震驚，慈禧太后極其重視，親自過問，更是使得這個案子成為國人關注的焦點。這個冤案審理時間歷經三年又四個月，禮部侍郎胡瑞瀾、浙江巡撫楊昌浚、杭州知府陳魯、餘杭知縣劉錫彤等三十多名大小官員遭受了撤職查辦、流放服刑的處分。

楊乃武與小白菜冤案的主審官，就是這個剛毅。因辦案有功，剛毅在官場上聲名鵲起，後來出任過山西巡撫、江蘇巡撫、廣東巡撫等職。回京城出任軍機大臣後，慈禧太后大概正是因為看中了他的這份履歷，對南方江蘇、廣東的情況很熟悉，才讓他做欽差大臣，擔任了中央檢查組的組長。

剛毅在清廷官場中惹人眼睛的還有一件事。在他擔任雲南按察使期間，編輯了一本官員指南之類的書，名為《牧令須知》。牧者，放牧也，指的是當官的把老百姓當作一群牛羊去放牧。剛毅這本書，講的是放牧技巧。

《牧令須知》編印後，剛毅送了一本給慈禧太后審讀。慈禧文化水準不高，但是這類常識書還是能看得懂。她讀後大加賞識，又推薦給光緒皇帝讀，然後以皇帝的名義發了一道諭旨，讓全國的官員都來學習。

全國官場都在讀他編寫的書，當時剛毅炙手可熱的程度可見一斑。

《牧官須知》分居官、蒞任、用人、陋規、書役、辦差、聽訟、彌盜、荒政、保甲等十七章，重點闡述為官之道，重在清、慎、勤三字。屬於提高官員道德修養一類的書，有些文字內容還是不錯的，如《居官》篇云：當官先以操守為根底，慎守當官時的承諾，若投機取巧，百姓會認為你貪鄙。當官者失去節操，打官司的會向你賄賂。即使你沒有收受賄賂，百姓仍認為你是貪官。一旦遭遇彈劾，身敗名裂。一個人何用許多銀錢，若子孫賢而多財，損子孫志。唐張嘉貞曰：良田美宅，身後皆為無賴子弟酒色之資。人生苦短，活一百歲也只有三萬六千天，勸官員愛惜名聲，奉行儉約。又如《辦差》篇云：時常下鄉，與百姓課晴雨，談閒話，勸勤儉，戒浮惰。遇賢者禮之，遇愚者教之。官員勿爭訟，勿賭錢，勿妄為，勿窩匪。鰥寡孤獨廢殘，亦皆為之贍養……

《牧官須知》在全國範圍內推廣之後，剛毅再接再厲，又編撰了一部新書《居官鏡》。大講居官的八字箴言：忠、敬、誠、直、勤、慎、廉、明。這本書分六章，分論吏、戶、禮、兵、刑、工之政。貫穿全書的基本內容，是從政治原則上談如何做一名好官、清官。該書反復強調，居官辦事，全憑公心。居官立身，以操守為本。而官員最重要的操守，是牢記為國、愛民之意，尤以愛民為愛國之基礎。「為吏盡職，為民安分，各居其道，治理民安，則國家可以長保。故為政者，必以安民為本。安民之道，必以養民為先。倡議官員應該做到：民之所好者，好之；民之所惡者，惡之。

《清史稿》中，剛毅有傳，但未作任何評價，諱莫如深。晚清、民國的筆記野史中，剛毅出場時的形象都很糟糕。要麼搜刮民財，貪鄙無恥；要麼不學無術，專橫跋扈。《清代七百名人傳》的《剛毅傳》，在談到他赴江南查辦財政時，只說「但聞此次所到各省，多有收受陋規之事」，卻並未提及具體事項，欲言又止，半遮半掩。《清朝野史大觀》中則講得比較具體，云：「朝廷派剛毅赴兩江兩廣閩浙等省大肆搜刮，除常款外，無公私悉數取之，歲得千數百萬，海內騷然。此猶托為公家所取者耳，而飽入私囊者乃不可勝數。蓋回京之時，箱籠等物至數千件，道旁觀者皆曰，此中悉累累黃白物也。」

《清朝野史大觀》中的說法未必可靠。剛毅不學無術、專橫跋扈是真，但是說他搜刮民財，貪污受賄，卻不一定是事實。大概是因為剛毅其人平常的作風太過苛刻嚴酷，後來又在義和團之亂中推波助瀾，被世人指認為醜類，於是紛紛往他腦袋上潑污水。

所以說，要想在政界做一名好官，僅僅只有清廉是不夠的。

剛毅做官，極力維護滿洲旗人的利益，他公開宣稱：「開辦學堂者，不過是增長漢人的智慧，以危害我滿洲之朝廷。」平時掛在嘴邊上的一句話是：「清廷猶如吾家產。寧贈友邦，勿與家奴。」按剛毅的說法，大清帝國的偌大產業，寧可贈送給外國人，也是不肯交給漢人的。

這麼一個粗劣之輩，漢人對他的鄙夷和嘲諷，是一報還一報。

晚清、民國的筆記野史中，有關剛毅草包無能的段子還真不少。說他讀書甚少，經常在大庭廣眾之下念白字，引得旁人竊笑。瘐死，被他讀成「瘦死」；民不聊生，他讀成「民不耶生」；剛愎自用，他讀成「剛直自用」；等等。剛毅在軍機處當值時，四川奏報「剿番夷獲勝」，一折有「追奔逐北」，這裡的「北」是敗北，意思是追擊潰敗的敵軍。剛毅看後大怒，大聲罵道：川督何不小心至此？奏摺豈能任意錯訛？眾人驚詫不解，剛毅道：「此必逐奔追比之訛。」按照剛毅的理解，敵軍潰敗，我軍乘勝追擊，在戰場上比賽擒獲敵人。如果說是逐奔追北，豈不是認准了敵軍只會往北邊逃竄，不會往東南西邊逃竄？一席話說得軍機處的同僚們都樂了，帝師翁同和上前去糾正，告訴他「逐奔追比」的真實含義，剛毅尷尬地搖頭，從此把翁同和記在了心上，後來果然伺機報復。

有個京官寫了首七律，諷刺剛毅是白字大王，詩云：

帝將為王虞舜驚，皋陶掩耳必聞名。
舉賢曾舉黃天霸，遠佞思除翁叔平。
一字誰能爭瘦死，萬民可惜不耶生。
功名鼎盛黃巾起，師弟師兄保大清。

詩中最後兩句說的是剛毅推崇、慫恿義和團之亂，導致八國聯軍進攻北京，慈禧、光緒逃往西安，清廷幾乎慘遭覆滅一事。

剛毅沒有什麼學識，在官場上口碑不佳，卻能被慈禧太后加以重用，這是什麼原因呢？原來，封建時代的統治者，最看重的往往是大臣們的操守。在他們看來，居官而不貪污的人，當國家面臨危險的時候，就不至於因顧戀身家財產而不肯竭忠盡節，這樣的人必定是忠臣，是可以依賴和信任的。正因為封建時代的統治者存在這樣的想法，所以他們不但鼓勵清廉之臣，也願意加以不次之提擢，以作為一般臣僚之表率。剛毅能被慈禧太后看中，原因大抵如此。

英國傳教士李提摩太談他印象中的剛毅，是這樣說的：

「在我逗留北京的後期，二月二日那天，我如約去剛毅家中拜訪。他是滿族人，六十二歲了。第一次見他是在八十年代，那時他是山西巡撫，是那裡最頑固反對改革的官員。任何涉及到花錢的改革措施，都會被他立刻否決。他會說那是對錢的一種浪費，是勞民傷財。在山西，他同那些將古老的天文學和占星術混雜在一起的術士們打得火熱。在許多個夏夜，他一邊觀察星星，一邊聽他的那些朋友們講述有關世界的過時了的認識，內容是天體對人類命運的影響。每當接到為士兵演習購買子彈的申請書時，他的回復總是，鉛子彈太昂貴了，並命令士兵用土塊演習。」

英文《北華捷報》一位記者在一八九九年一月十六日的一篇文章中寫道：剛毅是一個全然無知的老頑固，他在職許多年，什麼也沒有學到。剛毅對洋人的狂妄和仇恨，很容易把這個帝國置於災難的悲慘境地——也許就在不久的將來。對於剛毅一八九九年夏天的南下巡查，那位記者認為，剛毅南下的使命，表面上是調查江南的厘金弊端，實際上是要借此機會將大清國的稅收從八千萬兩增加到一億兩。以便彌補帝國國庫估計約有二千萬兩的虧欠。而最重要的還是西太后需要錢，需要很多的錢，以鞏固她的地位，以便對付維新派。因而，剛毅就奉派為她去弄這筆錢。

不管怎麼說，一八九九年夏天，清廷要整治地方財政，為虧空的國庫籌錢，派出欽差大臣剛毅下江南來了。然而，這個欽差大臣卻又如此昏庸專橫，他一路南下，帶來的衝擊和碰撞是可想而知的。

舊賬與新賬

聽說清廷派欽差大臣下江南檢查工作，兩江總督劉坤一心裡很不高興。他在寫給浙江巡撫德馨的一封私信中滿腹牢騷地抱怨道：「唯被言官參劾，朝廷特派剛相南來查辦……鄙人屢掛彈章，抑賴聖明曲予優容，寧複以人言介意？」

在劉坤一看來，剛毅此次南來的任務，是來找他的麻煩的。劉坤一解嘲地寬慰自己：本官在戰場上出生入死，屢掛彈章，皇上最瞭解本官，豈能因言官的幾句參劾而在意？看得出來，劉坤一在鬧情緒，而且情緒不小。寫過信之後，劉珅一稱病請假，高高掛起了免戰牌，回老家舔傷口去了。

劉坤一（一八三〇～一九〇二），安峴莊，湖南新寧人，湘軍宿將。因參加湘軍與太平軍作戰，屢建功勳，清廷賞戴花翎，先後升任廣西布政使、江西巡撫，兩廣總督、兩江總督等職。

慈禧太后廢黜光緒之後，南方隱約有一股反對廢黜皇帝的呼聲，劉坤一是其中的代表人物之一。及至後來興起了義和團之亂，兩宮西逃，劉坤一又與李鴻章、張之洞、袁世凱等封疆大臣聯名宣導東南自保，他們稱皇室詔令是在義和團脅持下發出的「矯詔」、在東南各省抵制清廷支援義和團的命令。大概正因為有鑑於此，有的歷史學家認為劉坤一是維新派，但是事實並非如此。

激進派往往喜歡把事情問題推向極端，在他們眼裡，非黑即白，非白即黑。實際上，黑白之外還有灰色地帶。在晚清的帝后黨爭中，兩江總督劉坤一的屁股確實坐在光緒皇帝一邊，但是這並不代表他就反對慈禧太后。在帝、後兩黨之間，劉坤一所站的位置正是灰色地帶。他支持光緒皇帝儘快上位，理由有兩條：一是傳統士大夫的君臣觀，另一是他與帝黨首要人物翁同和的深摯友誼。

一八八九年，十八歲的光緒皇帝開始親政。晚清宮廷內部，出現了實際當權的慈禧太后與名義執政的光緒皇帝之間的矛盾。以榮祿、李鴻章、剛毅等人為主的中央及地方大臣組成後黨，控制著晚清的軍政大權。而帝黨的代表人物翁同和、志銳、文廷式等，都是一些並不掌握實權的文職官員。光緒皇帝真正想要「親政」，必須得把權力從慈禧太后那兒一點點奪回來。

光緒二十年（一八九四），中日甲午海戰爆發。這一年正好是慈禧太后的六十歲生日，為了過好六十壽辰，慈禧太后不想打仗。慈禧的這一想法正好與李鴻章的想法不謀而合。為了保存淮軍和北洋海軍的實力，為了給這個虛弱的國家一個休養生息的時機，李鴻章也不想打仗。

但是帝黨那邊的人物卻並不這麼看。他們不贊成對日妥協，主張抵抗，呼籲打大仗、打硬仗。光緒皇帝甚至不惜冒犯慈禧太后，發諭旨停止用海軍經費修建頤和園。在光緒皇帝的諭旨中，對李鴻章進行了訓斥，命令他督察淮軍將士，不能讓畏敵情緒蔓延。

帝黨的靈魂人物是翁同和。按照翁同和的想法，要對付慈禧太后，首先得扳倒太后倚之為左右手的李鴻章，並準備起用劉坤一來取代李鴻章。

起用劉坤一的首要措施，是將劉從兩廣總督調任到兩江總督的位置上。兩江總督，總管江蘇（含今天的上海）、安徽和江西三省的軍民政務，官居從一品，在清朝九位最高級別的封疆大臣中地位顯赫。劉坤一的政治立場傾向於年輕的光緒皇帝，對慈禧垂簾聽政、操縱皇權有腹議。在處理戰事的態度上，劉坤一十分不滿後黨的妥協，他指責李鴻章害怕開兵端，過於保守持重，同時致信軍機大臣李鴻藻，呼籲堅決抵抗日本。並且派出了五千湘軍北上，以作支援。

在百日維新中，劉坤一對光緒皇帝宣導的變法諸事態度比較消極。對康有為、梁啟超呼籲的「平等」、「民權」等不感興趣，對朝廷接二連三的變法詔令拖延推諉，百事只求其穩。就是這麼一個人，偏偏在戊戌政變發生後，屁股堅定地坐到了光緒皇帝一邊——此時的光緒皇帝已經被囚禁中南海瀛台中，所有的權力都被慈禧太后收回去了。

事實上，當時局勢的嚴峻程度，已經遠超出了一般大臣的心理承受範圍。戊戌政變後，康有為、梁啟超逃亡海外，不久，宮廷裡傳出了種種流言，有的說光緒已被囚禁，失去了自由；有的說光緒已不在人世，死因是被太后派人下了毒藥。對於忠君的大臣劉坤一來說，這樣的消息無異於晴天霹靂。他給朝廷上奏摺，警告後黨切莫輕舉妄動，奏摺中云：「人情危懼，強鄰環視，難免藉口起兵端。」一時任英國駐華大使的竇納樂，也向慈禧太后進言，稱假若光緒皇帝此時去世，將為各國所不能原諒。

以劉坤一為代表的封疆大臣們，發出的呼籲聲引起了慈禧太后的警惕。光緒皇帝是面旗幟，如果這面旗幟不倒，那些封疆大臣必然會團結在旗幟之下，形成一種對抗的政治勢力。因此，慈禧太后痛下決心，要廢除光緒皇帝，立端王載漪之子溥儁為大阿哥，這一事件史稱「己亥建儲」。

劉坤一此時正準備赴京城彙報，得知朝廷立大阿哥欲取代光緒皇帝之事，十分憤懣不平。據傳說，在從南京乘船啟程之際，劉坤一接到了朝廷聖旨，聽見了這個消息，當場倒地大哭。鬧得讀聖旨的官員十分尷尬，不扶也不是，上前去扶也不是。臨行前，劉坤一親自給朝廷擬發了一封急電《奏國事乞退疏》，大意是：光緒皇帝當初的改革並沒有錯，錯在激進；今天的國事更不能亂，必須維穩，保持安定團結。如果真的要將光緒皇帝廢除，立溥儁為大阿哥，那麼他這個大臣只好不幹了，請求告老還鄉，解甲歸田。

後黨迫於劉坤一的名望和實力，只能將廢置光緒皇帝的舉動擱置下來。

戊戌政變前後，剛毅始終扮演了一個不光彩的角色。變法失敗，剛毅奉慈禧太后諭令，在京城大肆搜捕變法維新官員。楊銳、林旭、康有溥，當日被捕，劉光第投案自首，譚嗣同在瀏陽會館被捕，楊深秀因詰問慈禧太后為何罷黜光緒皇帝，也在聞喜會館住處被捕。一八九八年九月二十八日，悽楚肅殺的秋天，戊戌六君子被押往宣武門外的菜市口，由剛毅親自監斬。

在整個帝黨與後黨的較量中，剛毅都擔當了後黨衝鋒陷陣的急先鋒。

晚清狀元張謇有個兒子叫張孝若，在回憶錄中寫道：「等到恭王一死，小人漸漸出頭擅起權來。在太后那一方面，就要排斥翁公，使帝黨孤立；在帝黨這一方面，此時已經懷了變政的決心，覺得翁公過於持重，常常掣他的肘，心上也不願意。所以太后既要去翁，光緒也無可無不可了。」

張謇是晚清之際的一個特殊人物，牽涉到晚清的若干重大事件，始終處於晚清政商兩界的漩渦中心。他的兒子張孝若是其得力助手，也是當時若干複雜事件的親歷者和見證人，他寫的回憶錄應當是真實可信的。張孝若文章中的「小人」，指的就是庸官剛毅。恭王奕訢還在世的時候，是掣肘慈禧太后的一種重要的政治力量，慈禧還不至於太敢為所欲為。翁公指的是翁同和。翁同和是光緒皇帝的老師，也是輔佐光緒的重要人物，慈禧要把權力控制在自己手中，必須架空光緒，除掉翁同和。

史書上說，剛毅與翁同和素來不合，兩人互不買帳，擺在一起說不上幾句話。有好幾次，兩人論事意見相左，差一點當面翻臉。剛毅歷來將清廷的江山當作滿人的家產，他最有名的一句話是「我家之家產，寧贈友邦，不予家奴。」恭王奕訢去世後，剛毅仗著自己是滿人，對所有漢人都採取打擊排斥的辦法，對翁同和自然也不例外。

剛毅在慈禧太后屢上讒言，抹黑帝師翁同和，是翁同和倒臺的一個重要原因。劉坤一與翁同和有著深摯的友情，因此在他心目中，對剛毅其人本來就是十分反感的。加上他認為剛毅此次充任欽差大臣下江南，是來同他過不去，對剛毅的反感情緒就更加濃烈了。

以上說的是歷史舊賬。光緒二十四年（一八九八），剛毅下江南，搜括民脂民膏，老百姓苦不堪言，又欠下了幾筆新賬。

剛毅是個剛愎自用之人，處理事務專橫跋扈，容不得別人有不同意見。這種人有一宗好處：容易在官場上樹立威信。

講個故事，來說明剛毅立威的手段與方法。

有個官員名叫陶森甲，湖南寧鄉人，字榘林，曾隨大臣洪鈞出使德國、俄羅斯。洪鈞的如夫人是賽金花，當年也曾一同出國。陶森甲遊歷過歐美多個國家，視野開闊，思想新銳。陶森甲回國後，早先在陝西省任試用道，這是個虛職的官名，手中沒有什麼實權。但是出使駐歐洲的幾年經歷，讓他積累了洋務經驗，大大開闊了眼界，對中國近代化的諸多問題有了自己的見解。更重要的是，通過在陝西任試用道的途徑，他結識了一些達官顯貴，如軍機大臣榮祿、鹿傳霖、兩江總督劉坤一等，這些大人物後來都成了他在仕途上繼續攀登的「貴人」，給予了他許多幫助。

正是在兩江總督劉坤一的幫助下，陶森甲花了一筆銀子，買了個江蘇道員的官銜，從貧瘠的陝西調到富饒的江蘇，這其中的政治靠山既有劉坤一，也有晚清軍機大臣榮祿、鹿傳霖。陶森甲為人精明，辦事幹練，調到江蘇任官後，很快成為劉坤一的心腹，經常代表劉坤一與洋人議事。因為經常與洋人打交道，接觸密切，久而久之，陶森甲的行事作派也沾染了不少洋派作風。比如說，他不愛穿清朝官員的官服，除了正式場合外規定必須穿藍袍紅頂子的官服外，其他場合他都愛穿一身西服，或者穿一身休閒服。這與常見的官場作派不相吻合，因此也經常遭到其他官員們的非議。再比如說，陶森甲看見有些歐洲人愛蓄大鬍子，看上去沉穩持重，有長者風度。於是，他也蓄起了大鬍子，自稱「美髯公」，經常當著客人的面捋起大鬍子，誇耀自己出使德國、俄羅斯時的那些珍稀見聞。

陶森甲的新派作法贏得了許多官員的讚賞，同時，也有另一部分官員對此人看不慣，認為這個人違背了中國祖宗的遺訓，是假洋鬼子。這個情況彙報到欽差大臣剛毅那兒，剛毅面色凝重，低著頭，好半天沒說一句話。

剛毅治陶森甲的辦法，是猝然間給他一個下馬威。《清稗類鈔》中有一條云：

「光緒己亥，剛毅下江南籌餉時，候補道陶榘林觀察前往稟謁。陶美鬚髯，素有大鬍子之稱。剛一見，遽謂之曰：『以君之貌，若充漢奸，真無愧也。』陶無詞以應。」①

欽差大臣到訪，官員陶森甲按禮節前往叩拜，擱在其他官員身上不外乎就是寒暄一陣，套套近乎，說幾句表面上的官話。可是剛毅卻不一樣，他假戲真唱，借打壓陶森甲提高自己的權威，當面訓斥陶為「漢奸」，鬧得陶官員面子上十分過不去，很是下不了臺。

剛毅怒斥陶森甲「漢奸」，也並非是空穴來風。剛毅身上有一股濃厚的「義和團情結」，對所有與外國人打交道的人，統統都沒有好感。何況陶森甲是劉坤一的心腹，剛毅打壓陶森甲，也是想借此殺殺兩江總督的威風。

剛毅這麼一招，手段雖然不高明，卻十分奏效。江蘇官場上，官員們很快就知道了欽差大臣剛毅是個不留情面、鐵面無私的人，內心裡不自覺地對他懼怕了三分。

再講一個故事，說的也是剛毅在官場中操縱權力、掌控官員的手段。

江蘇有個官員名叫楊金龍，字鏡岩，湖南邵陽人。楊金龍從小家境貧寒，十九歲參加湘軍，隸屬左宗棠部，轉戰福建、陝西、甘肅、新疆、臺灣等地。一路打仗打下來，贏得了大小各種功勳不少，到了光緒二十六年（一九〇〇），楊金龍調任南京，統領督標各營，節制各處炮臺事務，被兩江總督劉坤一「倚為長城」。

當年劉坤一在湘軍中帶兵打仗時，楊金龍就是他手下的得力部將。有一次與哥老會的一夥匪徒作戰，劉坤一帶的人不多，被匪徒們團團包圍住了。傍晚時分，劉坤一登上城樓一看，城樓下黑鴉鴉一片，全部是哥老會的匪徒，頓時有種四面楚歌的感覺。劉坤一在心中暗想：「天滅我也！」寧死也不能讓哥老會抓活的，他決定自裁，讓幾名親兵準備繩子。正在此時，忽然，看見有一條火龍由遠至近疾馳而來。原來那是楊金龍率領的一隊援兵，打著火把及時趕到，驅散了哥老會的匪徒們，將劉坤一救了下來。

劉坤一出任兩江總督後，念起楊金龍有救命之恩的這段舊情，將楊金龍調到南京，統領督標各營，節制各處炮臺事務。楊金龍調到江蘇任官前後，正值北方義和團鬧騰得最厲害的時候，由剛毅等人牽頭，將「刀槍不入」的義和團大師兄引薦到宮庭，覲見清廷最高掌權人慈禧太后。慈禧太后仗著有義和團師兄保大清，魯莽地向洋人宣戰，結果八國聯軍攻入北京，慈禧太后帶著光緒皇帝狼狽逃往西安。在這麼一個背景下，京城之外的東南各省督撫們接受李鴻章、劉坤一、張之洞等人的倡議，保護在華洋人，嚴懲仇洋暴民，史稱「東南互保」。

在「東南互保」之前，清廷曾有密詔，命各省督撫「誅滅教會中西首領」。劉坤一接到密詔後，將密詔放入箱底，並不打算執行。再說當時在京城裡任協辦大學士的剛毅，心裡知道那些封疆大吏們並非人人都能和中央保持高度一致，不見得會執行這道密詔。於是他以個人的名義，給南方各省他熟悉的官員們寫信，希望他們能夠督促地方長官執行密詔，不要節外生枝。

在剛毅寫信的那些官員中，就有楊金龍。

剛毅在給楊金龍的那封密信中寫道：希望他迅速駐師吳淞，等待時機成熟後，襲擊外國列強的兵艦、商船以及城內的教堂。楊金龍收到密信後，馬上將隊伍駐紮進了吳淞，等待時機，遵命執行。

但是，楊金龍心裡十分清楚。兩江總督劉坤一早有「嚴檄」，下令全省部隊嚴正以待，防止暴民，保護外國人，違者以軍法論處。楊金龍的隊伍開赴吳淞的消息傳到了總督府，劉坤一大為震怒，立即派了一位親信軍官，拿著令箭去吳淞，下令隊伍停止進駐吳淞，撤回南京城內防止暴亂。劉坤一讓親信軍官給楊金龍捎信：如果不遵令，拿頭來換。

在兩江總督劉坤一的嚴令下，楊金龍無可奈何，只好乖乖地撤回到了南京城。在給剛毅回復的信中，楊金龍滿肚子委屈，說了他不得不撤回南京城的原因，信的末尾憤懣不平地寫道：「劉坤一身任封疆大臣，不保國家而保洋人，真漢奸也！」剛毅接到信後，一方面對劉坤一的舉動十分不滿，另一方面，又為心腹楊金龍的忠心耿耿感歎不已。他拿著這封信在官員圈中大肆炫耀，讚歎說，國家有這樣的忠臣，咱們的大清朝就有救了。

逢到一個機會，慈禧太后要剛毅推薦能夠帶兵打仗的將帥，剛毅二話不說，毫不猶豫地推薦了楊金龍。慈禧太后問道：「這個楊金龍，有何能耐？能比何人？」剛毅答曰：「江南武員，唯有楊金龍今天能稱為名將，此人可比古代名將黃天霸。」黃天霸是晚清小說《施公案》中的一個藝術形象，並非歷史上真有其人。當時的京城舞臺上，黃天霸是流行戲曲中家喻戶曉的主角，剛毅不愛讀書，把戲曲中的人物當作了歷史人物，惹得京城官場圈裡官員們的暗中哄笑。好在慈禧太后也是個讀書不多的主子，並沒有去細想黃天霸究竟是什麼人，將剛毅推薦的楊金龍提拔到了重要的領導崗位上。從此，楊金龍對剛毅更是俯首貼耳，死心塌地，成為剛毅政治棋局中的一顆重要棋子。

鐵面欽差大臣剛毅下江南，給南京帶來了隆隆的雷聲，面對一場躲不開的清查與整肅，江南官場一時間人人自危。各種各樣的官場眾生相，也在這一場經濟查核的運動中表現得淋漓盡致。

經過清理審查帳目，剛毅果然發現了不少問題。據作家雪珥在〈帝國中央破產——晚清中央財政治理整頓失敗記〉一文中分析：兩江在過去二十年內，後十年厘金收入大大多於前十年，但解送中央財政的數額並未有絲毫增加。與上海、蘇州兩地的厘局相比，江寧厘局徵收數額明顯偏低，除了地區差異外，關鍵在於內部腐敗。「委員侵吞稅款，巡丁欺詐勒索」。此外，在鹽稅、常關關稅等方面，均發現有大量問題。而且，兩江行政機關冗員氾濫，行政經費過於龐大。

隨後，剛毅轉到蘇州，重點清查整頓田賦，發現了大量被瞞報的已開墾荒地（因戰亂拋荒的農田，並非貧瘠的荒地），地主與官員上下聯手，令政府每年損失田賦高達數十萬兩銀子。經過一番調查，剛毅向中央報告，兩江整頓財政之後，可以增加收入一二九萬兩白銀。

當時的英文《北華捷報》對這件事報導說：

剛毅南下的使命，表面上是調查江南的厘金弊端，實際上是要借此機會將大清國的稅收從八千萬兩增加到一億兩，以便彌補帝國國庫估計約有二千萬兩的虧欠。而最重要的還是西太后需要錢，很多的錢，以鞏固她的地位，以便對付維新派。因而，剛毅就奉派為她弄這筆錢。

兩江官場上的官員們，暗地裡管剛毅叫「勒索大王」。他們一口認定，欽差大臣剛毅這次南下，整頓經濟只是個名目，實際上是來搜刮銀子。

兩江官場的大小官員，自覺不自覺地分成了兩派：一派支持，一派抵制。支持者只占少數人，他們認為，江南地區多年以來，以厘金徵收為代表，各地財稅部門的腐敗現象已極其嚴重，中央痛下決心，整頓財稅，掀起廉政風暴，確實大有必要，作為地方官，應該全力支持配合。抵制者占絕大多數，他們認為剛毅南下，打著整頓財稅的旗號，實際上是來搜刮銀子的。因此，這些人口頭上不敢明目張膽地反對，卻通過推諉拖延的方式巧妙應對。

據學者趙思淵在《清末蘇南賦稅徵收與地方社會——以光緒二十五年剛毅南巡清理財賦為中心》[1]文中分析，剛毅南巡始於光緒二十四年（一八九八）四月十二日，四月二十九日抵達江寧，六月十九日到達蘇州，七月三日抵達上海。剛毅南巡籌措錢款的措施包括四個方面：一、江蘇各鹽、厘局卡的攤派認捐；二、輪船、電報鐵路等局的報效；三、房契稅徵收劃歸中央；四、清理蘇、松、常、鎮、太五府州田賦。通過各方籌措，剛毅此行所搜刮的錢財可能在一九〇萬兩左右。

為剛毅制訂清賦政策的是江蘇候補道朱之榛，這個人年幼時視力就不好，及至中年近乎失明，被人稱作「朱瞎子」。

朱之榛，字仲蕃，號竹石，浙江平湖人。此人先後歷任江蘇督糧道、按察使、布政使，辦海運，管厘稅，清厘田賦，皆有績效，他在江蘇官場遊弋四十餘年，對江蘇吏政爛熟於胸，而審核財政，尤其所長，被歷任兩江總督所看重。

這個朱瞎子，在官場上治理財政是一把好手，但是處理自己的家務事，卻顯得有些無能。晚清諷刺小說作家李伯元在《南亭筆記》中，記錄了朱之榛的幾則軼事，饒有風趣。

朱之榛有個非常頑劣的兒子，整天與街頭潑皮無賴為伍，朱之榛拿他沒有辦法。有一天，朱之榛好不容易抓住了滿街遊蕩的兒子，牽著他的辮子捉回家，推進書房，手執銅環，吩咐左右拿來一把銅鎖，牢牢地鎖上了。朱之榛心想，這回兒子恐怕要在家老老實實呆幾天了。他貼著牆壁側耳傾聽，聽見兒子在書房裡走動的動靜，這才放心地去衙門裡上班了。誰知等他下班回家，打開書房門上掛著的那把銅鎖一看，兒子早已經翻窗戶溜掉了。

為公家理財有道，為自家教子無方，朱之榛就是這麼一個形象。

朱之榛幫助剛毅出主意，他說，蘇南賦稅徵收中的阻礙力量有三種，分別來自於官、吏、紳。官員之弊在於「匿報」，即隱匿當地農田收成及徵收額，從中獲利；吏之弊在於「侵蝕」，他們在徵收過程中，索要各種毀雜費，修改不同業戶的賦稅負責，造成業戶制度外的負擔；紳之弊在於「包抗」，即包攬、抗漕，利用自己的身分包攬平民的賦稅、漕糧徵收，從中賺取差價，有意地拖欠或少交稅額。雖然官、吏、紳都是拖欠賦稅的責任人，但是朱之榛認為，三者中最大的阻力還是鄉村士紳，需要重點打擊。

按照朱之榛的主意，剛毅對江南鄉村士紳痛下殺手，殺雞儆猴，親自過問了幾樁影響比較大的案子，其中歸宗郁案值得一說。

歸宗郁，字應侯，江蘇常熟人。就在剛毅下江南整治賦稅的前一年——光緒二十四年（一九八八），歸宗郁剛剛考中了舉人。按照江南歷來的規矩，一旦中了舉人的，就可以包漕（包攬漕糧，從中獲利），那簡直就是公開的祕密。舉人是地方上有名望的鄉紳，當地縣官一般都會他們放過一馬，即便遇到什麼事兒，也不會往深處去追究。這個歸宗郁前一年剛剛考中了舉人，志滿意得，以為可以通過包漕好好去撈點銀子。誰知道平地起風雷，正好遇到剛毅南巡整治賦稅，倒楣的歸宗郁不幸撞到了槍口上。

案情並不複雜。有一天，縣上負責管漕糧徵收的小官員湯敬恩來檢查工作，催繳漕糧。本來湯敬恩是例行公事，誰知歸宗郁卻並不配合。歸宗郁已將族中六戶人家的漕糧包在自己名下，按照規定，須繳納銀洋九千五百元。歸宗郁請求少繳點，至少也要抹掉那個零頭。湯敬恩並不答應，心裡想，這個人真不懂禮數，什麼禮物都沒有給大爺進貢，就想到要占公家的便宜。湯敬恩這麼想著，說話的語氣便有點粗魯起來。歸宗郁新中了舉人，正在興頭上，見眼前這位當差的小官不買帳，心裡早已有幾分不耐煩了。兩個人你來我往，說了不多一會便爭吵起來，最後大打出手，湯敬恩出手推了歸宗郁一掌，歸宗郁沒提防，一個趔趄摔倒在地上，額角上竟然撞出了血。

就是這麼一件小事，歸宗郁年輕氣盛，嘴皮子上不依不饒，當場指著湯敬恩的鼻子大罵，讓他等著，走著瞧，非要到官府中去告狀，讓他吃不了兜著走。

歸宗郁說到做到，第二天，他來到了蘇州府擂鼓喊冤。當時蘇州的知府是滿人彥秀，驚堂木一拍立即升堂，待問清了原因，彥秀沉吟一會，並沒有當場宣判處理結果。只是雙方各作調解，讓原被告兩邊都冷靜一點，眼下京城裡派來了欽差大臣，江南正值維穩時期，芝麻大的一點事，千萬不要鬧大了。

這個歸宗鄗只會讀書，對人情世故可以說一竅不通。見蘇州知府彥秀讓自己冷靜，他以為官司輸了，面子上十分掛不住。這時候他偏偏不夠冷靜，牛脾氣上來了，當場咆哮公堂，說知府彥秀沒有主持公道，官官相護，包庇湯敬恩。歸宗鄗說著說著，怒火從心頭升起，不管三七二十一，竟然抓起公堂上的一條板凳，狠狠地朝地上摜去。

這一下事情的性質就開始變了。知府彥秀也是個讀書人出身，一開始並不打算將歸宗鄗怎麼樣，見歸宗鄗如此不諳世事，心裡頭就活動起了嚴懲的念頭。第二天上午，向剛毅彙報工作的時候，蘇州知府彥秀添油加醋地講了這件事。剛毅初來乍到，正想著如何殺一隻雞來警告猴子，歸宗鄗這只雞就主動地飛到他面前來了。剛毅說，當此整頓錢漕之際，竟然發生了這種事，一定要嚴肅處理，不能稍事寬容。

有了上峰的指示，知府彥秀處理起案件來心裡便有了底氣。剛毅讓彥秀給朝廷上了一道奏摺，指責舉人歸宗鄗包抗錢漕，捏造事實，誣告他人。奏摺中云：

該舉人因漕書湯敬恩催繳，挾限搗毀漕書器具什物，以圖恐嚇。複闖入公堂喊冤喧嚷，謊稱被湯敬恩辱罵毆打，令官懲治。經該知府細訊情由，向其理斥。該舉人大肆咆哮，目無官長……

過了幾天，朝廷裡的諭旨發下來了。諭旨這樣寫道：

諭軍機大臣等，剛毅奏、清理漕賦。前因蘇州府包漕一案，業經奏請將舉人歸宗鄗等褫革懲辦矣。該省包漕積弊，牢不可破。此次清理漕賦，仍難保無刁紳劣衿，成群結黨，競起為難。如有違抗阻撓情事，指名嚴辦，毋稍寬縱。

也是活該舉人歸宗鄗倒楣，不僅取消了他的舉人資格，還被抓進大牢囚禁起來，由於他的任性，人生中有了一場本不該有的牢獄之災。

而剛毅清理漕賦，催辦錢糧的事，通過處理幾樁類似歸宗鄗案的案子，也就變得輕鬆了許多。在狼牙大棒的恐嚇面前，沒有多少人願意拿雞蛋去碰石頭。有鄉村紳士們帶頭繳納稅賦，剛毅的工作難度就減輕了不少。

①參見《清稗類鈔》譏諷類二，第四冊，一六五〇頁。

北京城裡發生的騷亂

剛毅下江南整治賦稅，為朝廷搜刮銀兩，一路到了南京、蘇州、上海和廣東。雖然有不少人暗地裡罵他「勒索大王」，但是整治的成效還是顯著的。正當剛毅的整治工作開展得如魚得水之際，忽然收到了京城裡來的一封急電，令他迅速回京。剛毅無可奈何，只好收拾行裝返程，匆匆中斷了這一趟南巡之旅。

打斷剛毅治理整頓的，是北京的政治局勢發生了急劇的變化。以端郡王載漪為核心的一派，將一場義和團騷亂鬧得如火如荼。他們逼迫光緒早日退位，以便將皇位讓給他的兒子——已被冊立為繼承人的大阿哥溥儁。而剛毅，正是載漪集團的骨幹成員，在他看來，朝廷裡的政治顯然比江南的經濟更重要。

義和團最初出現在山東省境內，以保衛身家、練習拳棒為目的，往往趁商賈集市之場所，約期聚會比試拳腳。後來，山東發生教案，引發民眾與教徒互相仇視，義和團遂演變為仇教團體。

義和團自詡身有神助，能避槍彈，有「紅燈照」、「藍燈照」等法術。其思想出自民間神明信仰，以及演義小說《封神榜》、《西遊記》、《三國演義》、《七俠五義》等，如姜太公、張天師、孫行者、梨山老母、二郎神、哪吒等，都是他們供奉的人物，也是他們施展法術時經常被附身的對象。

義和團最終能夠形成大氣候，與時任山東巡撫的毓賢關係甚大。

毓賢，字佐臣，監生出身，靠捐納銀子買了個官銜，一路在仕途中升遷上來。毓賢的宦海生涯，有大部分時間是在山東度過的。一八七九年，捐納同知後分派至山東；一八八九年，正式升任曹州知府；一八九五年，升授山東兗沂曹濟道，次年補山東察按使；一八九八年，升任山東布政使，次年任山東巡撫。

有意思的是，毓賢在任曹州知府和山東巡撫期間，對待義和團的態度截然不同，前後判若兩人。他任曹州知府的時候，對義和團毫不留情地堅決打擊，手段之殘酷，令人髮指，在官場上得了個外號為「屠戶」。毓賢對加入義和團的民眾大批逮捕、屠殺和濫用酷刑等恐怖手段，曾創下三天殺兩千人的紀錄，令人瞠目結舌。毓賢使用的酷刑手段千奇百怪，如打杖條、打板子、軋杠子、跑鐵鍊子、跪鐵蒺藜、站鐵鏊、氣蛤蟆（令受刑者仰臥，用鐵杠砸肚子）等等。最讓人受不了的是「站木籠」：在衙門前放置十二架木籠，每架木籠的內壁佈滿鐵釘，將人吊起來放入木籠內，然後在腳下墊幾塊磚，讓這個人處在落地與不落地之間，似踏非踏，似踩非踩。這樣一來，人在木籠內動彈不得，身子稍微一動，肉體就會被鐵釘刺得鮮血淋漓。如此這般反復折磨，直至把人吊死為止。

而到了他任山東巡撫的時候，毓賢對待義和團的態度為之一變，來了個乾坤大挪移。毓賢從曹州知府升任山東巡撫，是因為他殺人如麻，治盜有方，擅長對付民間起義。就在毓賢用嚴法大力整治地方的時候，他的上司、原山東巡撫李秉衡犯了個錯誤。李秉衡有清官之譽，但此人個性偏執，見不得洋人和洋作派。山東大刀會殺了兩個德國傳教士，李秉衡不僅不懲治罪犯，而且給予包庇。結果，德國人到法庭上告上一狀，李大人被革了職。毓賢是李秉衡的心腹親信，上任之前去看望上司，上司給他上了一堂課，李秉衡：義和團乃救國之良藥，雖然有點苦口，但是喝下這劑苦藥，大清江山就有救了。聽了上司的這堂課，毓賢腦子似乎忽然開了竅。上任山東巡撫後，其政策也是蕭規曹隨，和上司李秉衡一脈相承，放任義和團的各種活動，親自為義和團授旗，縱容拳民掠奪洋人財物，焚燒洋人教堂，肆意抓捕濫殺教民。

山東的義和團鬧得熱火朝天，接連殺了幾個傳教士和不少教民，此舉驚動了朝廷，派出新任山東巡撫的袁世凱去鎮壓。毓賢被分到山西去任巡撫，從濟南離職之後他來到京城，經過剛毅的引薦，毓賢面見了慈禧太后。在慈禧太后面前，毓賢大力陳述義和團對國家的種種好處，建議對義和團進行招安，讓他們成為保家衛國的一支重要武裝力量。慈禧太后聽了毓賢的陳述，不禁有點動心了。她派出協辦大學士剛毅前往調查。過了幾天，剛毅調查後回到京城，在頤和園親口向慈禧說了八個字：拳民忠貞，神術可用。

慈禧太后經過全盤考慮後，決定密召義和團進入京城，一時間，拳民入京者如過江之鯉，旬日之竟達數萬人。他們穿著各式各樣的服裝，手持大刀、棍棒和長矛，扛著旗幟，上書「奉旨義和團練」、「助清滅洋」、「替天行道」、「義和神拳」等等。慈禧太后召見義和團首領，親口加以鼓勵，讓他們好好幹，為朝廷出力盡心，將來朝廷不會虧待，云云。清廷最高領導人的召見和指示，對亂力怪神的義和團無疑是巨大獎賞，拳民們如沐春風，奔相走告，宮廷裡的王公貴族、親貴大佬們也競相趨奉信崇，義和團成了當時京城裡最時髦的詞彙，大師兄、二師兄之類的稱呼，也成了最有誘惑力的稱呼。廟宇府第，遍設拳壇，祭旗練功，呼嘯衢巷。義和團成員們放肆出入宮禁，橫行無度，稱洋人為大毛子，教士為二毛子，教民為三毛子。凡是用洋貨、讀洋書之人，皆以「毛子」視之，所有沾上了「毛子」二字的人，輕者抓捕問訊或拷打，重者上酷刑甚至殺頭。

一九〇〇年春天，義和團大舉進入京城。街頭上，每天都能夠看見一夥夥人擁過來擁過去，能夠見到拳民們襲擊教堂、外國使館的告示。《庚子紀事》的作者仲芳氏是當時情景的親歷者，他在書中寫道：「團民自外來者，一日數十起，或二三十人一群，四五十人一群，為及歲童子尤多，俱是鄉間業農粗笨之人，均以大紅粗布包頭，正中掖藏關帝神馬，大紅粗衣兜肚，穿於汗衫之外，黃裹腿，紅布裹帶。」許多沒有參加義和團的人，也紛紛冒充起了拳民。任何人，只要用一方紅布或者黃布包頭，即為拳民，無業遊民，乞丐人販，鹽梟馬賊，各色人等皆成了拳民，自稱大師兄、二師兄，神靈魔鬼盛行，仙姑聖母遍地，魚龍混雜，良莠不齊，整個北京城陷入到瘋狂騷亂的漩渦之中。

在那場中國式的折騰中，剛毅一馬當先，立下了汗馬功勞。

義和團不僅殺洋人和教民，還一口咬定光緒皇帝是洋教教主。他們喊出了要殺「一龍二虎頭」的口號，所謂「一龍」，指的是光緒；「二虎」，指的是慶親王奕劻和大臣李鴻章。庚子年（一九〇〇）五月，慈禧太后調派啟秀、溥興、那桐進入總理衙門，形成了以載漪、剛毅為首的北京當權派，掌控了最高權力。

這時候，朝廷的大臣們開始分化成了兩派。一派以外交大臣許景澄、袁昶、徐用儀、聯元等人為代表，他們主張鎮壓義和團，緩和與西方列強的激烈矛盾；另一派則是在朝廷中掌握了大權的載漪、剛毅、徐桐、啟秀等人，他們無條件地支持義和團，主張對外宣戰，攻打洋人的大使館。

義和團縱火焚燒正陽門後，慈禧太后更加坐臥不安了。她親自主持召開了幾次御前會議，討論戰與和的問題。此時慈禧的心情極其複雜，以她多年的政治經驗，慈禧對義和團的那套把戲心知肚明，除了騷亂，不可能給大清國帶來任何實際利益。但是洋人也實在太可惡，欺人太甚，鬧得她很沒有面子。在第二次御前會議上，清廷最高決策層吵吵嚷嚷，會場亂成一團糟。以載漪、剛毅、徐桐、崇綺、啟秀為首的一夥實權派官員大聲疾呼，要求慈禧太后支持義和團，把洋鬼子趕出中國。他們慷慨激昂，別的大臣稍有不同意見，便稱之為「通夷」，是裡通外國、出賣國家的漢奸。

慈禧聽了眾人的意見後，站起來說話了。她一開口，就表明了自己的態度和立場。慈禧說，她支持載漪、剛毅等人的看法，主張對萬國列強開戰。慈禧說完這幾句話，臉上露出了一絲殘忍的笑容，用陰冷的聲音問道：「諸位大臣有什麼意見？不妨陳奏。」

慈禧太后的話已出口，板上已經釘釘，讓其他大臣如何說法？但是，也有不怕死的人站出來，大膽表達了自己的不同意見。首先站出來的大臣是聯元，此人字仙蘅，滿洲鑲紅旗人，時任禮部侍郎。聯元坦率直言：「如果與萬國列強開戰，恐怕將來洋兵殺入北京城，必然導致雞犬不留。」聯元這句話一出口，慈禧太后臉上勃然變色，問道：「你說的什麼話？」在一旁乾著急的光緒皇帝再也忍不住了，從座位上走下來，一直走到外交大臣許景澄的面前，拉著他的手說：「許景澄，你是出過洋的，又在總理衙門辦事多年，外間情勢你都知道，這次能戰不能戰，你能明白告訴我麼？」

許景澄並沒有猶豫，挺身站起來，平靜地說道：「鬧教堂傷害教士的交涉，臣以前倒是辦過的，還不至於影響大局，可以通過賠款道歉了事。但是假若攻打使館，殺掉洋人外交官，則情節異常重大，國際交涉中也罕見這樣的事情。請太后格外留心，審慎待之。」

光緒皇帝聽了許景澄的這一席話，悲從中來，拉著許景澄的手失聲痛哭。許景澄也隨之涕泣。慈禧太后見御前會議上哭作了一團，扭過臉過厲聲呵斥道：「別哭了，成什麼體統！」

在仇洋派主導的這次御前會議上，慈禧太后最後還是決定向西方各國開戰。開戰的決定一旦作出，慈禧首先對主和派官員進行了「問責」，分別在一九〇〇年七月二十八日和八月十一日，處決了主和派官員許景澄、袁昶、徐用儀、立山和聯元。

慈禧太后在第一次御前會議與第二次御前會議上的表現，前後態度完全不同。在第一次御前會議上，儘管載漪、剛毅等人聲嘶力竭地叫嚷要向萬國列強宣戰，但是附和者寥寥無幾，會議無果而終。慈禧太后的態度也還比較溫和，只是臉色陰沉，吩咐眾大臣散會，改日再議。到了第二次御前會議上，慈禧太后的態度發生了明顯的變化。那麼，短短幾天，北京城裡究竟發生了什麼事？竟讓清廷最高決策者慈禧有如此大的改變？

有史料表明，其中有人做了手腳，偽造了英國公使的照會文件，欺瞞了慈禧太后。民國人物劉厚生在《張謇傳記》一書中這樣寫道：

剛毅、啟秀兩人，與總理衙門章京勾結，偽造英國公使之照會，內有要求那拉氏勿再干政，將政權交與光緒之語。剛毅、啟秀兩人，均是在總理衙門行走的人，那拉氏信以為真，怒不可遏，於是又開第二次御前會議。

按照劉厚生的說法，剛毅、啟秀的這一舉動，直接擊中了慈禧太后的要害。慈禧最痛恨的人是維新黨康有為、梁啟超，康、梁二人逃亡日本後，一直在遊說外國政府向清廷施壓，逼迫慈禧將權力交還給光緒皇帝。一提到還權於光緒，慈禧自然要聯想到康、梁二人。英國政府的照會文件中竟然如此說，使慈禧對萬國列強的態度急劇轉變，這才發生了後來第二次御前會議上的那一幕。

啟秀（一八三九～一九〇一），字松岩，號穎芝，滿洲正白旗人，是前面章節提到過的蘇州知府彥秀的哥哥。啟秀是同治四年進士，選庶起士，改刑部主事，歷任內閣學士、刑部侍郎，光緒二十四年（一八九八），授禮部尚書，命充軍機大臣兼總理各國事務衙門。

啟秀和剛毅一樣，也是晚清著名的頑固派。在他的腦子裡，中國的一切都是最好的，即使中國的蝨子，也是世界上最好的蝨子。當他第一次聽說美國的全稱叫做「美利堅合眾國」時，鼻子裡哼了一聲，不屑地說道：我大清國是世界上最美麗的國家，它美利堅算什麼東西？能趕得上大清國的順利嗎？能有大清國的無堅不摧嗎？在場的外交官聽了他這個話，臉上表現出尷尬和無奈的神情。

庚子之亂，啟秀在其中上躥下跳，十分活躍。朝廷殺主和派官員許景澄、袁昶、聯元等人的詔書，就是出自啟秀的手筆。及至義和團運動爆發，義和團配合董福祥部隊攻打外國使館，久攻不下，啟秀為之感到著急。他向慈禧太后出主意，推薦五臺山的和尚來幫助攻打使館。啟秀說，五臺山的和尚武功最高，如果能把他們請來，洋人使館即刻攻下。慈禧太后沒有理他這個岔。隨著戰事的展開，清朝軍隊和烏合之眾義和團顯然不是洋兵洋將的對手，慈禧心裡對載漪、剛毅、啟秀這夥人已經有了警覺。

八國聯軍攻破北京城之後，八月十四日凌晨進攻皇城東華門，慈禧太后聞訊驚恐至極，急忙帶著光緒皇帝、隆裕皇后、大阿哥等人出神武門，向西逃奔。當時的情景相當狼狽不堪，慈禧穿著一件舊衣服，化裝成農村老太太，一路顛簸流離，饑寒交迫，直到來到一片荒草地裡，懷來知縣吳永前來迎駕，慈禧太后聽說前方二十五里就是懷來縣城，有吃喝預備好了在恭候她時，這才一屁股坐在地上，放聲大哭了起來。

當初攻打外國使館的決策太魯莽，慈禧太后打從心底裡開始後悔了。

下面說說剛毅、毓賢、啟秀等頑固派大臣的結局。

八國聯軍進攻通州時，帶領武衛軍作戰的是長江水師大臣李秉衡。通州兵敗後，李秉衡自殺，隨同一起自殺的還是他的弟弟李鑒堂。朝廷令剛毅接替李秉衡的職位，幫辦武衛軍事務。這時候，八國聯軍已經近在咫尺，耳邊能聽見遠方傳來的隆隆炮火聲。載漪、載瀾倆兄弟主張拼死抵抗，即使魚死網破，也要死保北京城。剛毅卻打起了退堂鼓，主張向西北撤退，留得青山在，不怕沒柴燒。剛毅的話音剛落，憤懣不平的載瀾一個箭步衝過來，照準剛毅的臉上狠狠搧了一巴掌，怒聲罵道：「我們兄弟倆都是聽信了你的那些讒言，才相信了義和團的。如今弄到了這般境地，你卻要丟下大夥逃跑，居心何在？此時我手上如果有刀，一定要同你拼命！」剛毅挨了打遭了罵，心裡頭一肚子的冤屈，可是看看面前急紅了眼的載漪、載瀾兄弟，他們像兩頭髮瘋了的公牛，眼睛死死地瞪著他。剛毅沒有同他們再去理論，獨自一人低著頭悶悶地走了。

慈禧太后西逃，剛毅跟隨到了西安。一路車馬勞頓，心力憔悴，自知當初慫恿支持義和團鬧事罪孽深重，心理壓力很大。行至山西侯馬鎮時得了場重病，一連七天拉肚子，躺在床上再也爬不起來，就此一命嗚呼了。庚子之亂後，清廷與洋人坐下來談判議和，西方各國將剛毅列為主要戰犯，要求清廷加以懲處。清廷告知，剛毅其人已死，且被朝廷追奪了他原有的全部官職，洋人這才甘休。

毓賢的結局比剛毅更要慘。慈禧太后西逃途中，在山西欣州聽到一個消息：英國人李提摩太的兩個部屬被義和團殺了。慈禧認識李提摩太，而且兩人相處關係不錯。在慈禧看來，李提摩太和那些妖魔鬼怪的英國人不同，是個溫和優雅的英國人。李提摩太給慈禧捎來了一封信，信中說，他是因為春天去美國參加一個國際會議而倖免遇難，要不然，這輩子就見不到太后了。慈禧看過信，一絲憐憫之情湧上心頭。殺人地點就在欣州城東門的甕城之內，東城樓赫然在望，喋血之地近在咫尺，彷彿仍然能聞到血腥，慈禧對山西毓賢心裡有了一些厭惡。

毓賢從山東巡撫調任山西巡撫後，對洋人和教徒變本加厲，採取了更加殘酷血腥的手段，使山西成為全國洋傳教士和教民流血最多的地方。據史料記載，一九〇〇年三月毓賢任山西巡撫後，直接殺害耶穌洋教徒一五九人，其中英國人一百名，美國、加拿大、瑞典等國人五十九名。成人一一二人，婦女小孩四十七人。另外有天主教洋人傳教士三十二人。毓賢殺掉的山西省境內的中國教民多達上千人。有一座教堂被搶劫後焚燒成灰燼，拳民們要殺金髮碧眼的洋傳教士亨利，亨利坐在地上號啕大哭，說道：「山西的大災之年，我捐款五六百萬兩銀子，救活了數千人，可以換我一條命嗎？」情況彙報到毓賢那兒，冷酷的毓賢搖了搖頭，一票否決，令部下將洋人亨利快快殺掉了事。有個懷抱嬰兒的英國女子央求說：「我是醫生，並不是傳教士，是來中國救病人的。每年我救活了幾百個中國人，請求免我母子一死。」鐵石心腸的拳民根本不聽這一套，手起刀落，可憐的母子倆命喪黃泉。慈禧聽了驚人的彙報數字，又聽了不少類似的彙報材料，心中對毓賢的怨恨又增添了幾分。毓賢請求來見太后，慈禧擺擺手，很不耐煩地拒絕了。

在後來的談判議和中，外國人強烈要求懲處的戰犯名單，毓賢自然是逃不掉的。按照清廷法律處罰，毓賢本來是發配新疆流放，走到蘭州，有聖旨傳下來了——請就地正法，派按察使何福堃監斬。從起解的那一天起毓賢就有病，一路走走停停，心情鬱悶，本來有病的身體更是抗不住了。聽到朝廷的聖旨傳下，定了他死罪，更是神智恍惚，躺在病床上，顫顫巍巍聽令官宣讀了聖旨。行刑官提起一把大刀，照準他的頸脖一下砍過去，一刀沒有砍死。毓賢躺在血泊中痛苦地掙紮，疼痛難忍，身邊的老僕人看不過去了，主動上前助其斷頸。

值得一說的是，和剛毅一樣，毓賢在官場上是個不貪錢的清官。他經常掛在嘴邊上的是「三不主義」：不要錢，不要官，不要命。其實這話也就說說而已，不要錢他基本上做到了，不要官、不要命這兩條，他都沒有做到。毓賢的清廉在晚清官場上頗為有名，有一條史料云：八國聯軍攻進北京城後，毓賢想要遣散山西的那些義和團成員，但是麻煩來了，大師兄提出個條件，讓大夥走可以，須給一些遣散之資，兄弟們將來好各尋生活。這一條把毓賢難住了，他對大師兄說道：「本巡撫做官以來，清廉剛正，實在沒有什麼餘財，可以為諸位英豪壯行色。」大師兄不相信，搖頭冷笑。毓賢無可奈何，讓僕人帶著拳民們去他家中管箱倒櫃搜尋，所有箱子櫃子翻了個底朝天，皆破爛不堪的衣服被子。看到一個堂堂巡撫家境竟然如此寒酸，拳民們大為感歎，一個個說道：公真清官也。

正如前文中所說，在一般人的思想觀念中，不要錢的官就是清官。可是事實並非如此，有些庸官並不貪錢，但是他們昏庸嚴酷，剛愎自用，殘害起老百姓來沒有底線，這種庸官比起貪官來危害更大。

據傳，毓賢臨死前自擬了兩副挽聯，一副云：

臣死國，妻妾死臣，誰曰不宜？最堪悲老母七旬，嬌女七齡，耄稚難全，未免致傷慈孝治；

我殺人，朝廷殺我，夫複何憾！所自愧奉君廿載，曆官三省，涓埃無補，空嗟有負聖明恩。

另一副云：

臣罪當誅，臣志無他！念小子生死光明，不似終沉三字獄；

君恩我負，君憂誰解？願諸公轉旋補救，切須早慰兩宮心。

有人說，這兩副自挽聯，文字雖淺，但怨而不怒，其鳴也哀，不似毓賢的為人，而氣息僅存之際，亦未必能從容構思，應該是幕友所捉刀。

啟秀的結局同毓賢差不多悲慘。八國聯軍攻入北京城，慈禧率領王公大臣向西北逃奔的那一天，禮部尚書啟秀正是朝廷值班，沒來得及隨慈禧太后逃跑。等到他得知兩宮西逃的消息，北京城被八國聯軍佔領，城門封鎖，即便變成一隻鳥也難於飛出去了。倉促中，啟秀來到了他的恩師、晚清相國徐桐家裡。

按照傳統的觀點，徐桐應該是一位很有學問的人，對傳統的程朱理學，尤其精通。但是有一條，此人顢頇糊塗，對世界文明大潮流茫然無知，對西方文明缺乏最起碼的分析和判斷。他曾經在慈禧太后面前信誓旦旦地說：「西班有牙，葡萄有牙，史所未聞，籍所未載，荒誕不經，無過於此。」當有人事後向他解釋西班牙、葡萄牙是國家名稱，而不是西班有牙、葡萄有牙，徐桐惱怒成羞，捋起袖管要去揍那個不懂事的官員。

徐桐極端仇視洋人，這方面的軼聞趣事，在晚清民國和私家野乘裡俯拾即是。李伯元《南亭筆記》中記錄了一件事：徐桐的私宅在東交民巷附近，這裡原先本是一塊空曠之地，徐桐出數千金買地後，遂大興土木，建起了一座寬敞壯麗的府邸，門口豎起一塊招牌：徐府。沒有想到，東交民巷後來成了各國使館的聚居地，幾幢公使館正好修建在徐府的正對面，這讓徐桐心裡很是不爽。更加讓人氣憤的是，那些洋人還在徐府的大門口修了條新式的西洋馬路，每天洋人乘坐著小轎車進進出出，徐桐感到特別刺眼。

每次見到洋人打從門口過，徐桐都要用扇子掩住臉面，表示自己恥於與夷狄之類的洋人打照面。不僅如此，他還在大門口帖了副門聯，上聯是「望洋興嘆」，下聯是「與鬼為鄰」，以羞辱洋人。過了不久，徐桐覺得這一切仍不解氣，索性將自己家的正門封死了，一家人從後門出入。

這麼個老頑固，後來卻栽在了他所依賴和依靠的義和團手裡，成了庚子之亂的直接受害者。八國聯軍進城後，不少拳民搖身一變成了暴民，他們闖進徐府，將府中器物搶劫一家，並且放火焚燒了府第，又將大學士徐桐拉去遊街示眾。家沒有了，徐桐只好暫時借住到同事寶鋆的府中。朝廷要與洋人談判議和的風聲初起，徐桐想到自己罪孽深重，不可能被洋人和朝廷所寬宥，讓僕人找來一根繩子懸樑自盡了，死時八十二歲。本來，徐桐的兒子徐承煜也說好了一起懸樑自盡的，但是到了關鍵時刻還是退縮了。

徐承煜這個人，當時的官職是刑部左侍郎，標準的副部級幹部。他雖然也屬於守舊派陣營，但是和父親徐桐的頑固風格迥然有別。徐承煜抵制西方意識形態，卻不抵制西方的物資享受。徐府有個西洋大餐廳，裡頭的金銀器皿全部來自英國、法國和義大利。父親徐桐對兒子這一作派十分反感，但是無可奈何。從小驕縱壞了的兒子，長大了便管不住了。每次，徐桐到餐廳裡去吃飯，總是低著頭，閉著眼睛，快步疾趨而過。其神態像是一隻見了貓的老鼠，避之唯恐不及。

徐承煜送走了上吊自殺的父親之後，收拾了細軟行裝，準備逃跑。哪知道剛剛跑出胡同口，就被幾個持槍的日本兵抓住了。同一天抓住的，還是徐桐的得意門生、禮部尚書啟秀。

啟秀和徐承煜被關在日本人的監獄裡，度日如年。日本人認為，啟秀以軍機大臣兼總理大臣的身分，曾經說過「洋人可以殺盡」，而且運用他的權力，包庇縱容拳匪，罪行深重。而徐承煜呢，他父親徐桐的所作所為，都是他在暗中指使，其罪行也不可原諒。

這兩個人在牢裡關押了一段時間，到底是放還是殺，日本人一時也拿不定主意。實際上，日本人在看清廷的態度，一旦清廷方面的諭旨一到，啟秀、徐承煜的死期也就到頭了。

這一天傍晚，日本司令部設宴款待啟秀和徐承煜。接到邀請，徐承煜大為興奮，大半夜沒怎麼睡覺。日軍司令官為他們設宴，必然是有喜事，他一口斷定將被釋放。啟秀到底年長幾歲，穩沉持重一些，他並不那麼樂觀，在宴席上一直沉默不語。酒喝了一半，日本司令官宣佈了一條消息，中國政府已經決定將他們正法。徐承煜一聽，臉上顏色大變，身子頓時軟了，嘴皮上卻仍然硬挺著，扯開嗓子大聲喊冤，口口聲聲說道：我們如此忠心耿耿為大清王朝，朝廷不可能讓我們去死的。眼看著徐承煜在宴席上鬧騰，啟秀一聲不吭，鎮靜地坐在那兒，像尊木偶。他似乎早已料到了今日的結局，善惡之報，若影隨形，神的眼睛像閃電一樣照亮了天地，這一切都是報應吧，該來的總是要來。

第二天上午，兩乘沒有頂篷的小轎從日本司令部中抬出，先抬到刑部大堂審訊，例行的驗明正身手續辦完後，小轎抬到了菜市口。啟秀、徐承煜二人的結局正如戲文中所唱的：時辰已到，推出午門斬首。

①文載《中國社會經濟史研究》二〇一一年第四期。

出場人物：奕訢、柏葰、羅鴻繹、程庭桂、陳孚恩。

第六章

爾等論命莫論文

一九〇五年九月二日，清廷宣佈廢除科舉考試，一位身在山西的舉人劉大鵬聽到消息後如天辟雷轟，連死的心都有了。他在當天的日記中絕望地寫道：「心若死灰，看得眼前一切，均屬空虛。」

劉大鵬只是晚清士子們的一個代表。延綿千餘年的科舉考試，是中國傳統教育制度的象徵，也是中國社會良性運行的重要樞紐。曾經有一位外國記者在《紐約時報》上撰文稱，科舉考試是「大清國政治體系和社會體系的核心」。它有一整套成熟完善的人才選拔和官員任用規則，對於促進社會各階層流動起著不可小視的作用，從某種角度說，也體現出了公平、公正性。實事求是的說，科舉考試有著諸多優點，不然，這套制度也不會延綿千餘年。

然而到了晚清，社會出現了全方位崩潰。腐敗不止於官場，人心的腐敗也達到登峰造極。隨著政治潰爛以及各種社會危機的加劇，科舉舞弊愈演愈烈，已經成了無法醫治的頑疾。舞弊手段之新奇，花樣翻新之層出不窮，讓人瞠目結舌。走後門，通關節，買試卷，傳遞，夾帶，箱貯，冒籍，槍替……除了上述個人層面的作弊之外，最大的舞弊來自於國家層面——賣官鬻爵，由政府出面公開買賣功名。金錢直接參與交換，與知識學問構成了買賣關係，這對於科舉制度的公平、公正是一個極大的傷害。

有一則故事。戊午科場大案發生後的第二年，副都御史煜綸典試四川。煜綸是皇族宗室，沒有什麼學問，按規矩，考生考完後，由房考官閱卷。房考官將自己認為不錯的卷子加批後，推薦給主考官。但是煜綸覺得這太麻煩，於是差人到城隍廟中抬來幾尊菩薩，將考生姓名逐一寫在竹簽上，放入一個大筐筒中，像赴廟求籤者那樣搖晃竹簽。第一根竹簽落地者為第一名，第二根竹簽落地者為第二名，依此類推。消息為外界所知，有人作了一聯：

爾等論命莫論文，碰；

咱們用手不用眼，搖。

這則故事雖然是野史上記載的，聽起來像是笑話，荒謬絕倫，但是晚清歷史上並不乏此類真實的例子。據《清稗類鈔．考試類》記載，曾經多次主持過科舉考試的大學士穆彰阿，在科舉考試中「每置薦卷於幾，焚香一爐，望空遙拜。衣袋中常置煙壺二，一琥珀，一白玉，款式大小相等，取一卷出，即向衣袋中摸煙壺，得琥珀則中，白玉則否。額滿，則將餘卷一律屏之。」

為了保證科舉考試公平、公正，清廷也制定了《欽定科場條例》。對於科舉考場上的作弊現象，官府絞盡腦汁，出臺回避制、複試制、彌封制等條規，對舞弊者予以嚴厲打擊。儘管如此，還是無法抑制這轟轟烈烈的舞弊風氣，終究是道高一尺，魔高一丈。

中國歷史上幾宗最大、最慘烈的科場舞弊案，都發生在考試制度最縝密的清朝。而其中最讓朝野上下為之震動的，莫過於咸豐八年的那一場戊午科場大案。

不祥之兆

咸豐八年（一八五八），農曆戊午年，也就是馬年。

這一年，清王朝正處在劇烈的動盪之中。先是四月初八日，英法聯軍炮轟天津大沽口炮臺，大沽口失陷，英、法聯軍進犯天津，清政府派欽差大臣桂良、花沙納，與英、法、俄、美各國代表簽訂《天津條約》。緊接著沙俄趁火打劫，以武力迫使黑龍江將軍簽訂《瑷琿條約》，中國失去了黑龍江以北、外興安嶺以南約六十萬平方公里的領土。

國內局勢也十分令人不安。太平軍在廣西金田起事後，一路殺到南京，佔據了南中國的半壁江山。這一年八月，太平軍李秀成、陳玉成部合圍擊破潰清軍江北大營，給了清廷以沉重打擊；到了十月，李秀成、陳玉成部又在安徽三河鎮大敗湘軍，此一役史稱「三河大捷」，給已遭受重創的清廷再猛擊一掌。聽到消息後，曾國藩「哀慟慎膺，減食數日」，咸豐皇帝奕詝也極為震驚，沉默不語，暗自落下了傷心的眼淚。

二十七歲的年輕皇帝奕詝獨坐在紫禁城裡黯然神傷。鴉片戰爭使得中國歷史發生了劃時代的巨變，清王朝已經開始走下坡路，內憂外患，風雨飄搖。正是在這麼一種極其艱難複雜的背景下，他從父親道光皇帝手裡接過了皇位。

奕詝才二十七歲，身體卻虛弱得與年齡不大相符。剛看過一陣奏摺，額角上已然冒出了汗珠，胸前隱隱作痛，雙頰潮熱。他稍事休息片刻，又著手處理下一樁公務。局勢嚴峻，事務繁多，每一念及自己肩上的責任，奕詝絲毫不敢怠慢。

眼下，奕詝正待處理的一樁事情是戊午科舉大考。

歷朝歷代，皇帝都把科舉考試當作頭等大事。戊午年，正是大比之年①。天下的士子們翹首期盼，終於等來了這個時刻。而朝廷也正當急需用人之際，披榛采蘭，招賢納士，皇帝不能不高度重視。

這一年，順天府的鄉試格外引人注目。鄉試，俗稱「考舉人」，是省一級的科舉考試。順天府是北京城所在地，因此與各省鄉試又有不同，乃是面向全國士子們的省級科舉考試。

每逢天下大比之年的前一年，國子監就會向全國發佈文告，要求參加順天府鄉試的考生攜帶本籍公文，於二月底之前赴京城報到。福建、廣東、雲南、貴州、四川等路途遙遠省份的考生，准許延遲至四月底前報到。天下士子聞風而動，從四面八方湧向京都，期待一舉成名天下知。而順天府大小衙門裡的若干官員，也隨之緊張而有秩序地忙碌起來。除正、副考官外，還有提調官、監試官、供給官、謄錄官、對讀官、受卷官、彌封官、巡綽官、監門官、搜撿懷挾官、收掌試卷官等等一干官員，各就各位，各司其職，準備迎接這一場朝野注目的科舉考試。

這一年順天鄉試的主考官，選中的是六十三歲的柏葰。

柏葰，原名松俊，蒙古正藍旗人。按照古時候的習慣，朝廷處以極刑的人，姓名往往會被官方更改，或者加三點水，或者加草字頭，意即這些人屬於山賊草寇之流。戊午科舉案發之後，此人「松」的姓氏改成了「柏」，「俊」字加了個草字頭，成了「葰」。於是，「松俊」成了「柏葰」。

這位道光年間的進士，曾經作為朝鮮正使出使朝鮮。事務結束後，朝鮮國王依慣例有所饋贈，要贈送他沿途費用和一些禮品。被他婉言謝絕，並奏請朝廷備案。從這裡我們可以看出，柏葰平時注重廉潔奉公，即便送上門的銀子，他也輕易不收，也不是一個喜歡貪污受賄的官。但是歷史運行的軌跡常常顯得詭譎，正是這麼一個還應該算作是清官的官，卻成了戊午科場案的主角。

這一年的副考官有兩個人。一個是兵部尚書朱鳳標，另一個是都察院左副御史程庭桂。八月六日，大學士柏葰接到皇帝的任命後，帶著兩名副考官朱鳳標、程庭桂在午門外坐上亮轎，直奔位於崇文門的順天府貢院。

貢院大門前立著一架牌坊，上書四個大字：天開文運。字是魏碑體，在蒼茫的天空下顯得遒勁有力。透過這架石牌坊望過去，一幅幅浮雕縷刻的圖案隱隱可見，貢院裡，木板和葦席搭蓋成的考棚鱗次櫛比，周圍是一道圍牆，將貢院與外部世界隔絕開來。順天府貢院有大門五間，人稱「龍門」，隱含鯉魚跳龍門之意。貢院內的中路依次有明遠樓、至公堂、聚奎閣、會經堂等等。至公堂正中，懸有一塊御匾，上書「旁求俊」三個大字。兩邊是明代大學士楊士奇題寫的楹聯：「號列東西，兩道文光齊射鬥；簾分內外，一毫關節不通風。」

走在貢院的路上，無處不透出莊重與威嚴。主考官柏葰身分高貴，地位不凡。按照當時的官品，他是從一品，軍機大臣，。這天，他帶著兩名副考官朱鳳標、程庭桂來到貢院，四處巡視了一番。對差役們所做的各項準備工作比較滿意，柏葰不時地轉過頭來，和身邊的朱鳳標、程庭桂說幾句什麼，臉上不時浮起愉悅的神情。

按照考試規則，試卷由皇帝親自欽定，然後發還給內閣。由專人負責將試卷裝進題匣，上鎖，再把鑰匙交到主考官的手中。科舉考試之前，任何人不得打開題匣。那個塗著紅色油漆的題匣，由幾名內簾官員專門負責看管，彼此之間互為監督，誰也不得輕易越雷池半步。一整套系統非常規範嚴密，有效地防制了考題的事先洩漏。

然而就在主考官柏葰巡視後的第二天，貢院裡就鬧起了一場小風波。

有個提調官叫蔣達，這人和《水滸》中的魯達的名字有點相似，行事風格也比較相近，魯莽粗暴，不計後果。考試日期臨近，他到貢院裡來檢查指導工作，發現有些細節做得不到位，考場中的若干物資供給不足。不管三七二十一，蔣達將一個名叫蔣大輔的辦事員狠狠地斥責了一通。蔣達的訓斥方式很特別，他不是用嘴巴訓話，而是用鞭子訓話。不由分說，他令人將蔣大輔捆綁起來，按在地上，劈頭蓋臉一頓皮鞭，打得蔣大輔嗷嗷直叫喚。

吵鬧聲驚動了貢院中的另一個人。這個人叫做梁同新，廣東番禺人，官銜是順天府尹。此官職為正三品，是順天府的最高長官，是個能夠在皇帝面前說得上話的角兒。如果順天府尹的智謀足夠多，骨頭足夠硬，甚至可以影響到皇帝的一些決策。梁同新從廂房裡踱步而出，正好看見了眼前這血淋淋的一幕。可憐的蔣大輔已經被打得鼻青臉腫，一灘鮮血從他的身下流淌而出，慢慢地向外蔓延。蔣大輔痛苦地倦縮在地上，偌大的壯漢此刻像是一隻發抖的貓。

梁同新上前去同蔣達理論，蔣達壓根兒聽不進去。他氣壯如牛地大聲吼叫，說考場中物資供給不足，細節做得不到位，表面上是辦事員的問題，實際上是領導的責任。言下之意好像是說，蔣大輔是在替上司梁同新挨板子。梁同新實在聽不下去了，提調官只是個六品的官員，竟在堂堂三品大員面前擺威風，是可忍孰不可忍？於是梁同新下令，讓兵丁們將蔣達驅逐出去，又在大門上掛了一把鎖，明令不許蔣達進入貢院。

蔣達狂怒之下，不顧貢院已經關閉，擅自來到大門前擊鼓喊冤。這一下徹底把事情鬧大了。蔣達還不善罷甘休，找個御史向朝廷奏了一本，彈劾梁同新怠忽職守，袒護屬吏，犯了瀆職罪。

奏摺轉到了大學士柏葰手裡，心中不由得動了怒。順天府的鄉試還沒有開始，兩個官員就鬧了這麼一出，真是糊塗透頂！經稟報朝廷之後，雙方各打五十大板，蔣達被革職，梁同新降為四品京堂候補，由實權人物變成了掛職官員。

出了這件事後，北京城裡的氣氛驟然變得詭譎起來。

據薛福成《庸庵筆記》記載，戊午科舉的那一年，京城裡謠言四起，市民們街談巷議，說是有一天傍晚，天色將黑時分，貢院裡出現了大頭鬼。人們紛紛議論，貢院中的大頭鬼不會輕易出，一旦出了，當年科舉必鬧大案。

薛福成筆記中說到的貢院大頭鬼，據說分為三類。第一類是天地神明，專門來考場幫助考官維持秩序、主持公道的；第二類是各家考生的祖先亡靈，來考場為參考的兒孫們打氣助陣的；第三類則是恩仇二鬼，是與某考生或某家族有恩有仇的，他們一旦來到考場，必定會興風作浪。前兩類鬼可以不用管，第三類「恩仇二鬼」，則是非管不可。

管鬼的方法也很有趣：大考的前一天，考場職事官穿上官服，焚香祭拜，以召各路相關鬼神。焚香祭拜完畢後，職事官令軍卒們朝冥冥之處搖晃一面黑旗，意思是給鬼鬼神神們指路，不要走錯了位置。同時，軍卒們一面搖旗一面還要拖長了腔調淒厲地呼叫：「有冤的報冤，有仇的報仇啊——」無限的虛空中，似乎能夠感受到浩浩蕩蕩的鬼神隊伍在緩步行進，還似乎能夠聽見鬼神們衣服摩擦窸窸窣窣的聲音。等到鬼神隊伍在軍卒們三色旗的引導下在考場中就座，這個迎鬼的儀式就算是結束了。到了第二天，考生們點名入場，他們的考棚裡大概已經有幾個鬼神在恭候了。

這件事聽起來荒誕，讓人心生悚懼，卻也不是憑空生事。千百年來，不知有多少離奇怪誕的考場故事，那些故事或多或少與大頭鬼有某種關聯。

連續出了這麼兩件事，主考官柏葰的心情有點糟糕。按照清代《欽定科場條例》，聖旨一經宣讀，主考官、副考官必須搬往貢院居住。柏葰和朱鳳標、程庭桂已經住進貢院半個月了，沒想到不祥之兆時隱時現，像明朗天空中隱約可見的那一絲烏雲，這讓柏葰的心裡多少有點不安。

這一年柏葰六十三歲。他沒有料到，自己在官場上的前途真的會就此了結。不僅如此，錯綜複雜的戊午科場案最後還讓他掉了腦袋。

①古代士子每三年進京趕考一次，這一年稱作大比之年。

金榜題名是禍事

鄉試三場，八月初九開始，至十六日結束。臨考試前，考生們一個個排隊進入考場，考官們挨個搜身，防止夾帶舞弊；然後是唱名、發卷等一系列繁瑣而又必須做的程式。考生們進入考棚後，貢院裡便安靜了下來。到了這種時候，柏葰並不輕鬆，科考是朝廷的頭等大事，絲毫不敢馬虎。他一邊安排考官在各個考棚之間巡察，一邊傾聽各種回報和請示，及時做出批示，嚴防考場內外出任何一點紕漏。

幸運的是一切都平平安安地過去了。到了九月放榜的日子，主考官柏葰終於可以鬆一口氣了。

正式放榜時間是九月十六。這張榜俗稱「龍虎榜」，放榜的前一天，午夜時分，公堂上擺設公案，五個官座前，都點起一對明晃晃的大紅燭。公案上放著一疊取中的考卷，座椅上坐著五位大官：居中的是主考官柏葰，左邊是朱鳳標，右邊是程庭桂，另外兩邊的還有監試官和提調官。值班的辦事員把墨卷的彌封當堂拆開，另一個辦事員用紙條填上考生的姓名、年齡、籍貫。經主考官、副考官等人逐一查核後，從門縫中傳出，錄報的就通知報子，報子就去尋找考生的住處報喜去了。

好不容易做完了這些，柏葰終於走出了貢院。鹿鳴宴後，便接到聖旨，著柏葰「補授大學士，管理兵部事務」。官場上再上層樓，從一品成為正一品，大學士兼軍機大臣，進入到最高權力的核心部分。

到了九月十六，張榜之日，參加科舉考試的士子們爭相前來觀榜。他們人頭攢動，熙熙攘攘，把道路堵塞得水泄不通。忽然，人群中有個考生驚奇地叫道：「出怪事了，戲子怎麼可以中舉？而且還中了個第七名！」順著那人手指的地方看過去，果然，在金榜第七名的位置上，赫然寫著「平齡」二字，後面還有個括弧，括弧裡寫著：「旗人」。

這一下，人群中炸開了鍋，人聲鼎沸，四周的咒罵聲此起彼伏，尤其是那些考試成績不佳、未能中榜的考生，更是覺得滿肚子冤屈，三年寒窗苦讀，熬更守夜，不知受了多少磨難，如今卻榜上無名，這裡頭肯定有鬼！

這邊士子們議論紛紛，另一邊有個叫孟傳金的御史，已經向咸豐皇帝上了一道奏摺。孟傳金在奏摺中寫道：「中式舉人平齡，朱墨不符①，物議沸騰，請特行複試。」

按照御史孟傳金奏摺中的說法，旗人平齡，除了會唱兩口好皮黃，其他一無所長，居然在金榜上高中第七名。事出蹊蹺，必須立案審查。咸豐皇帝看過了這道奏摺，大為光火。按科舉制度規定，有四類人是不允許參加科舉考試的。這四類人分別是倡、優、隸、皂。倡即娼妓，不僅本人不能參考，後代也沒有參加考試的資格；優即優伶，同倡一樣，也是三代之外才有考試的資格；隸指的是官府衙門裡對犯罪人執行刑杖的人，也就是俗稱的劊子手；皂是指在軍隊中服雜役的人。平齡唱戲，屬於優伶，本是沒有資格參加科舉考試的。現在他不僅參加了考試，還高中了第七名，無怪乎士子們群情洶湧，激憤難平。

朝廷派出了一隊緹騎，在皇城根下的一條胡同裡逮捕了旗人平齡。

平齡是個三十歲剛剛出頭的年輕人，得知金榜題名後，興奮得幾夜沒有睡好覺。他誇下海口，過幾天，要好好辦幾桌筵席來宴請賓朋好友。誰知道喜慶的筵席還沒來得及辦，大門口卻來了抓捕他的十幾個兵丁。

平齡被抓捕後，一路喊冤，說他參加考試是憑真才實學，沒有任何弄虛作假的地方。老天有眼，如果他有半句謊話，遭天打五雷辟。

到了官府衙門，平齡依然喊冤不止。初次上堂審訊，平齡招供說，他是個旗人，一直住在皇城根下的北京城裡，一向循規蹈矩，以前也沒有任何犯罪紀錄。平生只知曉寒窗讀書，日夜陪伴著一盞青燈，一紙黃卷，拋棄世俗的紛繁瑣屑，進入到那衣帶漸寬終不悔的清苦境界。說到戲子一事，平齡又招供道，他根本不是什麼優伶，祖輩中也沒有唱戲出身的人。只不過平日裡閒暇無事，愛唱幾句皮黃，頂多也就算是個玩票的票友，說他戲子是天大的冤屈。一定是有仇人見他考中了舉人，心中不服，在其中搗鬼。

第一次過堂完畢，平齡被送回到牢房裡，等候再次提審。

此時的平齡已經通過了科舉考試，獲得了舉人身分，按照清廷的法律，對舉人身分的人，是不能使用刑訊的。於是，專案組上奏，剝奪平齡的舉人身分。皇帝准奏。這一來可就慘了，允許使用刑訊，對於衙役們來說，最有效的一招是棍棒伺候。看起來，平齡果真是個只會讀書的書呆子，他不懂監獄裡的潛規則，只會逢人就喊冤叫屈。如果不送銀子，無論你有多大的冤屈，都沒有任何意義；如果不送銀子，無論你喊冤的聲調多高，招來的只是憤怒的棍棒。衙役們手中的棍棒，向來只認銀子不認人。

會審團抓住案情深入調查，從謄抄員到校對員、審讀員，又到協同主考閱卷的同考官，逐一訊問排查，對旗人平齡的朱、墨兩份試卷認真披閱。事情漸漸浮出水面，有了比較清晰的眉目。

負責平齡試卷閱卷的同考官名叫鄒石麟。此人是浙江會稽人，進士出身，他一生專心治學，人稱「廉儒」，在社會上口碑不錯。據鄒石麟交待，當天考生們交卷之後，他去複查試卷，發現平齡的那份朱卷內草稿不全，詩中有七個錯字。以為是謄錄官的筆誤，遂隨手代為改正。鄒石麟說，他和考生平齡並不認識，也沒有任何交往，更沒有收受平齡的賄賂。希望上司明察秋毫，原諒他的這一次錯誤，給他一個改正的機會。

朝廷並沒有給他這次機會。可憐鄒石麟，一世英名，毀於一旦，他所犯的錯誤是過於認真負責。如果他發現了朱卷中的錯字而卻不去改正，聽之任之，就不會有後來的重罰。因為這件事，鄒石麟被清廷革職，永不敘用。從官場上下臺後，鄒石麟回到他以前工作過的山東，主講聊城啟文書院，一年後病逝。

比鄒石麟更加悲摧的是旗人平齡。別人金榜題名是幸福的事，到了他這兒，金榜題名成了禍事。先是被人懷疑是戲子，朝廷派出差役將他抓入牢房中。又因平齡為人耿直，處事待物缺乏靈活性，節骨眼上不會使銀子消災，在牢房裡關押了十幾天，居然不明不白地死了。一個活生生的人在監獄裡忽然死掉，不用說，肯定是動用了重刑。

①朱為朱卷，墨為墨卷。考生的原卷稱為墨卷，彌封糊名後，由謄錄人用朱筆謄寫一遍，送交考官批閱，稱為朱卷。

宰相被送上了斷頭臺

科舉考試死了人，這事震驚朝野，也驚動了咸豐皇帝。

御史孟傳金向咸豐皇帝上疏，稟報戲子平齡試卷錯謬之事，只是拉開了這樁大案的序曲。

接下來，咸豐皇帝派出了一個專案組，要對戊午科舉案進行澈底調查。專案組成員四人：怡親王載垣，鄭親王端華，兵部的滿、漢尚書全慶和陳孚恩。

據說，咸豐皇帝之所以如此重視此案，一來是因為朝廷歷來視科舉為頭等大事，他對考試舞弊深惡痛絕，如今出了紕漏，不能不重視；二來是因為有人逼宮。逼宮者是內務府大臣肅順。

肅順，咸豐時期的一個重要人物。此人字雨亭，滿洲鑲藍旗人，宗室貴族。自道光中期，肅順歷任御前大臣、內務府大臣、戶部尚書、協辦大學士等職。深受咸豐皇帝的信任和依賴，在清宮中八面威風，煊赫一時。

柏葰做官，素來清廉正派。但是清廉正派的官員，在權力圈中並不一定會受歡迎。一個人會不會做官，官運能不能長久，關鍵還在於站隊不要站錯。柏葰雖然有百般好處，也受咸豐皇帝賞識，但是他站隊站錯了，不僅沒有站到權勢薰天的肅順派一邊，反而站到了對立面上，成了肅順派的政敵。

這樣一來，柏葰就沒有好果子吃了。

咸豐皇帝派出的四人專案組，其中怡親王載垣、鄭親王端華，是肅順的兩個哥哥。他們對於自己的政敵應該下什麼樣的毒手，當然是心知肚明的。

咸豐皇帝也提防了這一手。他在派出專案組的同時，專門傳下一道諭旨安慰柏葰。諭旨中說，如果查出科場上確實有舞弊行為，自然依律懲處。但是在問題還沒有查清之前，你只管照常上班，安心工作，不必太過擔心。另外，為了避免別人議論，你暫時不用入朝覲見。這一番話軟裡藏針，軟中帶硬，既是安撫，又是威懾，讓柏葰心裡更加動盪不安起來。

平齡的死，使得戊午科舉案變得更加撲朔迷離。

經過專案組的調查，很快發現了新的問題。參加順天府科舉考試的，共有近三百名士子高中舉人。經過核查，在這三百份試卷中，有五十份試卷存在著不同程度的問題。這五十份試卷又被分成了兩類，一類屬於「可議」，即出現的問題還在可控範圍內，或者是筆誤，或者是謄錄中出了差錯。另一類的十二份試卷問題比較嚴重，需要繼續認真查核。

專案組寫了份調查報告，矛頭直接指向剛剛提升為軍機大臣的大學士柏葰，斥責「本年鄉試主考、同考荒謬至極」，應當嚴肅懲處。

看過這份調查報告，咸豐皇帝動怒了。現在，就算他想要庇護柏葰，也已經成騎虎之勢，難以顧及。何況，對於科場舞弊，咸豐皇帝是極端厭惡的。幾天後，咸豐皇帝傳下了一道諭旨：柏葰革職，聽候傳訊。

這道諭旨一出，柏葰的一系列官職全部免除，頭頂上的耀眼光環瞬間散去。一人之下、萬人之上的人臣極頂，一夜之間從雲端掉落泥土。

柏葰被收入監獄後，案件的調查取證工作仍在進行。這樁案子錯綜複雜，實際上與柏葰有關係的線索僅僅只有一條：他府上有個家僕名叫靳祥，參與到了收受賄賂的行列。關於靳祥收受賄賂的詳情，將在後文中講述。這裡需要說明的是，靳祥收受的銀子並不多，只有十六兩白銀。而且，家僕靳祥跟隨柏葰多年，此時柏葰年事已高，家中一切雜事都放心委託靳祥辦理。也就是說，靳祥收受這十六兩白銀的賄賂，柏葰事先並不知情。

官場上的規則是，即便涉及家屬，只要事情敗露了，無論官員知情與否，都必須承擔起相應的責任。

專案組的載垣、端華等人，又向咸豐皇帝上了一道奏摺。奏摺中認定柏葰縱容家人收條子、打招呼，比照《欽定科場條例》，應該處以斬刑。

奏摺遞到咸豐皇帝那兒，皇帝顯得很無奈。幾經躊躇，皇帝還是做出了決定，將柏葰處斬。

據說當時，咸豐皇帝還掉下了眼淚，他在諭旨上寫下了這樣幾句話：情雖可原，法難寬宥。言念及此，不禁垂泣。

說白了，柏葰被殺，與貪污受賄關係不大，實際上是政治鬥爭的結果。

柏葰行刑之日，與他一起受斬刑的還有同案官員李鶴齡、浦安。

清人筆記雲：這一天，柏葰按照慣例，穿戴好官服，戴上了紅翎頂戴，來到了菜市口。先向皇宮方向鞠躬長揖，然後安靜地坐下來，靜靜等候皇帝的諭旨。此時柏葰心中的想法是，皇帝只是同他鬧著玩的，嚇唬一下他，不可能真的要他的命。他對身邊的官員說道，你們要好生伺候我，放心吧，皇上必有恩典。

過了一會兒，只見刑部尚書趙光一路痛哭而至。柏葰心中一驚，輕聲說道，完了，完了。肅順從中作祟，皇上也奈何他們不得。我死不足惜，肅順他日必定也同我一樣……

劊子手迎上來，左膝半跪，道一聲「送中堂上天」，柏葰遂命喪黃泉。

柏葰死後，有人作挽聯云：

其生也榮，其死也哀，雨露雷霆皆主德。

臣門如市，臣心如水，皇天后土鑒孤忠。

時人評價戊午科場案處決柏葰一事，認為處置過於苛嚴，是出自於肅順等人的推波助瀾，借此打擊政敵。即便如此，對於整飭晚清科舉考場的風氣，不能說沒有幫助。晚清時的科舉考場舞弊成風，官員們爭相遞條子、托關係成為公開的祕密。殺柏葰如同殺雞儆猴，後來的官員一旦涉足科場，不免戰戰兢兢，如履薄冰，之後數十年裡，科場舞弊明顯減少。

《清史稿》云：「自此，司文衡者懍懍畏法，科場清肅，曆三十年，至光緒中始漸馳，終未至前此之甚者。」

只是，柏葰充當了社會腐敗風氣的犧牲品，他有點冤。

兩年後，清廷發生了辛酉政變。鐵娘子慈禧不滿肅順等人的專權，聯合恭親王奕訢發動政變，奪回了政權。肅順等顧命八大臣被斬首後，慈禧以皇帝的名義發諭旨，要重新審理柏葰一案。

諭旨一下，等於是已經平反昭雪。當即就有不少人積極回應，認為柏葰之死是個大冤案。經過一番重新審理，得出結論：柏葰誠樸謹慎，實屬冤情。雖已置重刑，我朝仍應法外施仁，賜柏葰的兒子鐘濂為四品官。

撈到了一條大魚

隨著對五十本「問題試卷」的進一步覆核，冰山之一角漸漸浮出了水面。在審訊中，同考官浦安供出了一個關鍵人物。

這個人叫羅鴻繹，廣東肇慶人，早先在刑部當主事。刑部主事這個官為六品，相當於現在中國司法部下屬的一個處級幹部。羅鴻繹出生在肇慶大戶人家，祖輩靠做生意發家致富，家中最不缺的就是銀子，刑部主事這個官，也是父親花銀子給他買來的。然而，來到了京城，才知道自己的官小。在京城遍地是官的大背景下，如果想在官場上再有進步，就必須通過科舉考試來鍍一層金。

為了參加這次順天府鄉試，羅鴻繹放棄了所有娛樂活動，閉門讀書，做足了功課。他躊躇滿志，暗自想著鯉魚跳龍門的美事。眼看著考試的日期漸漸臨近了，羅鴻繹心裡有了七八成把握。這一天，他想放鬆一下，不讓神經繃得太緊。於是走出門來，到昆明湖邊去遊湖觀風景。

沿途楊柳依依，陽光明媚，羅鴻繹的心情也是大好。走著走著，路上碰到了一個熟人。那人叫李鶴齡，是他的廣東肇慶老鄉，如今也在京城做官。不過，李鶴齡資格比他老，官銜也比他大，是從二品兵部侍郎。

聽羅鴻繹說他要參加這次的順天府鄉試，李鶴齡臉上露出了詭譎的神情，壓低了聲音問，小弟今年參加鄉試？羅鴻繹隨口應道，是呀。李鶴齡一拍巴掌，嚇了羅鴻繹一大跳。李鶴齡說，那敢情是巧了，今年無論你能不能考好，都有希望高中舉人。羅鴻繹覺得好生奇怪，問對方為什麼會這樣說？李鶴齡道，如果成功考取，祝賀。萬一考不取，來找我。

羅鴻繹悄聲問，李大人錦囊裡有什麼妙計？

李鶴齡警覺地朝四周看看，低聲告訴他：這事太巧了，今年順天府的鄉試，正好要任命我為同考官。

羅鴻繹「哦」了一聲，心裡想，那實在真是太巧了。

接下來，李鶴齡以官場老油條的身分，熱心地向羅鴻繹傳授了一些考場經驗。按照李鶴齡的說法，若要想鄉試過關，先須打通關節，具體的做法是遞條子。參加科舉考試的士子，事先把需要特別記住的東西寫成一張紙條，托人轉交給參與閱卷的同考官，如果同考官肯幫忙，拿著這張紙條，找到考生的試卷，就可以暗做手腳。羅鴻繹是初次入闈參加科舉，聽李鶴齡講到這些，他才明白了一個道理：有錢能使鬼推磨，即便是在人們視為神聖殿堂的科舉考場上，同樣也是如此。

那天下午，羅鴻繹和李鶴齡在昆明湖邊一直談到夕陽西沉，方才各自散去。通過李鶴齡的一番傳授，羅鴻繹忽然感覺茅塞頓開。一條黃金大道在他面前伸展蔓延，直通往九霄雲外。

不料考官的紅榜公佈後，卻沒有李鶴齡的名字。羅鴻繹去見李鶴齡，本心是想去商量個穩妥的辦法，李鶴齡是個熱心人，儘管同考官的名單中沒有他，依然大包大攬，讓羅鴻繹放心，他會盡心盡力把這個事辦好。

李鶴齡並非浮誇吹牛之輩，他說話也不是放空炮。他有個朋友名叫浦安，字遠帆，滿洲鑲黃旗人。咸豐三年（一八五三），李鶴齡參加科舉考中進士，名列第三十六名，排在他前頭是的浦安，名列第三十三名。兩個同年經過一番交談，志趣相投，話也投機，成了無話不說的朋友。雖然這一年李鶴齡沒有當上同考官，但是同考官名單中卻有浦安的名字。李鶴齡讓羅鴻繹放心，正是因為有浦安。

李鶴齡在浦安那兒打好了招呼，托他到時候關照自己的小老鄉羅鴻繹。浦安收下了遞來的紙條，準備伺機行事。按照考場的內部規定，考卷經過朱墨環節之後，會被重新編號，然後分到各位同考官的手裡。同考官相互之間不許聯繫，各自關在一間小房子裡評判試卷。不知道浦安做了什麼手腳，讓羅鴻繹的考卷正好落到了他的手上。

浦安也是忠人所托，將羅鴻繹的考卷單獨挑了出來，批上「氣盛言宜，孟藝尤佳」的上好評語，上交到了主考官柏葰的手中。

可是，主考官柏葰看了這份考卷，卻並不怎麼滿意。經過與兩位副考官商議，決定將該份試卷打入副榜，定為備卷。副榜是正榜之外的候補名額，如果正榜內有不合格的考生，副榜可以替補上來，但這種機會並不是很多。浦安見推薦的考生被打入另冊，覺得很沒有面子。兩天后，他找到柏葰的家僕靳祥，塞了十六兩銀子，讓靳祥幫助通融，在柏葰面前美言幾句。

有銀子開路，靳祥毫不含糊，當著柏葰的面將考生羅鴻繹誇了一通，又說，同考官浦安只推薦了一份卷子，最好能錄取，不然人家臉上無光。柏葰雖然年事已高，但是腦子還沒有糊塗，他心裡明白家僕靳祥必定是得了別人的好處，收受了紅包。至於紅包裡裝了多少銀子，柏葰不想去過問。不僅不想過問，而且他也沒有說破。家僕靳祥跟了他這麼多年，也該朝好日子奔一奔了。思慮再三，柏葰心上一軟，改變了主意，同意撤下一張考卷換上羅鴻繹的，讓這個人的名字上了龍虎榜，中了第二三八名舉人。

到了九月十六，開榜的日子，羅鴻繹看見金榜上有自己的名字，興奮至極。他拿著士子們爭相求購的題名榜來到李鶴齡府上，誠心誠意地表示感謝。李鶴齡也沒有說什麼，只是在題名羅鴻繹的名字下畫了五個圈。按照當時的潛規則，事已大功告成，羅鴻繹應該孝敬銀兩了。

不料羅鴻繹是一根筋，他認為自己和李鶴齡是肇慶老鄉，又是李鶴齡自己先提到願意幫忙的，怎麼忽然涉及到了銀兩？雖然他也明白，李鶴齡幫忙之後，需要支付的銀兩是少不了的，但是一經李鶴齡這麼當面表達出來，他的面子上很是有些掛不住。羅鴻繹是個直腸子，心裡有什麼事都裝不住，臉上的表情此刻已經寫滿了憤懣。

李鶴齡在官場上見多識廣，早已看出了羅鴻繹的不情願。他上前去撫撫羅鴻繹的肩膀，說道：「你我之間，談什麼銀子，簡直是羞辱人。」聽李鶴齡這麼一說，羅鴻繹的情緒有所好轉，臉上露出了一抹笑容。只聽李鶴齡又說：「不過呢，聽說浦安這段時間家中拮据。他在這件事情上出力甚大，無論如何，都應該拿出五百兩銀子去感謝他。」

話說到這兒，羅鴻繹也不好再說什麼了。回家後，羅鴻繹準備了五百兩銀子，拿到李府，當面交給了李鶴齡。

李鶴齡收了銀子之後，心中的貪念進一步膨脹。他不想遵守當初的約定，捨不得將白花花的銀子交出去。不過呢，不拿點銀子答謝浦安，好像也說不過去。這天上午，李鶴齡來到了浦安的府上，問了個好，相互搭訕了幾句。李鶴齡將話題一轉，說道：我那個小老鄉羅鴻繹，想要拿銀子來感謝你呢。

畢竟都是讀書人，一提到銀子，心中都升起了羞愧之感。浦安沒有接這個話題，說了朝廷中的一些事，把話岔開了。李鶴齡見蒲安臉皮實在太薄，也就順水推舟，閉口不再提銀子的事。

浦安猶如啞巴吃黃連，雖然心裡著急，卻又不便直接開口。李鶴齡在浦安的府上坐了一會，虛與委蛇，說一些雞毛蒜皮的小事，開一些無傷大雅的玩笑。就這樣耗了小半天時間，等到李鶴齡告辭離去，浦安心中的憤懣可想而知。

李鶴齡想獨自吞下那五百兩銀子，又打起了小老鄉羅鴻繹的主意。他對羅鴻繹說，人家浦安幫了你大忙，找個機會去當面感謝，還是很需要的。羅鴻繹想，不是已經托你轉交了五百兩白銀嗎？再轉念一想，李鶴齡也說得對，雖然托他轉交了銀兩，當面致謝還是必須的。於是，羅鴻繹改天來到了浦安府上，口口聲聲說感謝老師。浦安連連擺手說，不用謝，能夠考中，是你的造化。羅鴻繹說，以後還要靠老師多多關照。浦安說，只要能幫上忙，那是應該的。雙方接著寒暄了幾句，臨走時，羅鴻繹在茶盤裡留下了十兩銀子。

留下的這十兩銀子，等於是打了浦安的臉。在羅鴻繹這邊看來，已經托李鶴齡轉交了五百兩白銀，這次的碎銀權當見面禮，太正常不過了；而在浦安這邊看來，完全是當面羞辱。冒著觸犯清廷法律的風險幫忙，露餡了輕者撤職重者掉腦袋，得到的只是十兩紋銀的回報，這讓他情何以堪？

等到羅鴻繹走後，浦安坐在屋子裡思來想去，越想越覺得這口氣難平。他派了個家丁，跟蹤去追上了羅鴻繹，要將這件事情問出了究竟。家丁是個急性子，追上去揪住羅鴻繹的衣領，當胸就是一拳。羅鴻繹被打蒙了，昂起脖子像只公雞，問那個家丁怎麼回事？家丁說，你欺負我家老爺，打還是輕的。羅鴻繹認出了家丁是剛才在浦安府上端茶的那位，心裡明白了是怎麼回事。於是忍下一口氣，將家丁拉到一邊，低聲說出了事情的原委。

家丁回府後如實稟報，得知李鶴齡從羅鴻繹處收取了五百兩白銀，意欲獨佔，浦安肺都快要氣炸了。第二天，浦安到了李鶴齡家中，藉口家中有個內侄想捐官，急於用錢，向李鶴齡求援。李鶴齡聽罷心領神會，這人很會演戲，臉上馬上浮起了笑容，說道：這也太巧了，我那羅姓小老鄉剛才來過，送了三百兩白銀，還沒來得及送到浦兄府上。說著，李鶴齡將三百兩白銀託盤奉上。浦安終於拿到了銀子，這件事才算告一段落。

再說羅鴻繹的考卷雖然過關了，但是科舉考場中的道道鬼門關，他還沒有全部過完。話說經過柏葰之手，將羅鴻繹的考卷列入到正榜，不過，正榜取中之卷，還要進行「磨勘」，也就是複審。羅鴻繹的卷子不但乖謬至極，錯別字就有三百多個，磨勘官看到這份滿紙都是錯別字的試卷，心中不由得苦笑。轉念一想，這份卷子是柏中堂親自選送的，說不準有什麼名堂呢。官場上的規矩，多一事不如少一事，於是也就並沒有聲張，讓這份卷子過了關。

科舉考試結束後，因為旗人平齡的考生資格問題，戊午科舉案掀起了一場軒然大波。御史孟傳金上奏摺之前，到那位磨勘官處進行調查，磨勘官便向孟御史透露了此事。孟御史聞訊，大為興奮，這正好是個好例證，不管三七二十一，便一股腦兒全都捅了出來。

咸豐皇帝聽說有這麼一張荒唐的試卷，不禁大為惱怒。派太監到禮部找出試卷，親自複審，果然不錯，滿紙錯別字，像是一群肆無忌憚的臭蟲。

為慎重起見，咸豐皇帝決定再給羅鴻繹一個機會，讓他到南書房重考一場。羅鴻繹聽說要重考，而且是皇帝親自點的名，早已經嚇得魂飛魄散。重考的結果自然不理想，滿紙錯別字不僅沒減，反倒增多。這樣一來，此案被定為「通關節」，交刑部嚴加追究。

順藤摸瓜，查出了同考官浦安，查出了柏中堂的家僕靳祥，又查出了在其中穿針引線的李鶴齡。經過多次審訊，羅鴻繹案的犯罪事實經過終於弄清楚了。在羅案中，李鶴齡收受賄銀二百兩，浦安三一〇兩，靳祥十六兩。

柏葰被問斬的那天，同時綁赴刑場的有三個人：李鶴齡、浦安、羅鴻繹。此案中的最後一個涉案人是靳祥。在柏葰被處斬之前，柏葰的侄子鐘英分發到甘肅去當知府。戊午科場案浮出水面後，柏葰為脫干係，須儘快將涉案的靳祥遣散，於是吩咐靳祥隨鐘英去甘肅，避開這陣風頭。沒想到政敵肅順派不依不饒追查太緊，派人在陝西潼關截獲了靳祥，帶回京城歸案。

過了幾天，靳祥病死在監獄中。

至此，此案的所有涉案人，一個個全都赴了黃泉路。

官二代肆無忌憚

在審理過程中，浦安還交待了一條重要線索：他曾聽人談及，副考官程庭桂在考場中燒毀過條子。至於是什麼條子，浦安並不知情。

專案組得到了這條線索，立即抓捕了都察院左副御史、副考官程庭桂。

程庭桂（一七九六～一八六八），江蘇吳縣人，道光六年進士。這個人長期在京都當京官，深受道光皇帝賞識，曾任軍機章京領班。有一則掌故：道光二十九年（一八四九），道光皇帝忽然派他出任山東按察使，在皇宮中單獨接見，命他坐下。皇帝御座前只有四個青墊，按常規只有軍機大臣才能坐。程庭桂遲疑不決，不敢就坐。道光手指第一個青墊，說，坐下吧，有密旨。程庭桂這才叩頭敢坐。道光皇帝命他立即趕到山東登州，查抄山西巡撫王兆琛的家產，以清查王兆琛的貪污受賄案。道光皇帝伸出左手中指，說道，此指居中，最長，凡事中則長，偏則短。派你去是因為你辦事有原則，不會讓地方官徇情包庇。從這則掌故中，可以看出道光皇帝對他的信任，也可以看出程庭桂辦事的能力。

道光皇帝死後，咸豐皇帝繼位，程庭桂的仕途就不再那麼平坦了。

程庭桂被逮捕後，關入獄中，起初一兩次審理他並不認帳，閉口否認條子之事。可是禁不住一頓棍棒伺候，程庭桂終於還是坦白了。據他交待，條子是他兒子程炳采為他人轉送的。這些條子有工部候補郎中謝森墀，恩貢生王景麟，附貢生熊元培等，但是均未中榜，考試結束後他將這些條子燒掉了。

程庭桂還交待，他兒子程炳采同時接到了另外幾個人的條子，因為那些條子的來頭不小，他逐一地都收了下來。那批條子，都出自於官二代。其中包括刑部侍郎李清鳳之子李旦華，工部侍郎潘曾瑩之子潘祖同，湖南布政使潘鐸之子潘敦儼等人。

這樣一來，案情頓時顯得嚴峻起來。晚清以降，社會進入全方位腐敗，權力尋租，有個當官的爹真是好。每逢科舉考試，考生們四處奔波，到處找路子、挖門子、鑽空子，輾轉相托，想方設法與考官搭上關係。官二代也活躍其間，通過各種方法遞條子，目的還是為了撈銀子。

據晚清筆記記載，這一時期，不僅考生以遞不上條子為憾，考官也以收不到條子為恥。考官們欣然接受條子，甚至主動索要，已經蔚然成風。似乎收到的條子越多，自己的威望就越高，權勢就越大。結果，自然是「此風已久，昌言無忌，恬不為怪」，科場風氣糜爛不堪。

程庭桂在招供中還交待了一個重要情節。他兒子程炳採收下的那些條子，是通過家僕胡升送入考場的。胡升在送條子時辦事不慎，被監場御史吳有朋發現。專案組馬上派人去抓捕了吳有朋。經吳有朋坦承，當時他收繳了那些條子，對送條子的胡升進行了嚴肅的批評教育。最關鍵的一條是，在那些批子中，他發現事涉兵部尚書陳孚恩，於是便將條子藏了起來。陳孚恩（一八〇二～一八六六），字少默，江西黎川人，由七品小官仕至兵部尚書、軍機大臣，官場上這一路走來也並不容易。那批條子中，有一張條子是他兒子陳景彥的，陳孚恩並不知情。但是既然事情出了，他無論如何也脫不了干係，至少也會落個管教子女不嚴的罪名。

前面說過，戊午科舉案事發後，清廷成立了一個專案組。而兵部尚書陳孚恩，是專案組四成員之一。得知自己的兒子也參與其間遞條子，陳孚恩覺得臉上特別沒面子，不得不奏請回避，主動向咸豐皇帝提出辭呈，並自請嚴議。

案子牽涉面如此之廣，竟涉及到多位官二代，這是咸豐皇帝先前沒有想到的。這再一次說明，科舉舞弊案的發生，其本質始終是權力與利益相勾結的產物。咸豐皇帝本來想讓陳孚恩辭職，聽候處理，但是一想到陳孚恩與肅順關係極好，投鼠忌器，只好撤銷了對陳孚恩的處理方案，反而命他秉公辦事，繼續參與專案組的審案工作。

此案中的涉案人員，工部候補郎中謝森墀，恩貢生王景麟，附貢生熊元培三人，雖然遞過條子後均未中榜，但是聞訊朝廷嚴查案件，一個個也嚇得不行，分別逃回了老家江蘇、山東等地。但是法網恢恢，疏而不漏，三人均被派出的緹騎抓獲，押回了北京城受審。

遞條子的其他幾個官二代，咸豐皇帝也分別作了處置。刑部侍郎李清鳳之子李旦華，是假託其父之名給程炳采私送條子，李旦華被抓入牢房，李清鳳告病多日，也交部議處；工部侍郎潘曾瑩之子潘祖同，是為同鄉謝森墀遞條子，他父親潘曾瑩同樣不知情，受到降職處分。雖說謝森墀未被錄中，潘祖同也被抓入牢房。湖南布政使潘鐸之子潘敦儼，經查遞條子之事屬實，也被收監。

經咸豐皇帝批准，上述涉案的官二代名單中，熊元培、李旦華、潘祖同、潘敦儼、陳景彥均著發往新疆流放贖罪。

科場大案越鬧越大，唯有程庭桂、程炳采父子，結局最慘。咸豐九年（一八五九），七月，清廷奏結程家父子案，怡親王載垣提議，將程家父子奏斬。專案組成員陳孚恩因為其子陳景彥牽涉案中，擔心事情鬧大了兒子也會跟著遭罪，於是請求從輕發落。咸豐皇帝也動了隱惻之心，不忍心讓程家父子同時斬首，最後決定：兒子程炳采斬首，父親程庭桂流放新疆。

據說，程庭桂發配新疆出發的那天，從監獄中提出，陳孚恩親自前往迎候。見到了程庭桂，陳孚恩惺惺相惜，單膝下跪，流下了眼淚。程庭桂連連搖頭，歎了一口氣，說道：「不要這樣，不要這樣。你還算仁慈，能饒了我這條小命。」陳孚恩久久無語，他抬頭望了一下天空，輕聲說：「皇恩浩蕩，連我這條小命，也得謝皇上所賜呢。」

據統計，戊午科場一案共懲處九十一人。其中斬立決五人，遣戍三人，遣戍改贖罪者七人，革職七人，降級調用者十六人，罰俸一年者三十八人。

人們常說亂世用重典，也將戊午科場案作為一個經典案例。從表面上看，宰相柏葰因為十六兩銀子而被殺頭（實際上十六兩銀子是家僕靳祥收受），對當時科場流行遞條子、托關係、夾帶舞弊之風是一次嚴厲的打擊。皇帝所賞識、器重的一品大員，因為十六兩銀子丟了性命，給科舉場中的腐敗敲了一記警鐘，對人心也是一次震撼。戊午科場案背後的有力推手是肅順，如果不是他高舉懲治腐敗的大旗，宰相柏葰不可能有此悲慘下場。

不過，若認為肅順在此案中一心為公，意在整肅弊政，那就大錯特錯了。兩年後的恩科考試，肅順一心要推手下心腹高心夔登上狀元，不惜以身冒險。殿試前，肅順千方百計打聽到詩題為「紗窗宿鬥牛得門字」，其中「紗窗宿鬥牛」出自唐人孫逖的《夜宿雲門寺》一詩。肅順將題目告訴了高心夔，讓他連夜做準備。第二天殿試，果然是這個題目。高心夔大喜過望，自以為成竹在胸，狀元已經是囊中之物，匆匆寫完後，出場找肅順報喜。肅順問了他答卷內容，跌足連聲叫道：「完了！完了！」原來，高心夔一時疏忽，詩作押錯了韻。而一旦錯韻，內容再好也要被淘汰。最後放榜公告，高心夔名列四等，未能當成進士。

這個故事說明，肅順的反腐敗也並不是貨真價實的。

千古興衰酒一瓢

晚清社會官本位意識濃厚，做官意味著擁有一切。而做官的主要途徑又必須通過科舉考試，千軍萬馬過獨木橋，競爭激烈且殘酷。於是，不知有多少人鋌而走險，遞條子，找門子，通關節……導致科場舞弊之風愈演愈烈。

戊午科場案爆光後，晚清政壇掀起了一陣腥風血雨，有的官員人頭落地，有的官員鋃鐺入獄，藉此一番嚴懲，考場之風乾淨了許多。但是從那以後，科舉考場每每被官員們視作畏途。每遇鄉試大考，主、副考官以及同考官們膽戰心驚，唉聲歎氣，有的甚至揮淚作生離死別。

到了同治、光緒朝，科舉考場緊張的風氣逐漸鬆馳，這時候又出現了一些科舉舞弊案，其中人們耳熟能詳的，恐怕要算是周福清賄賂考官案了。

周福清是魯迅的祖父，當年在浙江紹興稱得上名門，然而卻因一場科舉舞弊案迅速破落。魯迅在《吶喊》的自序中說：「有誰從小康人家而墜入困境的嗎？我以為在這途路上，大概可以看見世人的真面目。」這句話包含了太多的內容，魯迅兄弟童年時生活品質下降，從嬌生慣養、呼奴喚僕到支撐家計，往返於當鋪與藥鋪間，反差實在太大了。社會地位的變化，生活的困頓，讓他領略到了世態炎涼。

那麼周家到底發生了什麼？讓我們來從頭說起。

同治十年（一八七一），已過而立之年的周福清赴京會試，殿試獲第三甲第十五名，欽點翰林院庶起士，成為清廷儲存的後備幹部。這是紹興周氏家族脫離農耕傳統、進入官宦人家的輝煌起點。那一天，數名手提大鑼的報子一路狂奔，急朝周家奔來，廳堂裡報喜聲、道賀聲不絕於耳，熱鬧非凡。此時，坐在內廂房裡的魯迅曾祖母——戴老太太，不知道為什麼忽然放聲大哭。「家散了，家散了！」她的哭聲在九月的天空中飄蕩，顯得淒涼、怪異，有一種揪心的痛。世人當時並不明白，那哭聲對於周家的未來預示著什麼。

光緒十九年（一八九三），二月，戴老太太去世。仍在京城裡當官的周福清接到電報，回家奔喪。按清制，官員的父母去世後，須在家守孝三年，稱作「丁憂」。這一年周福清已經是虛歲五十六歲的人了，還是在京城裡任內閣中書。這個官職，主要是從事撰擬、記載、繕寫等雜務，相當於如今中國的京城秘書。

三年後京城裡的官場會是什麼樣子的？這個周福清很難說。不過他心裡清楚，三年後自己就快滿六十歲了，仕途中的前程一覽無餘，沒什麼奔頭了。有權不用，過期作廢，何不為兒孫後代們考慮一下，讓他們有個好前景。巧合的是，這一年正好是慈禧太后六十歲大壽，清廷按慣例開恩科，鄉試得以提前一年。周福清打聽到，赴浙江主持鄉試的主考官是殷如璋。周福清與殷如璋是同年，只不過這殷如璋後來官運亨通，在仕途上走得比他順暢許多罷了。

聽說這一年浙江的主考官殷如璋與周福清是同年，紹興的五戶有錢的秀才找上門來了。這五戶人家分別是馬家、顧家、陳家、孫家和章家。他們帶來了笑臉，也帶來了銀子，想托周福清去買通關節，先交一筆辦事的銀兩，並答應事後再給一些酬謝。

科場考試並非兒戲，營私舞弊是會掉腦袋的事。這些道理周福清都知道，他一點也不糊塗。但是一看到眼前那些白花花的銀子，再想到自己的兒子周用吉（字伯宜，魯迅的父親）雖已是秀才，卻接連幾次鄉試都未能中舉。現在既然五戶人家願意出銀萬兩，何不拿銀子去開路，再憑自己這張老臉去說情，讓兒子登上龍虎榜，也可以省掉一份賄銀。

經過一番打聽，得知殷如璋這次南下將取道京杭大運河，其間要在蘇州稍事停留。這是一個機會，只要能在蘇州接上頭，剩下的事情就好辦了。一切準備停當之後，周福精帶著家僕陶阿順從紹興上路了。他們路途經過上海，於九月初到達蘇州，將小船靜靜地泊在河灣裡，等候殷如璋等人的官船到來。

兩天后，殷如璋等人的官船終於來了。周福清感到異常興奮，也有點緊張。他沒有先出面，而是讓家僕陶阿順去試探消息，投石問路。陶阿順帶著銀票和書信上路了，他租了一條小船，劃到了殷如璋的官船附近，隔老遠泊在一片蘆葦林裡，叮囑船夫在蘆葦林裡等他。

陶阿順沿著堤岸走去，一個差役模樣的人攔住了他。那位差役身穿翻毛馬褂，問陶阿順找誰，有什麼事？陶阿順是個粗人，開口直接說，要找主考官殷如璋大人，殷大人和我家老爺周大人是同年，云云。差役說，殷大人此刻正在和副主考周錫恩大人談話，你有什麼話，我可以轉達。

陶阿順朝船艙那邊一看，果然不錯，船艙裡有兩個人影在說話。他掏出了書信和銀票，想了一會，交給了那位差役。

那位差役也不是個會辦事的，三兩步登上船，將書信和銀票擱到了幾案上。殷如璋見差役忽然送上一個厚厚的信封，心中早已有數，並不作聲，使了個眼色讓差役退下。

差役倒是退下了，誰知那邊堤岸上的陶阿順卻等得心焦。他見差役空著手走下了官船，便大聲嚷嚷道：信封裡可是一萬兩的銀票呢！收了銀子，怎麼連收條都不給一個？這邊廂陶阿順高呼大叫，那邊廂殷如璋坐不住了，抬頭朝船艙外朗聲說道：「哪裡來的莽漢野夫，真是不守規矩！」陶阿順一聽，似乎明白自己犯了錯，隔著河水朝殷如璋說道：「小的姓陶，是周福清周大人的家僕，請殷大人務必看一看我家主人的信，給個回話，也讓小的回去好交待。」

殷如璋原本想等周錫恩走後再拆信封，這一下知道事情再也瞞不住了，便對坐在一旁的周錫恩示意，請副考官拆開了信封。

一張萬兩銀票掉落下來，殷如璋臉上佯裝大驚失色，嘴裡說道：「大膽，這是想把我往牢房裡送呢！」信封裡，有周福清的一張名片，還有周福清親筆寫的一封信。

殷如璋憤怒至極，叫兵丁們將陶阿順捆綁起來，先押送到蘇州府去審訊。

蘇州知府名叫王仁堪，與周福清相識，且私交不錯。他想搗漿糊了事，指認陶阿順是神經病，要將大事化小。誰知他府上有個名叫陳秋舫的幕僚，偏生站出來硬扛，說，王大人，這個事情決不能草率應付，科舉舞弊的大事，哪個都惹不起，鬧不好會有牢獄之災。

這個陳秋舫，同周福清原來也是認識的。不僅認識，而且兩家還有親戚關係，不過後來，因為一件小事，陳秋舫與周福清反目為仇，成了一對冤家。原來，陳秋舫的妻子姓周。剛結婚那陣，陳秋舫暫且棲身在妻子家中，樂不思蜀。這事被梗直的周福清知道了，上門去教訓陳秋舫：一個男人躲在布裙底下，哪裡會有什麼出息？經此一激，陳秋舫離開了周家，並且發誓不取得功名不再登周家的門。後來陳秋舫中了舉，在蘇州知府王仁堪門下做幕僚，正好碰上了這件事，於是一報還一報，了卻先前的一段私怨。

有陳秋舫從中作梗，王仁堪只得秉公執法，將案情迅速移交往浙江臬司，然後逐級呈報刑部。

案子到了杭州，由浙江巡撫崧駿進行了審訊。信封中的銀票、名片和親筆信，都是證明周福清賄賂主考官的鐵證。信中的「小兒第八「，指的是周福清之子周用吉，另外紹興五戶出銀子的人家，也逐一進行了調查取證。浙江巡撫審訊後，又將案情報告給了清廷。光緒皇帝看了奏本，下了一道聖旨，措辭十分嚴厲：「案關科場舞弊，亟應澈底查究。丁憂內閣中書周福清著即行革職，查拿到案，嚴行審辦，務得確情，按律定擬具奏。該部知道。欽此。」

不等朝廷派人捉拿，周福清已主動到衙門去投案自首了。周福清是個硬骨頭，他將所有責任全都攬在自己一個人身上。在供詞中他說，這事完全是個偶然，乘船返回北京的途中，路過蘇州，不巧遇見了同年殷如璋，一時糊塗，臨時起意，造成了很壞的影響。這件事情並沒有同其他幾家商量，也和信中提到的另外幾家沒有關係。

案子的卷宗轉到刑部之後，再也沒有多少周旋的餘地。到了這年年底，刑部判決的結果出來了：擬杖一百，流三千里。但是光緒皇帝認為這個判決過輕，朱筆一批改為斬監候，待秋後處決。

所謂「斬監候」，相當於死刑緩期執行。具體方法是，秋決前，把所有「斬監候」犯人的姓名弄到一起，按省份分開，以圓形排列成一張紙上，由皇帝用朱筆在犯人的姓名前畫圈。畫了圈的就地處決，沒畫到圈的仍然監禁獄中。如果連續三年未被皇帝的朱筆圈中，那算這個人運氣好，就被改判為無期徒刑。

不管怎麼說，周福清好歹留下了一條命。

第二年是慈禧太后的六十大壽，天下大赦，周福清又多活了一年。

但是從那以後，每年紹興周家都要派人到京城、省城送禮，疏通門路，活動關係，保住周福清的一條性命。可以這麼說，周福清生命中的最後幾年，都是在監獄中等死，嘗夠了恐懼的滋味。

光緒二十六年（一九〇〇），義和團運動爆發，八國聯軍攻入北京，京城裡社會秩序大亂。洋人打過來了，刑部的監獄也沒有管了，牢房裡的犯人趁亂逃跑，作鳥獸散。但事過不久，秩序稍一安頓，大多數犯人又都回到了監獄。為此，新任的禮部尚書薛允升大為感動，上奏光緒皇帝，請給犯人免罪。報告獲准後，牢房裡釋放了一大批犯人，其中包括浙江紹興的周福清。

這一年周福清六十四歲。他在監獄中蹲了八年，回到紹興家中，兒子周用吉已經病亡。白髮人送黑髮人，周福清感到格外傷心。況且，兒子的死，與他行事不端關係密切。要不是賄賂舞弊之事暴露，家庭遭受重創，年紀輕輕的兒子無論如何是不會病亡的。

周福清的孫子周作人，對祖父遭受牢獄之災一事是這樣說的：「這所謂的科場案，在清朝是非常嚴重的。往往交通關節的，雙方都處死刑，有時要殺戮十幾人之多。清朝末年，這種情形有改變，官場多採取敷衍政策，不願深究。因此介孚公一案也判得比較從輕。」

周作人說這番話時，心裡不知有沒有想到戊午科場案。堂堂大宰相，因為十六兩銀子丟命。相比起柏葰的殺頭，周福清這樁案子確實判得不算重。

周福清，字介孚，一生寫有詩詞幾十首，輯為《桐華閣詩鈔》。其中有首題為《秋興》，詩中云：

關山極目漸蕭條，千古興衰酒一瓢。
馬當風乘牛渚月，廣陵濤接浙江潮。
倚樓遺韻傳長笛，橫塑豪情付洞簫。
投筆從戎懷往事，玉門今已老班超。

出場人物：穆彰阿、載銓、景瑞、江忠源。

第七章

大廈將傾

清廷的中央財政，除了皇帝的個人花銷由內務府負責外，其餘部分均歸戶部管轄。為了管理從全國各地徵收上來的銀錢、實物等，戶部特設立了三個大庫，即銀庫、緞匹庫、顏料庫，分別存儲各省解往京都的稅銀、綢緞布匹，以及銅、鐵、鉛、錫、顏料、藥材、珠寶等各項物品。合稱「戶部三庫」。簡而言之，戶部是清政府的財政中樞，戶部銀庫則是專門為皇上保管銀子的地方。

如果戶部銀庫出了問題，不用說，必然是大問題。

道光二十三年（一八四三），正月初，清廷戶部發生了「庫丁舞弊案」。這本來只是一個普通的案子，誰知案情發生後，負責辦理案情的工作人員特別負責任，經過一番認真盤查，發現銀庫裡的帳面數額和實際數額不相符，少了將近一千兩萬銀子。道光皇帝聞訊後震怒，下令嚴查。辦案人員順藤摸瓜，再接再厲，果然查出了一樁驚天大案——清朝有史以來最大的銀庫案。

道光、咸豐年間，正是兩次鴉片戰爭先後爆發的時期，清廷由盛轉衰，就是從這個時候開始加劇的。如今，人們分析清朝衰亡的原因，都知道是腐敗所導致。至於內在的其他原因，談論起來大多語焉不詳。

一個朝代，往往會在進入盛世之後逐漸滑落，失去前進的方向和動力。盛而驕——驕必怠；富而奢——奢必貪；貪必腐——腐必敗。如此這般的歷史週期率，所有朝代都無法逃脫。實際上，在大清帝國康、乾盛世表面上的一派繁榮下，已經潛伏了巨大而深刻的危機。

當朝廷上下對乾隆皇帝的文治武功洋洋自得、官員們自我感覺良好時，清王朝已經開始從頂峰迅速滑落，奢侈、貪污、腐敗、驕恣、享樂等毒瘤在肌體內瘋狂生長，隨著時間的推移，漸漸侵入到了骨髓。

許多歷史大事件都猶如火山爆發，人們驚詫於火山爆發瞬間的奇異景象，有的人為之歡呼，有的人為之讚歎，也有的人為之感到悲傷和絕望。只有歷史研究者，才會去仔細考察歷史地層底下湧動的暗流、奔瀉的岩漿。

戶部銀庫追繳案發生後不久，中國南方爆發了雷再浩、李沅發率領的農民起義。起義軍轉戰湘、桂、黔三省，二十多個州縣，最多時隊伍發展到五千餘人。這場農民起義大大動搖了大清帝國的根基。大廈將傾，陣陣雷聲響過之後，接踵而來的傾盆大雨就離大地不遠了。

風起於青萍之末

北京東四牌樓附近有家萬泰銀號，老闆名叫張亨智，年近五十，兩個兒子都已經長大成人了。這幾年，張亨智的人生道路一直順風順水，生意興隆，財源廣進，家境蒸蒸日上，小日子過得十分不錯。就是有一樁心事，始終擱在他的心上，常常鬧得他寢食不安。

讓張亨智感到鬧心的是兩個兒子。老大二十八歲，老二則是二十六歲，都到了談婚論嫁的年齡，卻依然不長進，成天不務正業，和一幫混混子在街巷上東遊西蕩。眼看著就要奔三十了，俗話說三十而立，兩個兒子不僅沒有立家，也沒有立業，張亨智心裡很不爽。通過官府裡的朋友打聽，最近朝廷又要向民間投放一批烏紗帽，只須拿銀子就能買到官銜，文件上稱這種行為叫「捐納」。

張亨智可以為別的事發愁，就是不愁銀子，他興沖沖地拿出了一筆銀子，為兩個兒子買官。很快，上頭的批復下來了，兩個兒子捐納得到的都是候補道。候補道是四品官銜，相當於現在的中國地級市長，這也是拿銀子所能買到的最高官銜，作為父親，萬泰銀號老闆張亨智已經盡心盡力了。道台的名額有限，候補道雖說有道台的級別，但是沒有實際的職務和位置，等到哪個地方有了空缺，才能補上。因為是拿銀子捐的，所以這樣的候補道比較多，一般說來，候補道很難「補」為正式道台，不過張亨智心裡很踏實，他想，也夠了，至少兩個兒子有了工作，可以到衙門裡去上班，省得他們成天無所事事，人生走入歧途。

負責來收捐銀的人是周老二，張亨智將準備好的銀兩如數交給周老二，又將他拉到一旁小聲叮囑，說自己有個結拜兄弟叫張誠保，在戶部銀庫上班，讓周老二將銀子交給張誠保，並請張誠保予以關照。

論季節已經進入冬月，氣溫卻一反常態，連續十幾天達到了攝氏十七八度，路邊上竟然綻開了幾朵不知名的花朵。周老二將銀兩交給了張誠保，又將張亨智託福的話說了一遍，張誠保點點頭，小聲咕噥了一句：明白了。周老二見張誠保有點心不在焉，不知在想什麼鬼心思，於是又特意敲打了一下，話裡有話地說道，十一月的天氣，路邊上還在開花呢，這天氣真反常。張誠保拿奇怪的眼神看了看周老二，站在那裡愣了一會，也沒有多說什麼，臉上露出了不耐煩的表情。周老二見既然這樣，也就獨自怏怏而去。

到了繳庫銀的時候，張誠保果然做了手腳。周老二收來的是好幾個人捐納的銀子，總共一一四七四兩，分成十一個口袋分裝。當時銀庫裡的人手十分忙碌，進進出出的人熙熙攘攘，一片亂糟糟的景象。趁著大夥兒腳忙手亂的空隙，將第二秤報為第三秤，記帳的人只顧埋著頭，按照張誠保報的數位往帳本上記。這是約定俗成的辦法，大家心照不宣，彼此都默契地配合演戲。張誠保又將第四秤報為第五秤，第七秤報為第十秤，第十秤報為第十四秤。

這樣一來，憑白無故地多出了四袋銀子。等到庫銀入帳之後，張誠保等經辦人員就開始私分那些銀子。張亨智是銀號老闆，平常做生意講的是誠信二字，為人處事口碑不錯。但是他的這個結拜兄弟張誠保，做人卻不怎麼樣。再一個原因，此人在戶部銀庫裡幹的時間太長了，常在河邊走，沒人不濕鞋，張誠保不僅打濕了鞋，還沾染了不少官場上的壞習氣，不僅貪得無厭，說起話來還特別傲慢，好像滿世界的人都是他孫子似的。這樣的人，往往得罪了人自己還不知道。

那次分贓的經過，大致上也是如此。張誠保仗著自己在銀庫裡幹了多年，是老資格的前輩，況且能落下這四袋白銀，主要靠的還是他的功勞。於是大包大攬，將一半白銀獨自一人私吞了，剩下的另一半則由記帳的丁某，過秤的黃某，協助核查的艾某等五六個人平分。有句話叫做「貪而不得」，說的就是張誠保這種人。結果因為分贓不均，有人到南城吏部衙門告發了。

這個案件經過層層上報，到了刑部尚書惟勤的手裡，惟勤按慣例去盤查。經過查對戶部送呈的會計賬薄，銀庫應有歷年積餘的銀兩一二一八萬兩，然而在逐袋查驗後發現，實際庫銀與帳面上的數額大不相符，只有二九三萬兩，也就是說，少了九二五萬兩。尤其讓人氣惱的是，那些缺少的銀兩，箱子和口袋都還在，只是內中的銀子沒有了，用一條條白布裹纏木頭，佯裝成銀錠的模樣，蒙混查帳官員的耳目。親歷過此案的晚清大臣李星沅在日記中感歎：

餘皆以白布纏木橙憑崖支架，作為每袋千金狀，其弊不知從何始？①

戶部銀庫出了問題，首先應當問責的是主管戶部銀庫的官員。這個案子發生的時間是道光二十三年（一八四三），此時主管戶部銀庫的是軍機大臣穆彰阿。朝廷裡所有的官員都知道，穆彰阿是皇上倚為左右臂膀的大臣，眼下正權勢熏天，沒有人膽敢去老虎嘴邊拔一根鬍鬚。刑部尚書惟勤是個聰明人，他沒有聲張，怕得罪了穆彰阿會影響自己官場上的前程。

刑部尚書惟勤膽小怕事，但是官場上還是有不怕事的。不怕事的官員名叫潘世恩，字槐堂，江蘇吳縣人。此人在官場上摸爬滾打了五十多年，曆事乾隆、嘉慶、道光、咸豐四朝，是清朝有名的「四朝元老」。他有不怕事的資本，敢與權傾一世的穆彰阿爭高下。何況，道光皇帝待他不錯，去年還賞他穿黃馬褂，特許他在紫禁城乘轎行走。這一年，皇上單獨召他入宮，到養心殿去敘話。老臣潘世恩已經七十五歲了，走路顫顫巍巍，登上大殿的臺階時，不小心跌倒了，磕掉了一顆牙齒，嘴唇邊還流了不少血。在道光眼皮子底下發生這件事，皇上心裡有點過意不去，特派兩個小太監專門伺候。

潘世恩在養心殿裡與道光皇帝單獨談話，說的就是戶部銀庫的案子。

潘世恩是閱歷豐富的老臣，對本朝歷年的戶部銀庫情況瞭若指掌，一旦話匣子打開了，滔滔不絕，如數家珍。潘世恩說，乾隆皇帝時期，戶部銀庫的帳目就十分混亂，那時候和珅當國，銀庫內侵蝕現象嚴重，官員們監守自盜，人人都想撈一把，把國庫裡的錢當作私家財產，恣意妄為，子而孫，孫而子，積弊六十餘年，始終沒有得到清算。到了嘉慶皇帝手上，皇上痛下決心，整治戶部銀庫弊端，但是由於銀庫內部的一些官員欺瞞哄騙，交出的帳目模糊混亂，也還是沒有查出什麼名堂。

銀庫由戶部郎中負責，郎中以下，有司庫、書吏、兵丁、僕役等，這些人往往勾結在一起，以銀庫為利藪，把國庫當作他們發財的地方。就說那些看守銀庫的兵丁吧，兵丁大多數是滿族人，一般情況下三年一輪換，為什麼要輪換？因為兵丁看守銀庫是肥差，通常三年一任，可盜竊三四萬兩銀子。既然是肥差，自然得經常輪換了。兵丁們盜竊銀子的花樣千奇百怪，辦法很多，無奇不有。每逢搬庫，無論寒暑，庫兵都要全身赤裸，在大堂前經過檢查，然後魚貫而入，出庫時也是一樣。檢查時，庫兵平伸兩臂，兩腿微蹲，防止他們用身體夾帶。兵丁們還要張嘴學鵝叫，防止他們嘴中含物。其實，這些檢查也不過是例行公事，掩人耳目。庫兵的職業有許多是家世相傳，他們從小就練習用肛門夾物，最開始用雞蛋練習，接下來用鵝蛋練習，到最後用鐵蛋練習。平常的一個庫兵，每次可以夾帶大約十枚光滑的銀錠，重量可達百兩左右。

兵丁們偷盜庫銀畢竟是雕蟲小技，比起管理銀庫的官員們，實在是小巫見大巫。據清代學者歐陽昱《見聞瑣錄》記載，嘉慶、道光時期，戶部銀庫已經形成了一套陋規體制，一旦逢皇上下令讓御史清查銀庫，庫官必定要獻上規銀三千兩，即便御史手下的一般僕從，也能獲得門包[2]三百兩銀子。

潘世恩敘說的這些陳年往事，道光皇帝也曾依稀聽說過。本朝前兩年經歷的兩件與銀庫有關的事情，皇上至今仍歷歷在目。道光二十一年二月，銀庫護軍德明夥同韓十七兒等人，夜晚進入廣儲司南庫和北庫，共盜走銀元寶三十四錠。這件事發生後，道光令穆彰阿與刑部會審，將參與盜竊的德明等人抓捕，流放到了西北邊疆。同年十一月，廣儲司再次發生盜竊案，守護銀庫的小頭目謝毓錕勾結一幫外人來盜竊，另一個小頭目叫柯信，因不願意配合，被逼迫自殺了。這樁案子由潘世恩參與審理，謝毓錕革職抄家，杖一百，流放兩千里。

潘世恩所講述的關於銀庫的事情，道光皇帝並非完全不知情。但是，當潘世恩說到刑部尚書惟勤清查銀庫的結果時，皇上還是大吃了一驚。沉吟片刻，厲聲說道：「竟虧空了九百多萬兩，堂堂大清銀庫，被他們掏空了，只有不到三百萬兩銀子，實屬罕見！國家正缺錢糧，這些人吃了豹子膽，膽敢內外勾結，沆瀣一氣，營私舞弊，任意攫取，如此喪心病狂，堪稱國賊！」

在清朝所有的皇帝中，道光是最節儉的一位。前面說過，作為一國之尊的皇上，道光還曾經穿著補丁衣服上朝。就拿飲食來說吧，道光給宮廷裡的廚師規定，每餐最多只許四菜一湯。豬肝，豆腐，蘿蔔、白菜，這些尋常人家的菜肴，在道光朝時代的皇宮裡也是常客。有一次皇后過生日，道光設宴賞賜內廷諸大臣，前來赴宴的大臣們想，皇上再節儉，皇后的生日總不能馬虎吧？到了生日宴開席的時分，每人面前端上了一碗打鹵麵，鬧得赴宴的大臣們哭笑不得。

這麼一個節儉至極的皇帝，得知銀庫裡九百多萬兩銀子不翼而飛時，憤懣的心情可想而知。

道光皇帝下決心整治戶部銀庫，他對內閣發佈上諭稱：

戶部銀庫設有管庫司員，專司出納，管庫大臣總領其事，並多次派出王大臣盤查。近年又添設相庫滿漢御史，各該員果能認真經理，核實稽查，何至群相蒙混，釀成巨案？

為了把這一前所未有的特大盜庫案查清楚，道光皇帝重新組織了清查班子，派宗室載銓總負責，大臣穆彰阿、敬徵、裕誠、賽尚阿等人協助查辦。

查帳與權鬥

載銓，清宗室，滿洲鑲紅旗人。道光朝中，有影響的實力派大臣共有三位，一是穆彰阿，一是載銓，另一位是潘世恩。穆彰阿和載銓都是滿族人，潘世恩是漢人。三個人中，涉及到朝廷的軍政大事，主要由穆彰阿領銜奉旨覆議；事關錢糧賦稅，則主要由載銓領銜奉旨覆議；至於潘世恩，領銜奉旨覆議的機會很少，他的權力和前兩位比較起來，明顯處於下風。

載銓與穆彰阿長期在一起共事，兩個人都是強勢性格，遇事互不相讓。一山容不得二虎，久而久之，摩擦不斷，日積月累，積怨益深。據學者劉海峰在《穆彰阿與道光朝政治》一書中分析，鴉片戰爭前，以穆彰阿、載銓、潘世恩為代表的三個派系，在道光皇帝的統一駕御下，基本上相安無事。鴉片戰爭後，三派的力量此消彼長，大臣們重新分化組合，勢均力敵的均衡態勢被打破，穆彰阿一派一枝獨秀，其他兩派對穆彰阿一派的制約力明顯下降。「事實上，道光中後期，能與穆彰阿分庭抗禮並對其造成實際威脅的，只有載銓一人。」

載銓與穆彰阿的較量，以道光十九年（一八三九）最為激烈。載銓一派，主要有宗室成員和部分旗人組成。道光十九年，載銓一派把持清廷戶部、吏部，穆彰阿一派把持工部、兵部，兩派的矛盾日益激烈。

正月，穆彰阿一派出擊，以一個小小的理由扳倒了載銓一派的重要成員、禮部尚書奕紀。載銓一派伺機反擊，在查帳期間發現內務府郎中、主管東陵的官員慶玉問題嚴重，於是上了一道奏摺，要彈劾穆彰阿一派的官員慶玉。

道光皇帝接到奏摺後，立即通過軍機處發出諭旨，將慶玉革職拿問，並派御史琦琛親赴該員家內嚴密查抄，不得走漏風聲。御史琦琛是載銓一派的心腹，將情況及時通報給了載銓。在載銓看來，扳倒穆彰阿的機會來了。退一步說，即便扳不倒穆彰阿，也得給他抹上一臉黑。

東陵是清朝皇帝死後的埋葬陵地之一，郎中慶玉在東陵主管有關修建工程及糧倉事務，從嘉慶十六年起（一八一一），慶玉就在此上任。慶玉是個精明人，不僅聰明能幹，還諳熟官場的種種關節，懂得官場的種種決竅，時間一長，他慢慢織起了一張龐大縝密的關係網。上至穆彰阿這樣的權重大臣，下至東陵地方上的三教九流，都被他網羅進來，成了他棋盤上的一枚枚棋子。

東陵每年都有新建工程和修繕專案，慶玉在辦理這些工程項目的過程中，雁過拔毛，中飽私囊，逐漸積聚起一份龐大的家業。在東陵，慶玉的名頭很響亮，他家開有當鋪、錢鋪、酒莊、綢緞店、木材廠等，房屋逾千間，良田數萬畝，就連皇上派來守護陵園的貝勒，都是借住的慶玉府中的宅子。

琦琛奉旨查案，一到東陵，立即將慶玉拘押起來，親自率領兵役急赴慶玉府中，將其家屬關進東宅的一間屋子裡，然後實行了嚴密的抄家搜查。查抄的結果發現，慶玉府中的財產明顯已經轉移藏匿了，箱櫃裡所剩下的不過是舊衣物，沒有任何值錢的東西。琦琛想，自己是一接到皇上的諭旨就趕到慶玉府的，什麼時候走漏了風聲？誰向老狐狸慶玉透露了消息？琦琛向載銓彙報了這一情況後，載銓令他迅速追走漏消息之人。

慶玉府中有個守門人，姓麻，年齡五十多歲。麻老畢竟年歲大了，抗不過嚴刑拷打，開口說了一個情況：前來府中密報送信的人，是慶玉的侄孫恒倫。琦琛派人抓來了恒倫，經過審訊，那封信來自另一個叫全孚的人。全孚也是慶玉家的親戚，再去抓來全孚，一審問，全孚供稱，消息來源於工部尚書陳官俊。全孚在供詞中說，皇上密詔發佈的當天，陳大人差僕役來叫他，當時他正在公所辦公，無法抽身，臨近傍晚了才去陳府。剛一落座，陳大人就問他，御史琦琛奉旨查抄慶玉府的事情，知不知道？全孚被問得發愣，丈二金剛摸不著頭腦。他想，皇上發詔的事，他一個芝麻小官如何能知道？於是問道，大人怎麼知道的？陳大人說，他聽穆中堂說的。穆中堂說，參劾慶玉的有十七款罪責，有憑有據，這個案子一發，將來慶玉府是要抄家的。全孚這才明白，陳大人叫他來通報消息，是讓他去給慶玉府中通風報信。

審訊完畢，琦琛鬆了一口氣。看來，是摸了條大魚。工部是穆彰阿一派的重要堡壘，工部尚書陳官俊是穆彰阿的心腹紅人。順藤摸瓜，不愁摸不到穆彰阿的頭上。

琦琛將審訊結果彙報到載銓那兒，通超載銓，又彙報到道光皇帝那兒。

道光皇帝得報，在奏摺上批了一句話，令陳官俊明白回奏。第二天，陳官俊在回奏中堅決否認，說他壓根就不認識全孚這麼個人。道光得到回奏後，態度漠然，對此事也沒有繼續追究。

在載銓、琦琛這邊，對慶玉案的來龍去脈進行了全面分析後認為，該案線索至此已十分清楚，軍機大臣穆彰阿，工部尚書陳官俊，這兩個人都極有可能接受過慶玉的賄賂。當道光皇帝查抄慶玉的諭旨發佈後，同一天，慶玉就已經得到了消息，將財產全部轉移。

載銓滿以為這次抓住了把柄，能夠把穆彰阿扳倒。但是，事情後來的發展，卻完全出乎他的意料。接下來，案件的審訊過程一波三折，最令人難以置信的是慶玉翻供。在後來的一次審訊中，慶玉供稱，他曾經送給御史琦琛六十石大米，一匹馬，二百兩銀子。

轉眼間，一把火燒到了琦琛的頭上，載銓不能不著急了。他派人叫來琦琛，關起門來問他，到底有沒有收受慶玉賄賂這回事？起初琦琛連連搖頭，矢口否認，嘴皮子上像鐵一樣硬。架不住載銓苦口婆心的再三詢問，琦琛終於臉上一紅，囁嚅著說了實情，承認有收受慶玉禮物這回事。

這個故事的有趣之處在於，身在官場，人人都不要說自己有多麼乾淨。老鴉笑豬黑，自醜不覺得。其實呢，老鴉身上的黑，並不亞於豬身上的黑。琦琛奉旨去查抄慶玉的家，用今天的話來說，琦琛是追查貪腐的紀檢幹部，反腐鬥士也受賄，對於以反貪腐為名整治對手的載銓而言，不能不說是個笑話。靠人去反腐，容易使反腐變成一場場權鬥。靠制度反腐，才是根本大計。

琦琛因為收受慶玉的賄賂，終於被朝廷革職查辦。這一場權鬥的結果是，道光皇帝不僅沒有對穆彰阿進行任何處罰，反而對他更加信任了。而在載銓一派的這邊，御史琦琛丟官入獄，白白地損失了一員大將。

以上是一樁陳年舊案，說的是載銓與穆彰阿之間的矛盾由來已久。

到了道光二十三年，戶部銀庫虧空案爆發後，皇上派載銓前往查辦。載銓是穆彰阿的老冤家，因而對這個案子的處理十分賣力。

經過初步查勘，載銓發現，戶部銀庫帳目長期混亂不堪，是一筆糊塗賬。有的不少原始文件和帳簿，竟然還丟失了。比如說，道光三年、四年、五年、九年、十二年的流水帳薄，查來查去，杳然不知所蹤。載銓並不氣餒，他安排手下清查銀庫的工作人員細心追查線索，尋找一筆筆帳目的蛛絲馬跡。經過一番認真的核查和比對，載銓很快查明了從道光十年到道光二十三年管理銀庫大臣任職的具體時間。

這十幾年間，管理戶部銀庫的大臣眾多，分別有耆英、載銓、奕顥、穆彰阿和已故大學士富俊，其中，以穆彰阿擔任管庫大臣的時間為最長，基本上一直在擔任，其他人雖然也擔任過管庫大臣，但大都斷斷續續，為期短暫。

按照載銓的報告清單，歷任管庫的王公大臣共有一百零八員，歷任銀庫司員共有二百四十二員，歷任查庫大臣、查庫御史共有二百九十五員。這是一份隊伍龐大的名單，涉及清廷大小官員六七百人，其中包括穆彰阿、載銓、潘世恩、耆英、賽尚阿、奕經、裕誠、貴慶、桂輪、卓秉恬、湯金釗、陳官俊、廖鴻荃、榮慶、孫日萱、黃爵滋等等這類重量級的大臣。

按照載銓的說法，治亂需用重典，要想除惡務盡，澈底清理戶部銀庫歷年的積案，必須以嚴字當頭，讓涉及此案的所有官員受到處罰——包括革職、流放、降薪和全部官員賠款，不能讓任何人存在僥倖心理。

載銓將這份表格和名單呈報給道光皇帝，同時呈上的還有一份奏摺。在奏摺中載銓寫道：自嘉慶五年起，至道光二十三年，歷任庫官、查庫御史，各按在任年月，每月罰賠銀一千二百兩，已故者照數賠半。……其歷任管庫，查庫之王大臣，亦應核其年月次數，分別罰賠。所有嘉慶五年以後管庫王大臣，著每月罰賠銀五百兩；查庫王大臣，每次罰賠銀六千兩，已故各員，按數減半。③

載銓向道光皇帝建議，凡是擔任過管庫大臣的現任官員，一律都按瀆職罪處理，該擔責的擔責，該撤職的撤職，該入獄的入獄，該流放的流放。同時載銓還主動提出，他本人也擔任過管庫王大臣，銀庫出了這麼大的問題，自然有責任，請求皇上辭去自己的爵位。

載銓做出這樣的姿態，道光皇帝再也不能無動於衷了。發下一道聖旨，將穆彰阿、載銓、耆英等大臣統統革職。但是，在聖旨的結尾，道光皇帝寫道：惟事閱多年，官非一任，有些責任很難劃清界線，因此，將穆彰阿、載銓的處罰改為革職留任。也就是說，官帽子暫時拿掉了，人還仍然留在領導崗位上。

道光皇帝這麼做，自然出於他的全盤考慮。道光當皇帝的前後，兩次鴉片戰爭爆發接連爆發，內憂外患不斷，社會危機四伏，各種壞消息紛至遝來，政權面臨嚴峻的考驗。眼下，清廷正值用人之際，他不能在關鍵時刻自毀長城，砍掉自己的左膀右臂。儘管穆彰阿權勢薰天，貪污腐化，道光也知道穆彰阿權勢薰天，貪污腐化，但是皇帝此時不能動他。何況，在道光皇帝的眼裡，宗室載銓也並非那麼清正廉潔。皇帝的馭人術，不是一般人能夠看得懂的。

①李星沅：《李星沅日記》，第五〇八頁。
②門包，指賄賂守門人的財物。
③《清宣宗實錄》卷三九一，道光二十三年四月庚辰。轉引自劉海峰著《穆彰阿與道光朝政治》二〇四頁。

殃及池魚

道光二十三年戶部銀庫案發生後，導致了一場規模浩大的退賠風潮。直接被捲進此案的大小官員有六七百名，追賠銀兩數百萬，波及北京城以及外省的數以千計的家庭，牽扯到道光朝社會的政治、經濟、法律等各個方面，對於涉案的若干官員和他們的家族來說，不亞於一場毀滅性的地震。

按照載銓的建議，所有涉案的官員一概革職留任，管理過銀庫的官員，每管理一年賠銀五百兩；參與清查過銀庫的官員，每參與清查一次賠銀六千兩。已故官員由子孫負責賠償，減半處理。

道光皇帝傳下諭旨，追繳賠銀的工作由載銓所在的宗人府和刑部負責。對於許多清廉的官員來說，這筆賠款並不是個小數目。一時間，朝野內外，一片雞飛狗跳，不得安寧。有的官員向親戚籌款；有的官員向朋友借債；也有的官員明明有能力賠銀，卻久拖不退，等待觀望；還有的官員把賠銀當作一次發財的良機，從中推波助瀾，興風作浪。

據劉海峰《穆彰阿與道光朝政治》一書記載，五月十五日，鄭親王烏爾恭阿帶頭先交清罰賠銀兩。隨後，侍郎善燾、恩華、內閣侍讀學士蔡庚飆、順天府尹周貽徽也都交清了賠銀。五月二十六日，定郡王載銓、協辦大學士敬征、侍郎關勝保、兩淮鹽運使但明倫等，相繼交清了賠銀。到當年底，交清賠銀的官員還有潘世恩、駱秉章、趙長齡、郭柏蔭、吳士敏、文彩、張鑒、續齡、張秉德、景斌、炳輝、舒光、薩霖等人。

這些官員中，有的在管理銀庫或清查銀庫中曾經撈過好處，賠點銀子算得上合情合理。也有的官員一生清廉，壓根沒有沾過半點腥，也遭到了賠銀的處罰，確實冤枉。比如時任都察院御史的駱秉章，就是這一類官員的典型代表。

道光二十年（一八四〇），駱秉章受命稽察銀庫。一到崗，就有管理銀庫的官員向他作揖，小聲說：恭喜發財。駱秉章不解地問，我剛初來乍到，喜從何來？庫官告訴他，按照慣例，銀庫在收取捐項時，每一百兩加收四兩，其中二兩歸庫官和查庫御史作為酬勞。你若在銀庫裡當一年查庫御史，大約有二萬兩銀子的額外收入。駱秉章一驚，雖然以前聽說過銀庫鬼多，卻沒有想到會如此明目張膽。駱秉章說，我已受朝廷俸祿，這些額外之財，分厘不能接受。

駱秉章在稽查銀庫期間，不僅自己不從中間撈好處，還叮囑身邊隨從，在銀庫內辦事不准索取分文。有一回，京城乾泰銀號掌櫃來交稅銀，此人姓馬，是吏部尚書潘世恩的親戚。庫官過秤後發現少了二十五兩銀子，讓馬掌櫃補上。當時正好駱秉章在場，潘世恩是駱秉章會試時的恩師，按情理可以通融，但是駱秉章仍然當他的鐵面御史，毫不留情地讓馬掌櫃補交了銀子。

有這麼一個人在銀庫裡坐鎮，平時舞弊成風的庫官、庫丁們視他為眼中釘、肉中刺，一個個忌恨在心，想方設法要將他排擠出銀庫。外間有不少人傳聞：銀庫裡有個駱老爺，辦事認真，舞弊之風大減。傳聞被穆彰阿聽到了，將這個鐵面無私的御史召到府中，說道：「朝廷裡難得有你這般忠心耿耿、不徇私情的官員，於銀庫大有補益，我讓你再留三年。」駱秉章答道：「此地一年已難辦，再留三年，恐怕家人要來銀庫抬我的死屍了。」說罷哈哈大笑，他為官的風采一覽無餘。

駱秉章拒腐蝕、永不沾的美名傳到了道光皇帝的耳朵裡，皇上破例召見他，說道：「汝查庫查得好，不獨我知，人人皆知。汝以後好好讀書，好好做官，將來為國家辦事，前途寬廣。」在一份諭旨中，道光皇帝寫道：「近惟有駱御史已身不染，僕隸也不受影響，也是難得。」

駱秉章曾經數度參與過稽查銀庫，按照朝廷的賠銀規定，他需賠銀一萬八千二百兩。雖然這筆銀子賠得冤枉，他卻並沒有發出什麼怨言。駱秉章一生清廉，這筆賠銀對於他來說，一時實在是難以賠償。只好求助於兒女親家伍承禧，以及門生吳延溥，同鄉梁鐵山、宋蕚樓等人，在他們的資助下，駱秉章總算在規定的時間內還清了這筆賠銀。

再比如與林則徐齊名的禁煙大臣黃爵滋，在擔任京城御史期間，參與稽查戶部銀庫一次，管庫一次，按照追查章程被革職，需賠銀一萬四千兩。黃爵滋和駱秉章相類似，也是一名還算清廉的官員。他一時拿不那麼多賠銀，只好四處去告借。在規定的時間內賠清了銀兩，才官復原職。

另一位大臣叫卓秉恬，字靜遠，號海帆，四川華陽人。在京城任御史期間，參與稽查過戶部銀庫三次，按規定應賠銀一萬八千兩。戶部銀庫案發生時，他已經年滿六十歲。

在道光朝，卓秉恬的廉潔也是有名的。晚清有本書叫《軟塵私議》[1]，記錄了卓秉恬的一則軼事。書中說，卓秉恬經濟拮据，境況太差。為了籌措到一些銀兩賠償給朝廷，他竟然以大學士的身分而不顧，親自登臨富戶人家，央求富家子弟捐納。豈不料那個富戶絲毫不給面子，冷臉相對，端茶送客。為了賠銀，卓秉恬居然把自己糟塌到了這個地步，實在讓人唏噓不已。

銀庫案發生後，卓秉恬再牛，也得按規定賠銀。可是卓秉恬不貪不腐，實在拿不出一萬八千兩銀子，只好去找人借錢。他曾經找同僚李星沅借過錢，李星沅在日記中云：

> 五月初十日，得卓海翁書，以賠項來假八百。

這個卓秉恬，曾經在皇宮裡當過恭親王奕訢的老師，是一位有背景的老資格官員。這樣的官員說起話來腰杆硬，底氣足，不怕得罪人。還有一則掌故，說的是卓秉恬為了湊足賠銀款項，甚至與弟子鬧翻了臉。

卓秉恬有個得意門生，叫俞德淵，寧夏平羅人，此時正在江蘇揚州鹽運使任上。歷朝歷代的鹽官，都是富得流油的官員，卓秉恬想，眼下賠銀催得太急，何不找這位弟子先借錢還債，日後再慢慢償還。這麼一想，於是便寫了封信，字裡行間說了借銀一事。誰知道這個俞德淵，和他的老師卓秉恬一樣，也是個兩袖清風的清官。回信虛與委蛇了幾句，並不提借銀子的事。

卓秉恬氣得不行，也沒有多說什麼，把這筆賬牢牢刻在了心頭。

第二年，卓秉恬赴江南任主考官，路過南京時，擺了一桌酒宴，請門生俞德淵來吃飯。俞德淵興沖沖地來拜見遠道而來的老師，豈不料一進筵席廳，就大觸黴頭，碰了一鼻子灰。坐在桌子上席的錢某，俞德淵原本是認識的。此人是他手下鹽場大使錢耀坤的兒子，論官職，鹽場大使只是八品，屬於雜職官之類。在上席落座的錢某十分識趣，見父親的頂頭上司來了，主動讓座，一邊打恭作揖，臉上堆滿了笑。

哪裡知道老師卓秉恬的牛脾氣發了，上前拉住錢某，非不讓他離開上席位置。卓秉恬端起一杯酒，一仰脖子喝下去，臉色頃刻間紅了。喝了酒之後，人的情緒容易激動，說話往往掌握不好分寸。但是「酒醉心明」，酒後說的醉話，說話人心裡還是有數的。卓秉恬提高了聲調，聲色俱厲地說道：「如今這個世道，還講什麼長幼尊卑？人心不古，世風日下，世上忘本的人太多了。」說著說著，卓秉恬還掉下了幾滴眼淚。一旁的俞德淵十分尷尬，端起一杯酒要去向老師賠罪，卻被老師冷面無情地拒絕了。

吃過飯後，卓秉恬拉住錢某的手，來到秦淮河邊的花船上，一邊喝茶，一邊觀看南國佳麗唱歌跳舞，俞德淵被冷落在旁邊，像一隻落單的孤雁。

這件事情發生後不久，俞德淵得了一場病，怏怏離開了人世。官場中的許多人私下說，俞德淵是受到了羞辱氣死的。晚清陳康祺撰寫的筆記掌故集《郎潛紀聞》中對這件事作了記載，作者憤憤不平地議論道：

鹽運使為全綱總核之大吏，主考乃三年一到之貴官。當主賓晤對時，自必萬目同瞻，兩堤如堵，乃挾小嫌而昧大體。以堂堂皇華星使，而怒罵號啼，忽恭忽倨，始則尊卑倒置，故作激昂之詞；繼則親疏過分，顯示幕斥之意。取瑟而面拒孺悲，鳴鼓而親攻冉有，己則快意，人何以堪？

實際上，俞德淵的政聲優良，口碑上佳，有「清白吏」之稱謂。得知俞德淵病逝的消息後，官場上有許多官員為他撰寫挽聯，曾擔任過江蘇巡撫的學者型官員梁章鉅，為俞德淵撰寫挽聯云：

殫心力以報所知，一代長才出甘隴；
處脂膏而不自潤，千秋遺愛滿邗江。

類似駱秉章、黃爵滋、卓秉恬等品行較優的官員，自己想辦法借銀子還帳的例子不少。也有的官員並不那麼本份，他們認為償還賠銀太冤，這筆錢壓根與自己無關，哪有自己掏腰包償還的道理？於是紛紛打主意想辦法，或者從其他帳目上巧妙挪用，或者直接找地方財政墊背，或者向老百姓攤派搜括。有個官員叫程德潤，湖北天門人，時任甘肅布政使。因為參與過稽查戶部銀庫，被朝廷革職，還要賠銀一四四〇〇兩。

程德潤心中不服，私下裡越想越鬱悶。他想了個陰招，將一萬多兩賠銀分攤給下屬，按月扣款。鬧得甘肅衙門裡的官員，在領薪水的時候，人人都抱怨帳單上少了一大筆。當然，他們不敢公開抱怨，只能私底下議論。這件事情傳到兩江總督李星沅的耳朵裡，也連連搖頭，不恥於程德潤的這種行為。在當天的日記中李星沅寫道：

（程德潤）被參劾後，復勒派賠項，此豈讀書人所為？

陰招也是招，程德潤終於趕在年底交清了賠銀，雖然被革職，但仍然在甘肅布政使位置上留用。也就是說，雖然官銜暫時不在頭上，但是實權仍在。等過了這陣風頭，朝廷開恩，烏紗帽還是會飛回來的。

道光朝戶部銀庫案，涉及晚清社會的千家萬戶。其中，有個後來掌國的大人物也深受其害，親眼目睹了一段傷心的痛史。

這個人是慈禧，賠銀那年她才十二歲。

道光二十三年銀庫案發生時，慈禧的曾祖父正好在戶部任官。他叫吉郎阿，字藹堂，乾隆年間進入官場，到嘉慶九年（一八〇四），吉郎阿已經入軍機處充當章京。章京俗稱「小軍機」，能夠充任這個官職的，都是那些思路敏捷、文筆尚佳、處事靈活、又有一定官場閱歷的官員。朝廷對他的考察評語是：「操守謹，政事勤，才具長，年力壯」。

嘉慶十四年（一八〇九），按照先前的預期，吉郎阿離開了京機章京的位置，下派到戶部任官。他的官職是戶部銀庫員外郎，官銜級別五品。這是個令人羡慕的肥缺，吉郎阿滿心歡喜，在這一位置上一干就是三年。

吉郎阿忘了中國有句古訓：福兮禍之所伏，禍兮福之所依。這個世界上，好事和壞事是住在隔壁的一對鄰居，福與禍經常互相轉化，往往讓人猝不及防。戶部銀庫案發生後，道光皇帝下詔，所有與銀庫有關的官員統統賠銀，吉郎阿當過三年銀庫員外郎，也在賠銀之列。

不久，朝廷的催款通知書發下來了。吉郎阿在銀庫裡幹了三年，應賠銀四三二〇〇兩。雖然這時候，吉郎阿已經病死了。但是規定上說，死去的官員，賠銀減半，仍須賠銀二一六〇〇兩，退還贓款事宜由子孫承擔。

這是一樁飛來的橫禍，對於慈禧一家來說，無異於晴天霹靂。

吉郎阿的兒子（慈禧的祖父）叫景瑞，生於乾隆四十五年（一七八〇），到戶部銀庫案發生的這一年，他已經六十三歲了。景瑞監生出身，從國子監畢業後，父親吉郎阿花了一筆錢，給他捐了個官銜，叫「筆帖式」。這個詞是滿語，意思是辦理文件、文書的官員。筆帖式是八品小官，只有滿洲旗人才有資格擔任，主要做一些翻譯、擬稿和抄抄寫寫的文案工作。別看這份工作不怎麼樣，但是有一宗好處，能夠經常接觸到衙門堂官，這對於將來的官場擢升大有幫助。

景瑞任職的地方是兵部太僕司，這個部門的工作和當年孫悟空所幹的弼馬溫差不多，都是養馬。除了供應軍隊的戰馬外，還要保證宮廷裡有足夠數量的良馬。每當遇到皇帝出巡，朝廷裡的諸多官員都要隨駕出行，浩浩蕩蕩。清朝的馬場分佈在內蒙、甘肅、青海等西北牧區，景瑞正式補授筆帖式後，第二年分配到張家口辦理牧場事務，在那裡一連幹了七年，成績不錯，受到上司嘉獎，推薦到京城刑部擔任主事，成了正六品的官員。

這樣又幹了幾年，景瑞的仕途暢通無阻，到了道光二十二年（一八四二），他已經成了正五品官員，並且接到了皇帝的諭旨：「往江蘇以知府差遣使用」。按清律，凡是要到外省去任職的官員，均需要通過皇帝面試這一關。四月二十五日，道光皇帝在宮殿裡接見這批即將到江南赴任的官員，不知是什麼原因，也許是皇上心情不好，或者說這批官員確實平庸，道光對他們印象不佳，當天上諭中云：

察其才具平庸，俱不勝知府之任，著回原衙門行走。

這且不說，更加倒楣的是，皇上發起脾氣來十分任性，不僅沒有讓這批官員赴江南任官，還大筆一揮，將他們原有的官職註銷了。本來滿心希望到外省去當官的景瑞，只好回到張家口牧區，繼續從事他的養馬專業，而且官職還下降了一級，不用說，他的心情非常沮喪。

恰恰在這個時候，戶部銀庫案爆發，朝廷追著要賠償銀兩。按照追賠期限規定，景瑞家必須在兩年內還清這筆錢，否則就要革職入獄。景瑞好歹也在官場上混了幾十年，憑著他的經驗，朝廷辦事往往是雷聲大雨點小，開頭鬧得震天響，結尾則是不了了之。於是，他採取了搪塞拖延的老招式，起初只拿出了七十兩銀子，象徵性地敷衍了一下。

但是這一次朝廷來真的了，隔三差五遞來一份追討債款的文書，衙役裡的公差也三天兩頭往景瑞家裡跑。反腐之風越刮越烈，眼看著抗不過去，只好又從家裡搜羅了一些銀兩，擠牙膏似的交了一些。就這樣磨磨蹭蹭，勉強拿出了二百兩銀子。而按照朝廷裡的規定，要賠二一六〇〇兩白銀，如今只賠了個零頭，離需要賠付的數額差得太多。

到了道光二十七年，規定賠銀的兩年時間已經超過了。五月初六，戶部尚書潘世恩照章參了景瑞一本，說朝廷三番五次嚴申，都被暗瑞當作兒戲，實在是罪不可赦。潘世恩在奏章中說，大清朝的律令必須嚴格執行，要求將景瑞革職，實行監追。所謂「監追」，就是把人抓進監獄裡，然後再實行追賠。道光皇帝在潘世恩的奏摺上批了兩個字：依議！這兩個字後面的紅色驚嘆號，一覽無餘地宣洩了皇上內心深處的憤慨表情。

既然皇上都動怒了，再不把景瑞抓到牢裡就說不過去。那一年景瑞已經六十八歲，如果沒有這件事，應該是兒孫繞膝，富貴滿堂了。可憐堂堂五品朝廷官，只能在監獄裡去度過晚年，每天扒在牢房的窗戶上看日出日落，複雜的心情想必另有一番淒涼的滋味。景瑞入監後，最著急的是他的兒子惠征（慈禧的父親）。家裡頭七拼八湊，所有值錢的東西都拿到當鋪裡換銀兩，又向親戚、鄰居、官場同僚們借款，在一年的時間內陸續上交了九〇〇〇兩銀子。到了道光二十九年，又拼湊了二八〇〇兩銀子，上交給了銀庫，總算達到了應賠銀兩總數的六〇％。

惠征動用各種社會關係，托人向潘世恩說情，讓他高抬貴手，網開一面。潘世恩見還款已經超過六〇%，這才上書奏請將景瑞釋放。剩下的賠款，允許通過扣罰俸薪的方式逐年償還，直到全部賠清為止。

有人說，當年景瑞入獄後，這個家庭一片驚慌失措，而十二歲的慈禧臨危不亂，幫助父親出主意，變賣家產，親友借貸，想方設法贖出了祖父景瑞。這無疑是過度美化，高抬了慈禧。當時的慈禧只有十二歲，她有天大的能耐，也不可能做出超過其年齡的事情。

倒是後來，慈禧幫助她父親惠征撈了不少銀兩，為這個幾乎破敗的家重新贏得了尊嚴和榮耀。咸豐元年，咸豐皇帝登基之後，挑選八旗秀女，此時慈禧芳齡十七，被選秀選中，進入宮廷成了「蘭貴人」[②]。已經成為皇上老丈人的惠征，此時被調到安徽，任徽寧池廣太道的道台。惠征名下，管轄五府一州，還兼管蕪湖關的稅務。這是個人人都羨慕的肥缺，加上他又是當今皇上的老丈人，於是搜刮起錢財來更是如魚得水，不到半年時間，就撈了五千多兩白銀。與此同時，惠征的官職也一升再升，短短幾年，從八品筆帖式升為四品道台。

這個故事告訴我們，人在倒楣的時候，不要太絕望，應該看到未來還會有光明。這個故事還告訴我們，在朝廷裡當官，能力大小是一回事，背後有沒有後臺則是另一回事。而後者，往往是你在官場升遷的決定性因素。

①《軟塵私議》，佚名著，見中國近代史資料叢刊，《鴉片戰爭》第五冊，第五三〇頁。
②慈禧的小名叫蘭兒，入宮後封為「貴人」。

風雨飄搖話錢糧

一次戶部銀庫罰賠案，實際上轉變為一場對地方官的大清查，對老百姓的大搜刮，這是潘世恩、載銓等官員當初沒有預料到的後果。他們想通過此舉扳倒政治對手穆彰阿，但是這次銀庫罰賠案，對於主要責任人穆彰阿的影響微乎其微。按照賠銀規定，穆彰阿需要賠付十萬兩白銀，數目雖大，對於穆彰阿來說卻不是問題。穆彰阿府上富得流油，若是痛痛快快地拿出來，豈不是暴露了自己？

穆彰阿對付朝廷的辦法是一個「拖」字訣。而且，他從拖延中體會到了種種妙處。家中藏著銀子不繳，拖延的時間越久，門生弟子們孝敬的銀子越多，何況還有那麼多一心想升遷的官員，想巴結他還巴結不上呢。因此，賠銀對於其他官員來說相當於傾家蕩產，而對於穆彰阿來說，又成了一次斂財的好機會。直到第二年——道光二十四年四月，戶部侍郎祝慶蕃向道光皇帝報告，銀庫案追繳的銀兩，雖經刑部通力合作，至今賠銀不足三十萬兩。穆彰阿聽到這個消息後，知道再也躲不過去了，才心不甘情不願地將賠銀拿了出來。

穆彰阿，字子樸，號鶴舫，滿州鑲藍旗人。在道光一朝，穆彰阿權勢炙手可熱，有這麼則掌故很能夠說明問題。順德羅惇衍、涇陽張芾、昆明何桂清三人不到二十歲就考中進士，入職翰林院。張芾、何桂清聽說穆彰阿是當今朝廷掌實權的當紅大佬，托人找關係去送禮依附，只有羅惇衍少不知事，沒有走穆彰阿的門路，而是去找了另一位朝中大佬潘世恩。等到朝廷放差時，張芾、何桂清均被派往外地做官，只有羅惇衍一人落選。羅惇衍不解，去問潘世恩，潘世恩得知羅惇衍沒有去拜見穆彰阿，大驚失色，說道：「你沒見穆中堂就先來見我，大好前程自然玩完了。」皇上的諭旨是這樣寫的：羅惇衍年紀太輕，未可勝任，著毋庸前往。實際上，當時羅惇衍已經十九歲，是三個人中年齡最大的。

道光朝後十年，是穆彰阿及其勢力執政的鼎盛時期。在這十年中，國家財政腐爛不堪，弊竇叢生，一言以蔽之：捉襟見肘。學者劉海峰在《穆彰阿與道光朝政治》一書中分析，道光朝後十年的財政弊端，可歸納為八大病：白銀外流、鴉片戰爭及賠款、河工、漕弊、鹽弊、內戰、天災、貪贖。

從乾隆末年開始，清廷就有了衰落的痕跡。政治日漸腐敗，嘉慶、道光兩位皇帝也失去了早期君主銳意進取的精神，掌國風格日趨保守和僵化。官場中，結黨營私，相互傾軋，買官售爵，賄賂成風。軍營裡，裝備陳舊，操練不勤，營務廢馳，紀律敗壞。財政上，國庫虧空，銀兩緊張，入不敷出。社會層面的各種關係也緊張尖銳，階級矛盾激化，相繼爆發了白蓮教起義、雷再浩、李沅發起義以及太平天國起義。風雨飄搖中的清廷，已經逐漸步入窮途末路了。

乾隆年間，清廷銀庫中銀兩充足。嘉慶年間，雖然財政開始走下坡路，但是通過整肅貪官污吏，清廷財政還可以補充不少銀子。「和珅跌倒，嘉慶吃飽」，說的就是這個意思。和珅被處置後，查抄沒收的和珅家產高達二億兩白銀，足夠維持嘉慶朝的財政運轉。到了道光年間，財政形勢日趨惡化，收入逐年減少，銀庫入不敷出，又沒有多少貪官污吏的家產可供查抄。在這種背景下，清廷統治者所採取的措施，只能是從方方面面來盤剝搜刮了。

上文中說到的官員賠銀，即是一例。此外便是通過各種途徑，大肆對地方官員和老百姓進行斂財。道光朝後十年，對地方斂財規模最大的一次，莫過於道光二十九年（一八四九）清查州縣錢糧積欠。

清廷官場中有個習以為常的老規矩，這個老規矩官場中人人都明白，心照不宣，卻又人人都不去捅破。按照慣例，每逢衙門裡新老交替時，後任官員必須接手前任官員包遺留下來的錢糧虧空。這樣年復一年，日積月累，地方錢糧的積欠就越來越多。

針對這一現象，清廷官員中的有識之士提出了各種各樣的整治辦法，但是都難於具體實施。穆彰阿針對財政時弊開了一劑猛藥，提出清查州縣歷年來積欠的錢糧，補充國庫。道光皇帝批准實施這一辦法，諭旨中云：

著各省督撫趕緊先追造四柱清冊①一分，各省以一府為一冊，統以文到之日，限八個月辦齊。其短少之項？已有數目？從何支飾？各該督撫惟應迅籌彌補章程，不得轇轕②耽延，終歸無著。若續經欽差查出虧短，立即訊明，執法從事，決不寬貸。③

清查州縣錢糧錢糧積欠政策出籠後，按照文件規定，各省必須在八個月內清查完畢。清查的結果是驚人的，《穆彰阿與道光朝政治》一書中說，全國錢糧虧空的總數，除谷不算，尚有三千萬兩白銀。

各省之所以有如此巨大的虧空，原因很多。這一次全國大清查，對於州縣級別的官員取得了巨大的震懾作用。原來的民謠「三年清知府，十萬雪花銀」不靈了，社會上改唱起了新民謠：「前生不善，今作知縣；前生作惡，知縣附郭；惡貫滿盈，附郭省城。」④

據道光二十九年的《上諭檔》統計，在這場聲勢浩大的清查行動中，遭受處分的州縣級別的官員多達二二六人。如江蘇試用鹽知事顏晉敏、何錦，清河縣知縣劉於淳，邳州知府姚維成，泰州知府張子杲，興化知縣梁園棣，柘林通判查德基，武進知縣張文韶，睢寧縣知縣賈鎮，東台縣知縣葛起元，阜寧縣知縣胡春，蘇松鎮總兵田浩然，鎮洋縣知縣韓卓章等等。

這裡說說晚清名將江忠源的故事。

江忠源，字岷樵，舉人出身，湖南新寧縣人。江忠源生性剛烈，重視經世之學，道光十七年考中舉人後，入京城參加會試未取，返回家鄉當了一名教員，並以兵法訓練鄉裡子弟。道光二十七年（一八四七），瑤族人雷再浩在新寧縣黃背峒聚眾作亂，江忠源組織團練參與鎮壓，擊破亂軍巢穴，擒殺雷再浩，被擢升為浙江秀水縣知縣。

江忠源到秀水縣上任時，不巧碰到了百年未遇的大洪災，哀鴻遍野，餓殍枕藉，老百姓游離失所。一些不法商人乘機大發國難財，哄抬米價，不少饑民變成了亂民，見糧店就搶。就在江忠源上任的前一天，秀水縣城發生了二十多起搶糧案，參加搶糧的人員多達一兩百人。

情況反映到新上任的縣官江忠源那兒，江忠源沉默不語。他令衙役對一起起搶糧案進行調查，是什麼人帶頭？有哪些人參加？被搶的糧店有多大損失？等到調查清楚後，對帶頭搶糧者實行抓捕，對一般參加者說服教育，不聽勸告者予以處罰。經過一番整治，秀水縣城的社會秩序有所好轉。

接下來，江忠源來到賑災局，邀請本縣的鄉紳們拜謁城隍神。由江忠源領頭，跪在地上，向城隍神磕頭獻貢品。拜神儀式進行到一半，江忠源從袖口中掏出了早準備好的誓約，上面寫著在饑荒年代需要遵守的幾條清規戒律，以及在大災之年要為鄉梓多做善事的話，問鄉紳們是否願意在誓約上簽字？眾人皆說：願意。於是，江忠源命人點上香，鳴鐘擊鼓，共同跪拜在城隍神面前，大聲照著誓詞念了一遍，各人簽上自己的名字。

誓約簽定後，江忠源讓衙役去製作了兩種匾，一種專門用來記錄鄉紳們捐錢糧的事蹟，凡是有人捐贈了錢糧，都要把他的名字和捐贈數目寫在匾上，並且給這個人戴紅花，繫綬帶，騎上洋馬，鼓樂齊鳴，在大街上逛一圈。然後，發給題有「樂善好施」的一種匾。另一塊匾則記錄那些不願意捐贈錢糧的鄉紳名字，在名字的前面題寫「為富不仁」幾個字。兩種匾都不許藏起來，必須掛在自己家的門額上，由地保負責檢查。

江忠源的這套辦法雖然不夠仁義，但是卻很奏效。不到半個月的功夫，秀水縣就得到捐銀十餘萬兩，米糧若干。隨後，江忠源乘船親自調查饑民戶口人數，分片造冊，交給那些捐贈錢糧的鄉紳，由他們給饑民們發放錢糧。江忠源還制定嚴格的紀律，規定官員們在大災面前務必盡職盡責，勤查核勤彙報，嚴禁貪污瀆職。除此之外，還專門設立賑災局，收養無家可歸的兒童，免除當年受災老百姓的田賦。

就是這個江忠源，後來被曾國藩所賞識，成為湘軍中的一員名將。太平天國起義爆發後，江忠源受曾國藩之委託，回鄉組建楚勇赴廣西前線參戰，並在蓑衣渡之戰中擊斃馮雲山。此後，江忠源轉戰湖南、湖北、江西，屢建奇功，被擢升為安徽巡撫。

咸豐三年（一八五三），江忠源到達廬州，陷入太平軍的包圍之中。十二月，廬州城被破，江忠源拔刀欲自刎，被左右親兵阻止。都司馬良勳背著他逃走，他猛咬馬良勳的耳朵，奮力掙脫，繼續與太平軍交戰。在一個名叫水閘橋的地方，江忠源已身受七處創傷，掙紮著跳入一口古塘，投水自殺，時年四十二歲。

道光後十年，雖然有江忠源這種廉潔稱職的官員，但是清廷吏治腐敗，貪官污吏層出不窮，已是普遍存在的事實。而清查州縣錢糧虧空的實施，更是使得整個社會陷入急劇動盪的狀態中，群體事件不斷發生，民眾抗糧、抗漕、抗稅、抗捐、拒絕弁兵、毆打官員等現象，是每天都能見到的現實生活場景。

僅道光二十九年這一年，全國就發生了無數起群體性事件。四月，江蘇婁縣民眾圖免錢糧，糾眾滋事，釀成了人命案；五月，蘇州饑民聚集閶門，時有土匪數百人冒充災民，搶劫富戶錢糧；同月，浙江山陰會稽等縣，有土匪糾眾肆搶；六月，湖北麻城饑民因為搶不到錢糧，拆除了富紳的房屋；七月，江蘇常州武進、陽湖二縣，災民搶掠，贓款無數；同月，還有福建永安縣、江蘇金山縣、南塘縣，發生了哄搶錢糧事件；八月，蘇州、常州等府，均有饑民呼籲賑災，衙門不予理睬，遂釀成哄搶事件；九月，廣西永福縣，匪徒連搶數家……

這一時期爆發的農民起義中，李沅發起義影響較大，使清廷受到嚴重衝擊。

先是湖南省新寧縣瑤族人雷再浩，祕密組織「棒棒會」，以「反清複明」、「殺富濟窮」為口號，於道光二十七年九月舉行起義，這場起義被清軍鎮壓，雷再浩等起義首領被抓捕，押解至長沙殺頭。

到了道光二十九年，新寧縣水頭村三十三歲的李沅發繼續舉起雷再浩義軍的旗幟，祕密成立「把子會」，插香盟誓，拜結兄弟，並潛往廣西全州大埠頭串連萬老四、蔣老八等江湖人物，同赴新寧縣城劫獄。十一月二十七日深夜，李沅發率領的起義軍兩千餘人攻佔新寧縣城，打開監獄，搗毀衙署，殺死知縣萬鼎恩等官員及家眷多人。殺羊祭旗，起義軍奔赴廣西全州、興安等地，招兵買馬，聚集會眾。

道光皇帝得知李沅發起義的消息後，下令廣西巡撫鄭祖琛圍追堵截。清廷派出官兵沿途追擊，江忠源也及時組織團練，加入到圍追堵截的隊伍中。次年三月，李沅發起義軍轉戰湖南、廣西交界處之思管、荔浦等地，極盛時隊伍達到四五千人。隨後，又轉戰貴州四鄉、黃林等地。次年四月，起義軍失敗，李沅發被清軍俘獲，檻送北京，綁赴菜市口刑場殺頭。

此時是道光三十年（一八五〇）八月，已是太平天國起義的前夕。

第二年，廣西金田爆發了太平天國起義。清廷岌岌可危，帝國大廈將傾，側耳聽，柱梁斷裂的吱吱聲已經清晰可聞。陣陣雷聲響過之後，接踵而來的暴風驟雨就離大地不遠了。

①一種會計結算方法，用現代話講就是會計結算中的四大要素：舊管、新收、開除和實在。古人形象地比喻它們是大廈的四根支柱。

②轇轕，意指糾纏不清。

③《清宣宗實錄》，卷四六一，道光二十八年十一月乙酉。轉引自劉海峰著《穆彰阿與道光朝政治》，第二二八頁。

④附郭，指附郭縣，也叫首縣，即縣城和府城同在一處的縣。附郭縣令居住之地，如果是縣城所在地，其迎來送往任務重，招待過往長官特別多，往往供應紛繁，疲於奔命。

主要參考書目

1.《晚清宮廷生活見聞》，文史資料出版社，一九八二年；
2.《中國近代史上的關鍵人物》（上下），蘇同炳，百花文藝出版社，二〇〇〇年四月；
3.《同光風雲錄》，邵鏡人，中國藝林文物出版有限公司，民國四十六年；
4.《清代七百名人傳》，蔡冠洛，中國書店，一九八四年；
5.《清代名人軼事輯覽》，李春光，中國社會科學出版社，二〇〇四年；
6.《張謇傳記》，劉厚生，龍門聯合書局，一九五八年；
7.《清代野史》（四冊），辜鴻銘、孟森等著，巴蜀書社，一九九八年；
8.《八十三天皇帝夢》，吳長翼，文史資料出版社，一八八三年；
9.《慈禧大傳》，徐徹，遼沈書社，一九九四年十月；
10.《光緒帝》，馮元魁，吉林文史出版社，一九八三年；
11.《清宮外史》，高陽，中國友誼出版社，一九八四年；

12.《南北之爭與晚清政局》，林文仁，中國社會科學出版社，二〇〇五年；
13.《上海道台研究》，梁元生，上海古籍出版社，二〇〇三年；
14.《王三畏堂、李陶淑堂家族史》，王群華編著，香港天馬出版公司，二〇〇七年；
15.《清代國家機關考略》，張德澤，學苑出版社，二〇〇一年；
16.《晚清財政支出政策研究》，申學鋒，中國人民大學出版社，二〇〇六年；
17.《晚清企業紀事》，王培，中國文史出版社，一九九七年；
18.《晚清錢莊和票號研究》，張國輝，社會科學文獻出版社，二〇〇七年；
19.《江蘇厘金制度研究：一八五三～一九一一》，徐毅，上海財經大學出版社；
20.《晚清訟獄制度的社會考察》，趙曉華，中國人民大學出版社，二〇〇一年；
21.《晚清文化史》，汪林茂，人民出版社，二〇〇五年；
22.《清季總理衙門研究》，吳福環，新疆大學出版社，一九九五年；
23.《柏台故事》，高陽，華夏出版社，二〇〇四年；
24.《同光大老》，高陽，華夏出版社，二〇〇四年；
25.《瀛台泣血記》，德齡公主，文化藝術出版社，二〇〇四年；
26.《天公不語對枯棋》，姜鳴，三聯書店，二〇〇五年；
27.《清宮流放人物》，周軒，紫禁城出版社，一九九三年；
28.《河海昆侖錄》，裴景福，甘肅人民出版社，二〇〇二年；

29.《親歷晚清四十五年：李提摩太在華回憶錄》，天津人民出版社，二〇一一年；
30.《老太監的回憶》，信修明，北京燕山出版社，一九九二年；
31.《穆彰阿與道光朝政治》，劉海峰，現代教育出版社，二〇〇八年；
32.《肅順與咸豐政局》，高中華，齊魯書社，二〇〇五年。

史地傳記類　PC0619　讀歷史63

晚清官場金錢陷阱

作　　者 / 張永久
責任編輯 / 杜國維
圖文排版 / 周好靜
封面設計 / 葉力安

發 行 人 / 宋政坤
法律顧問 / 毛國樑　律師
出版發行 / 秀威資訊科技股份有限公司
114台北市內湖區瑞光路76巷65號1樓
電話：+886-2-2796-3638　傳真：+886-2-2796-1377
http://www.showwe.com.tw
劃撥帳號 / 19563868　戶名：秀威資訊科技股份有限公司
讀者服務信箱：service@showwe.com.tw
展售門市 / 國家書店（松江門市）
104台北市中山區松江路209號1樓
電話：+886-2-2518-0207　傳真：+886-2-2518-0778
網路訂購 / 秀威網路書店：http://www.bodbooks.com.tw
國家網路書店：http://www.govbooks.com.tw

2017年6月　BOD一版
定價：440元

國家圖書館出版品預行編目

晚清官場金錢陷阱 / 張永久著. -- 一版. -- 臺北市 : 秀威資訊科技, 2017.06
面； 公分. -- (史地傳記類 ; PC0619)(讀歷史 ; 63)
BOD版
ISBN 978-986-326-430-9(平裝)

1.晚清史 2.野史

627.6 106007257

讀者回函卡

感謝您購買本書，為提升服務品質，請填妥以下資料，將讀者回函卡直接寄回或傳真本公司，收到您的寶貴意見後，我們會收藏記錄及檢討，謝謝！

如您需要了解本公司最新出版書目、購書優惠或企劃活動，歡迎您上網查詢或下載相關資料：http:// www.showwe.com.tw

您購買的書名：____________________

出生日期：________年________月________日

學歷：□高中（含）以下　□大專　□研究所（含）以上

職業：□製造業　□金融業　□資訊業　□軍警　□傳播業　□自由業

□服務業　□公務員　□教職　□學生　□家管　□其它_____

購書地點：□網路書店　□實體書店　□書展　□郵購　□贈閱　□其他

您從何得知本書的消息？

□網路書店　□實體書店　□網路搜尋　□電子報　□書訊　□雜誌

□傳播媒體　□親友推薦　□網站推薦　□部落格　□其他__________

您對本書的評價：（請填代號　1.非常滿意　2.滿意　3.尚可　4.再改進）

封面設計____　版面編排____　內容____　文／譯筆____　價格____

讀完書後您覺得：

□很有收穫　□有收穫　□收穫不多　□沒收穫

對我們的建議：____________________

____

____

____

請貼
郵票

11466
台北市內湖區瑞光路 76 巷 65 號 1 樓

秀威資訊科技股份有限公司 收

BOD 數位出版事業部

……………………………………………………………………………

（請沿線對折寄回，謝謝！）

姓　名：＿＿＿＿＿＿＿＿　年齡：＿＿＿＿　性別：□女　□男

郵遞區號：□□□□□

地　址：＿＿＿＿＿＿＿＿＿＿＿＿＿＿＿＿＿＿＿＿

聯絡電話：(日)＿＿＿＿＿＿＿＿＿＿ (夜)＿＿＿＿＿＿＿＿＿＿

E-mail：＿＿＿＿＿＿＿＿＿＿＿＿＿＿＿＿＿＿＿＿